新时代新理念职业教育（含技师教育）教材·铁道机车类
活页式、工作手册式新形态教材

电力机车制动机操纵与检修

（修订本）

主　编　宁俊学　杨　巍
副主编　赵　刚
主　审　武学工

北京交通大学出版社
·北京·

内 容 简 介

本书由五个模块组成，以项目为引领、以任务为驱动，主要介绍制动理论基础知识、电力机车风源系统、电力机车基础制动装置、CCBⅡ制动系统、法维莱 Eurotrol 制动系统、DK-2 型制动系统、DK-1 型制动系统，以及四种型号制动系统的组成、操作和故障处理。

本书图文并茂，可作为大、中专院校学生的学习用书，也可作为电力机车运用与检修人员的培训用书，还可供铁路企业相关技术人员参考。

图书在版编目（CIP）数据

电力机车制动机操纵与检修 / 宁俊学，杨巍主编. —北京：北京交通大学出版社，2024.2（2024.3 修订）

ISBN 978-7-5121-5161-1

Ⅰ. ① 电… Ⅱ. ① 宁… ② 杨… Ⅲ. ① 电力机车－制动器－操纵－高等学校－教材 ② 电力机车－制动器－检修－高等学校－教材 Ⅳ. ① U264.91

中国国家版本馆 CIP 数据核字（2024）第 016182 号

电力机车制动机操纵与检修
DIANLI JICHE ZHIDONGJI CAOZONG YU JIANXIU

策划编辑：刘　辉　　责任编辑：郭东青
出版发行：北京交通大学出版社　　电话：010-51686414　　http://www.bjtup.com.cn
地　　址：北京市海淀区高梁桥斜街 44 号　　邮编：100044
印 刷 者：艺堂印刷（天津）有限公司
经　　销：全国新华书店
开　　本：185 mm×260 mm　　印张：13　　字数：343 千字
版 印 次：2024 年 2 月第 1 版　　2024 年 3 月第 2 次印刷
印　　数：401～1 500 册　　定价：49.00 元

本书如有质量问题，请向北京交通大学出版社质监组反映。对您的意见和批评，我们表示欢迎和感谢。
投诉电话：010-51686043，51686008；传真：010-62225406；E-mail：press@bjtu.edu.cn。

前　言

本书是职业教育改革发展示范学校建设中的一门核心专业课程教材。本书以项目为引领、以任务为驱动，以新制订的电力机车运用与检修专业人才培养方案和课程标准为依据编写而成。

“电力机车制动机操纵与检修”是电力机车运用与检修专业的一门主干课程，是培养电力机车乘务人员与检修人员理论知识与技能的一门必修课程。本书由五个模块组成，主要介绍制动理论基础知识、电力机车风源系统、电力机车基础制动装置、CCBⅡ制动系统、法维莱 Eurotrol 制动系统、DK−2 型制动系统、DK−1 型制动系统，以及四种型号制动系统的组成、操作和故障处理。

本书由多年从事电力机车运用与检修专业教学的教师和多年从事现场实际工作的企业工程技术人员合作编写，具有很强的实用性。

本书由太原铁路机械学校宁俊学、哈尔滨铁道职业技术学院杨巍任主编，太原机务段赵刚任副主编，太原铁路机械学校武学工担任主审。湖东机务段王仲编写项目 1；太原铁路机械学校刘连杰编写项目 2；哈尔滨铁道职业技术学院杨巍编写项目 3、项目 6；侯马北机务段王浩编写项目 4；太原铁路机械学校白亚林编写项目 5；侯马北机务段肖治杰编写项目 7，太原铁路机械学校宁俊学编写项目 8、项目 14；太原铁路机械学校刘颖编写项目 9；太原机务段梁必昇编写项目 10；太原机务段赵刚编写项目 11、项目 15；太原铁路机械学校牛雪虹编写项目 12、项目 13。

此外，在本书的编写过程中，我们得到了太原铁路局机务处、太原铁路局职工培训基地、太原机务段、湖东机务段、侯马北机务段的大力支持，在此对这些单位在校企合作中所做出的突出贡献表示诚挚的谢意。

由于编者水平有限，教材中难免有缺陷和不足，恳请读者对书中的不妥之处批评指正，以期再版时修改。

编　者

2023 年 9 月

目　录

模块 1　电力机车制动基础

模块 2　CCBⅡ制动系统

模块 3　法维莱 Eurotrol 制动系统

模块 4　DK-2 型制动系统

模块 5　DK-1 型制动系统

模块 1
电力机车制动基础

【模块导读】

电力机车制动基础主要介绍三部分内容，制动理论基础知识，电力机车风源系统，电力机车基础制动装置。

思维导图：

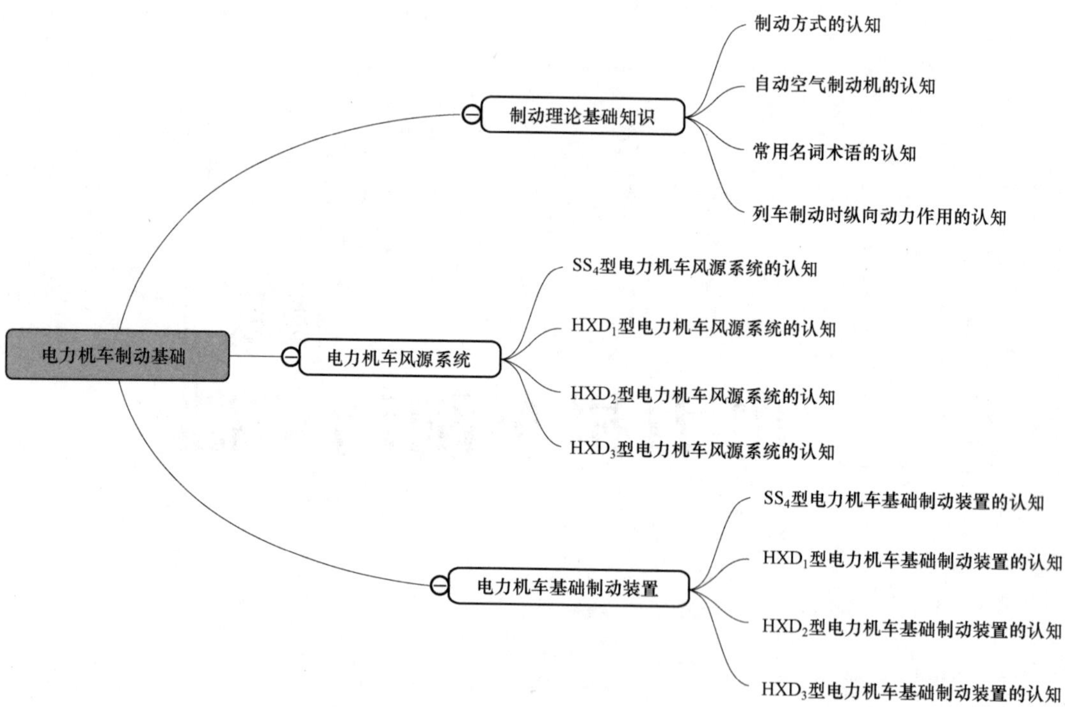

项目 1　制动理论基础知识

项目导读

项目 1 制动理论基础知识主要介绍制动方式的认知、自动空气制动机的认知、常用名词术语的认知、列车制动时纵向动力作用的认知。

思维导图：

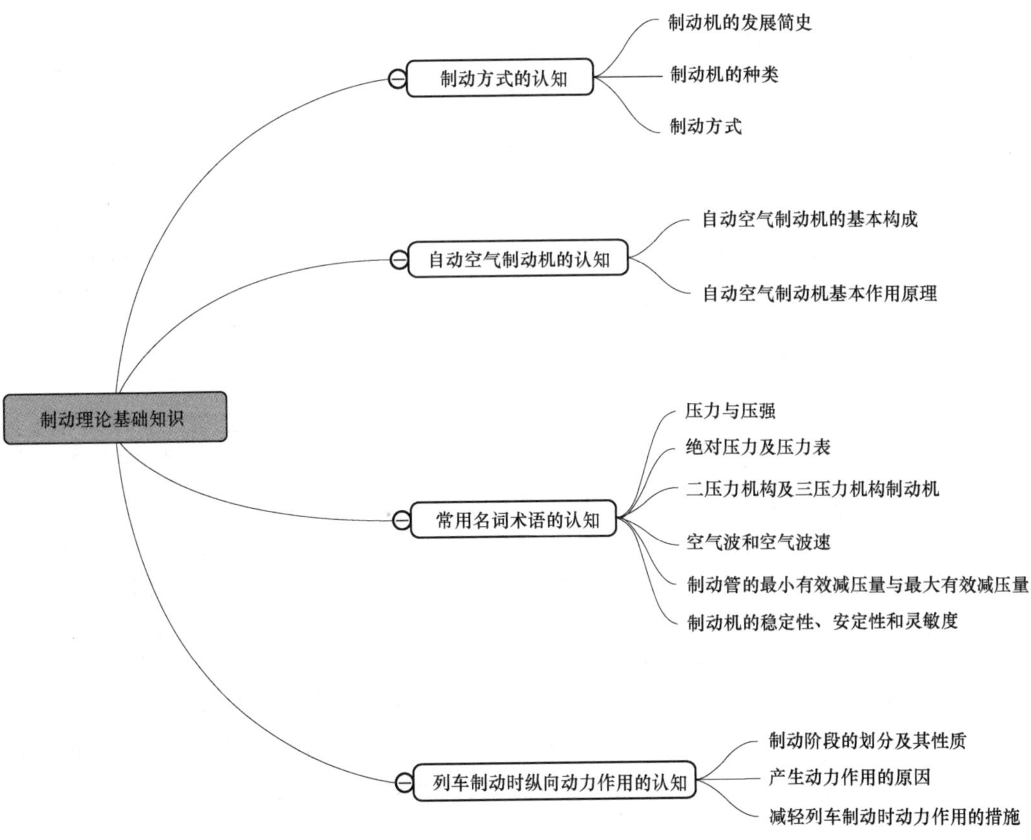

任务 1.1 制动方式的认知

任务说明

通过对制动机发展简史的学习，了解制动机的发展历程，通过对制动方式相关知识的学习，熟悉各种制动方式。

任务目标

1. 了解制动机的发展历程；
2. 掌握制动机的种类；
3. 掌握制动方式的分类；
4. 熟悉各制动方式的特点。

内容讲解

在铁路运输中，为了保证列车行车安全，在每台机车上、每辆车辆上均装有制动机。制动机是列车上产生制动作用的机械装置。制动作用是指人为地使列车降低运行速度或停止运行，以及使静止的列车继续保持静止状态的作用。列车的制动作用是由机车和每辆车辆上的制动机产生的。

1.1.1 制动机的发展简史

1825 年 9 月 27 日，在英国的斯多克顿至达林顿之间建成了世界上第一条铁路，于是世界上第一列由蒸汽机车牵引的列车开始运营。当时所使用的制动机是人力制动机，即手制动机。当运行中需要制动时，由设置在列车上的若干制动员根据司机所给信号操纵每节车上的手制动机来完成制动。这种方式，不仅浪费了大量人力，而且由于人为因素，使列车制动的同时性较差，制动效果也较差，从而造成严重的制动冲击，潜伏着严重的行车隐患。

美国宾夕法尼亚铁路工程师乔治·韦斯汀豪斯在目睹了由于制动不及时造成的重大人员伤亡事故后，经过艰辛努力于 1869 年发明了世界上第一台空气制动机——直通式空气制动机（见图 1-1），实现了由人力制动到机械制动的革命。这种制动机属于气动装置，并且由司机单独操纵，所以与人力制动相比，其大大提高了列车制动的同时性，减小了制动时的冲击作用，提高了列车的制动效果。但是，由于直通式空气制动机自身的工作机理，使其在运用过程中，存在着致命的弱点——当列车分离时，列车将失去制动作用。为了解决这一问题，3 年后，也就是 1872 年，乔治·韦斯汀豪斯又发明了三通阀，实现了空气制动性能的飞跃。我们把这种加装了三通阀和副风缸的制动机称为自动式空气制动机。它克服了直通式空气制动机的致命弱点，在铁路运输中得到了广泛的运用，甚至直到科技高度发展的今天，世界各国列车所使用的空气制动机，其工作机理仍遵循着早期三通阀的作用规律，即充气缓解，排气制动。

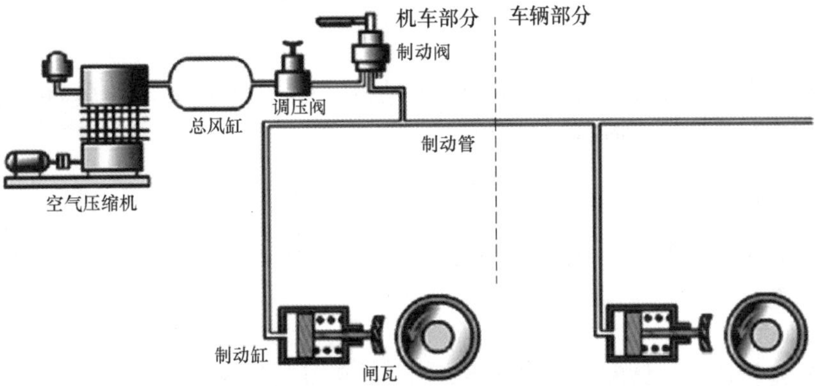

图 1-1　直通式空气制动机

目前我国的铁路事业已有了很大的发展。在制动机方面，不仅能制造过去一直依赖进口的旧式制动机，而且对其进行了技术改造，使之更能适合中国铁路发展的需要。先后研制成功了 JZ-7 型空气制动机、DK-1 型电空制动机和 DK-2 型机车制动系统，使我国机车制动机的设计制造及应用水平达到了一个新的阶段，特别是 DK-2 型机车制动系统实现了国产电力机车制动技术大跨越，使中国重载列车高精度制动不再受制于人。

1.1.2　制动机的种类

制动机按用途可分为机车制动机、客车制动机、货车制动机及高速列车制动机，按动力来源可分为空气制动机、电空制动机、真空制动机、空气—真空制动机、手制动机等。

1. 空气制动机

空气制动机是指以压力空气为动力源，通过制动管内压力空气的压力变化来控制全列车的制动、缓解和保压的制动机。

2. 电空制动机

电空制动机是指以电作为信号指令，压力空气作为动力源来实现列车的制动、缓解和保压作用的制动机。通常是在空气制动机的基础上加装电磁阀等电气控制器件来完成电信号对压力空气的控制。为了取得应用上的可靠性，大多数电空制动机装有电—空转换装置，以备在控制电路发生故障时，能转为空气制动机操纵，我国生产的，加装在韶山系列电力机车上的 DK-1 型电空制动机就可实现以上功能。与空气制动机相比，电空制动机的主要优点体现在全列车制动、缓解迅速，列车前后部制动、缓解的一致性较好，纵向动力作用小，缩短了制动距离。列车越长大，电空制动机的优点就越突出。

3. 真空制动机

真空制动机以大气压力作为动力来源，通过真空度的变化来控制列车的制动、缓解和保压作用。与空气制动机相比，这种制动机结构简单、维修方便。但由于有大气压力低、使用中制动缸较大、制动管较粗、占用列车的空间较大等缺点，正逐渐被淘汰。

4. 空气—真空两用制动机

这种制动机以空气制动为基础，机车既能操纵空气制动机的列车，又能操纵真空制动机的列车，主要用于从真空制动机、空气制动机过渡的国家或空气制动与真空制动联运的铁路。

我国为坦赞铁路设计制造的内燃机车，使用了我国自行设计制造的 JZ–6 型空气—真空两用制动机。

5. 手制动机

手制动机是以人力作为动力来源的一种制动机。它一般作为机车和车辆上的辅助装置，用来防止无动力车辆在停留时自行移动。

1.1.3 制动方式

制动方式是指列车制动时制动力获得的方法，按制动力的形成方式可分为摩擦制动和非摩擦制动两大类。

1. 摩擦制动

摩擦制动是指通过物体间的相互摩擦，将物体的动能转化为热能，从而产生制动作用。摩擦制动可分为以下几种。

1）闸瓦制动

闸瓦制动是指在制动时使闸瓦与车轮踏面接触，利用两者间的摩擦，将列车的动能转化为热能，最终逸散在空气中。其制动力的大小可以通过闸瓦与车轮间的压力进行调节。由于这种制动方式结构比较简单，制动效果较好，因此，这是目前机车、车辆普遍采用的制动方法。但这种制动方法有以下缺点：一是制动力的大小受轮轨间的黏着力限制；二是闸瓦的摩擦系数是非线性的，且随着列车速度的增大而减小，应用中表现为高速时制动力不足，低速时制动力又过大；三是增加了车轮踏面的磨损。

2）盘形制动

制动时，使制动钳夹紧固定在车轴或车轮上的制动盘上，利用制动钳上摩擦片与制动盘的摩擦，将列车的动能转化为热能并散发到空气中，这种制动方式即盘形制动。根据基础制动安装位置不同，盘形制动可分为轮盘式和轴盘式。盘形制动的摩擦系数比较稳定，且减小了车轮踏面的磨损，是高速旅客列车采用的一种制动方法，但其结构比较复杂。

3）磁轨制动

磁轨制动又称轨道电磁制动。制动时，将电磁铁放下与钢轨相吸，通过电磁铁与钢轨的摩擦产生制动力。这种制动方法与闸瓦制动、盘形制动相比，制动力的大小不受轮轨间的摩擦力限制，有利于缩短制动距离，但钢轨的磨损严重。

4）液力制动

液力制动是指液力传动机车上采用的一种辅助制动方法。制动时利用耦合器中的工作介质与耦合器的相互作用，将工作介质加热产生制动力。

2. 非摩擦制动

非摩擦制动是指制动时通过非接触的方式产生制动力。目前非摩擦制动主要有以下几种。

1）电阻制动

电阻制动是利用牵引电机的可逆性原理，将牵引电机由电动机状态转变为发电机状态，从而把列车的动能转换为电能，再把电能消耗在制动电阻上的一种制动方法。制动时，制动力的大小可以由牵引电机中的励磁电流进行控制。

2）再生制动

再生制动与电阻制动类似，不同的是发电机发出来的电能被反馈回电网加以利用，而不消耗在制动电阻上。其制动力的大小也可进行调节。它是现代电力机车和电动车组广泛采用的一种辅助制动方法。

3）轨道涡流制动

轨道涡流制动是在制动时，将转向架上的电磁铁放置于钢轨上方数毫米处，利用电磁铁与钢轨间的相对运动，在钢轨表面感应出涡流产生热能，从而产生制动作用。这也是高速列车常采用的制动方法。

4）旋转涡流制动

旋转涡流制动与轨道涡流制动的原理基本相同，所不同的是旋转涡流制动是利用固定在牵引电机轴上的金属盘在电磁场中旋转，在金属盘表面产生涡流发热，再用冷却风扇将热量吹散到空气中的一种制动方法。

课后讨论与复习题

1. 制动机按用途可分为哪几种？
2. 制动机按动力来源可分为哪几种？
3. 制动方式主要包括哪几种？

任务 1.2　自动空气制动机的认知

任务说明

通过对自动空气制动机的学习，能够掌握自动空气制动机的组成及工作原理。

任务目标

1. 掌握自动空气制动机的组成；
2. 掌握自动空气制动机的工作原理。

内容讲解

在我国，机车、车辆采用的制动机基本上有两种——空气制动机和电空制动机，而电空制动机是在空气制动机基础上加装电气控制器件构成的。因此，了解掌握空气制动机的基本作用原理，对今后学习掌握 DK−1 型电空制动机乃至其他机车制动机和列车制动机都具有非常重要的意义。

1.2.1　自动空气制动机的基本构成

列车自动空气制动系统是由机车和车辆空气制动机，以及贯通整个列车各制动机的制动管组成，如图 1−2 所示。

1. 空气压缩机和总风缸

空气压缩机用来产生一定压力的压缩空气。总风缸用来储存和冷却压缩空气，主要供给全列车制动系统使用。

2. 制动阀

制动阀是列车制动机的操纵装置，安装于司机操纵台上。制动时，由它来控制制动管的

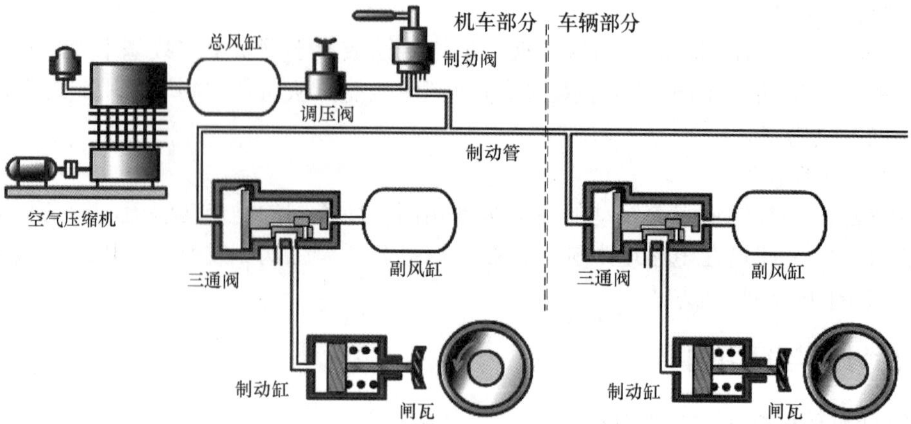

图 1-2　自动空气制动机结构原理图

压缩空气排入大气；缓解时，由它来控制将总风缸储存的压缩空气充入制动管。司机就是通过制动阀来控制全列车的制动、缓解和保压的。

3. 调压阀

调压阀安装在机车总风缸和制动阀之间，它能把总风缸中储存的压缩空气的较高压力调整为规定压力，供全列车制动系统使用。

4. 制动管

制动管贯穿于全列车。它将制动阀产生的压力变化传递到每节车辆，通过制动管的压力变化来达到控制全列车的制动、缓解和保压的目的。

5. 三通阀和副风缸

三通阀是车辆制动的控制装置（“三通阀”一通制动管、二通副风缸、三通制动缸），它直接受制动管压力变化控制。副风缸是用来储存压缩空气的装置。

6. 制动缸

通过制动缸的充风和排风达到制动、缓解的目的。

1.2.2　自动空气制动机基本作用原理

1. 缓解状态

如图 1-3 所示，司机将制动阀手柄置于“缓解位”，压力空气经调压阀、制动阀向制动管充风，三通阀活塞右侧压力升高，活塞右移，活塞带动滑阀、节制阀也右移。一方面开通了充气沟，制动管压力空气经充气沟进入副风缸储备；另一方面开通了制动缸经滑阀的排风气路，使制动缸向大气排风，压力降低，制动缸活塞左移，并带动闸瓦离开车轮实现缓解作用。

2. 制动状态

如图 1-4 所示，司机将制动阀手柄置于“制动位”，制动管内压力空气经制动阀排风，三通阀活塞右侧压力降低，副风缸中的压力空气推动活塞左移，关闭充气沟使副风缸内的压力空气不能向制动管逆流；同时，活塞带动滑阀、节制阀左移，使滑阀遮盖排气口以关断制动缸的排风气路，并使节制阀开通副风缸向制动缸充风的气路，制动缸压力升高，制动缸活塞右移，并带动闸瓦压紧车轮产生制动作用。

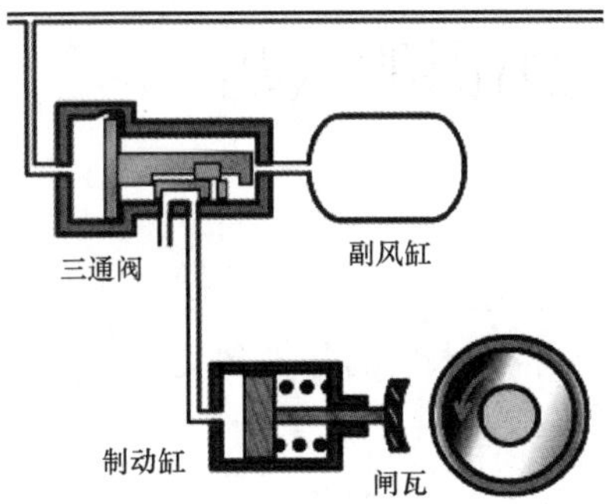

图 1-3　自动空气制动机缓解状态

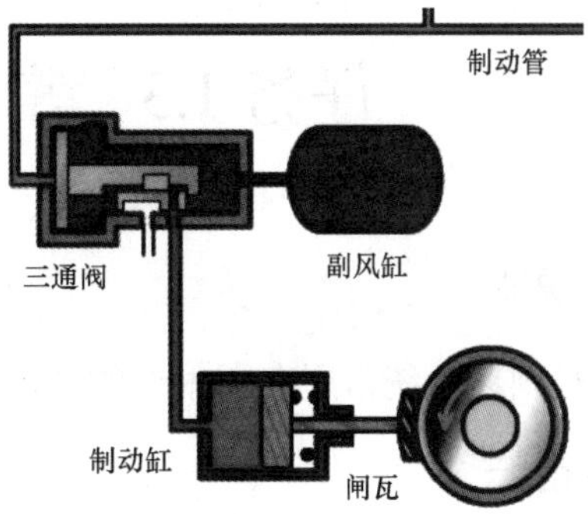

图 1-4　自动空气制动机制动状态

3. 保压状态

如图 1-5 所示，司机将制动阀手柄置于“中立位”，切断制动管的充、排风通路，使制动管压力停止变化。随着制动状态时副风缸向制动缸充风的进行，副风缸压力降低，当降到稍低于制动管压力时，三通阀活塞带动节制阀微微右移，从而切断副风缸向制动缸充风的气路，使制动缸既不充风也不排风，即制动机呈保压状态。

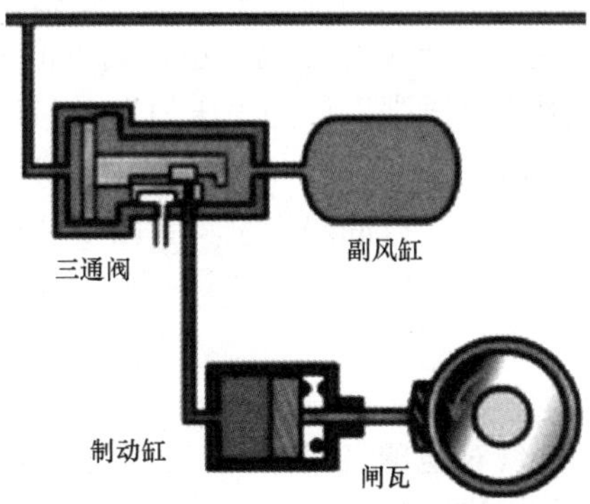

图 1-5　自动空气制动机保压状态

可见，自动空气制动机具有“制动管充风——缓解，制动管排风——制动”的工作机理，它克服了直通式空气制动机“列车分离时，制动系统失去制动作用”的致命弱点，从而得到广泛的应用。自动空气制动机的工作机理已成为电空制动机遵循的工作机理。

课后讨论与复习题

1. 自动空气制动机由哪些部分组成？
2. 自动空气制动机的工作原理是什么？
3. 三通阀的状态包括哪三种？

任务 1.3 常用名词术语的认知

任务说明

通过对制动系统常用名词术语的学习，能解释各名词术语的基本含义。

任务目标

1. 理解压力与压强；
2. 理解绝对压力及表压力；
3. 理解二压力机构及三压力机构制动机；
4. 掌握制动管的最小有效减压量与最大有效减压量；
5. 掌握制动机的稳定性、安定性和灵敏度。

内容讲解

1.3.1 压力与压强

物理意义上的压力与压强是两个不同的物理量。压力是指物体间的相互作用力，其单位为牛顿（N）；而压强则是指单位面积上所受力的大小，其单位为帕（Pa，N/m^2）。

在空气管路系统中人们习惯将“压强”称为“压力”，但其含义不变，只是名称的更换。例如，制动管“压力”为 500 kPa，实际上指制动管“压强”为 500 kPa。所以，压缩空气又称为压力空气。这一约定俗成的称法，只局限于空气管路中，在其他范围应用时不可将两者混用。

1.3.2 绝对压力及表压力

学过物理学的人都知道，大气对地球表面作用着一定压力，这一压力称为大气压。人们定义 760 mmHg 的压力为一个标准大气压，一般以 1 atm 计量，换算成国际单位制为 101.333 3 kPa。工程应用中为计算方便，一般取 100 kPa。

绝对压力是指压力空气的实际压力。若气体未压缩而呈自由状态，则其绝对压力即为大气压力，若处于绝对真空状态，则其绝对压力为零。

表压力是指压力表指示的压力值。由于一般压力表只指示高于大气压力数值（真空压力表例外），所以绝对压力与表压力的差值为大气压力值。

可见，绝对压力等于表压力与大气压力之和，即

$$\text{绝对压力}=\text{表压力}+100\ \text{kPa}$$

1.3.3 二压力机构及三压力机构制动机

凡是根据两种压力之间的变化来控制三通阀或分配阀的主活塞动作发生制动、缓解与保压作用的制动机，称为二压力机构制动机。如：GK 型三通阀主活塞左、右两侧的压力空气分别来自制动管与副风缸；109 型分配阀的主阀活塞上、下两侧的压力空气分别来自制动管和工作风缸。这种制动机只具有一次缓解性能，而不具备阶段缓解性能。即当制动管充风至

高于副风缸或工作风缸一定压力时，就推动三通阀或分配阀主活塞至充气缓解状态，直至实现制动机的完全缓解。

为适应铁路运输发展的需要，制动机应具备阶段缓解性能与自动补风性能。要具有以上性能就要对分配阀进行改造，即在主活塞上除保留制动管与工作风缸的作用外，另增加制动缸压力的作用。这种根据三种压力之间的变化来控制分配阀的主活塞动作，以实现制动、缓解与保压作用的制动机，称为三压力机构制动机。如国产的JZ—7型、美国生产的26—L型制动机均为三压力机构制动机。

1.3.4　空气波和空气波速

1. 空气波

制动管一方面向列车制动系统供风，另一方面通过充风或排风，引起制动管空气压力的增减，从而控制全列车制动机的动作。在铁路运输中，由于机车车辆是编组成列车运行的，制动管又细又长，空气又是个弹性的物质。所以，当司机在列车前端控制制动管充风或排风时，并不是全列车制动管立即同时、同步地增压或减压。以制动为例，首先是列车前端制动阀附近的制动管空气压力开始下降，使其原有的压力平衡发生变化。然后，这一压降沿着制动管以一定的速度逐渐向后传播，直到列车尾端制动管封闭处的压力也开始下降。当这一压降由前向后传播时，制动管前端的空气压力继续下降，新的压降也不断向后传播。这种空气的压力波动沿制动管长度方向由前向后传播所形成的波，称为空气波。它的传播如同投石于湖中引起的水面波纹不断向外扩散一样，也是一种机械波。不过，它是沿制动管传播的一种空气波，其性能与声波等其他空气波相似。

在列车前端排风减压并且不断地向后传播的过程中，制动管内的压力空气不断地膨胀，它的压能不断地转化为动能。因此，它不断地由后向前连续流动，经由制动阀排气口排向大气。显然，气体的连续流动与压降的传播不是一回事。压降的传播属于一种振动波，它按振动的规律在媒介质中进行传播；空气在管内的连续流动则不是一种波，而是媒介质的一种连续运动，故周围阻力对它的影响很大。另外，在减压时气流方向与压降的传播方向是相反的。充风增压时空气波传播方向与气流方向虽然相同，但也不是一回事。

由于空气波在传播过程中能量有损失，所以空气波动强度实际上是逐渐减弱的，就如投石于湖中激起的水波在向外扩展中，逐渐减弱一样，因此制动管的减压速度也是越往后越低。

2. 空气波速

通常，以物理量空气波速来衡量空气波传播的快慢，所谓空气波速是指空气波的传播速度。可用下列公式计算：

$$v_{kb}=\frac{L_{kb}}{t_{kb}}$$

式中：v_{kb}——空气波速，m/s；

L_{kb}——空气波传播的距离，m；

t_{kb}——空气波传播的时间，s。

一般地，空气波速为330 m/s左右。

目前，要想大幅提高空气波速，使列车前后部的制动管减压速度达到最大限度的一致性，采用电气控制的电空制动机是一个有效的途径。

3. 制动管减压速度

空气波传到列车中任一分配阀后，该阀主活塞外侧（制动管一侧）即开始减压。但是，要使主活塞动作，还必须使主活塞两侧形成一定的压力差，而且压力差要累积到大于主活塞的移动阻力，主活塞才能移到制动位，才能沟通作为风源的副风缸压力空气进入制动缸的通路，从而实现制动作用。此压力差的建立取决于制动管的减压速度。减压速度大，压力差建立就快，反之就慢。如果减压速度过低，由于副风缸压力空气经充气通路逆流入制动管，主活塞两侧的压力差就建立不起来，阀就不能产生动作。

在列车中各车辆的分配阀处的减压速度，受到距排风口的远近、制动管长度、车辆制动支管的长度及主活塞外侧容积、制动阀排气方式和制动管定压等许多因素影响。

4. 制动波和制动波速

如前所述，当司机施行制动时，由于空气波的存在，列车中各制动机的制动作用并不是全列车立即同时、同步地发生，而是有一个陆续发生的过程。在理想情况下，制动作用沿列车长度方向由前向后逐次发生，这种制动作用沿列车长度方向由前向后逐次传播的现象，称为“制动波”。实际上，由于各制动机的结构、性能和状态的差异，制动作用有时就不是完全由前向后逐次发生，而是存在某种“跳越”现象。即列车中某辆车或某几辆车的制动作用可能比其后的车辆发生得还要晚。这说明，制动波并不是一种波，只是习惯上那么叫罢了。

衡量制动波传播速度的物理量，称为制动波速。一般以“m/s”为计量单位。制动波速 w_{zb} 通过试验由下式求得：

$$v_{zb}=\frac{L_{zb}}{t_{zb}}=\frac{L_{zb}}{t_{kb}+t_{d}}$$

式中：v_{zb}——制动波速，m/s；

L_{zb}——制动波传播距离（一般按列车管长度计算），m；

t_{zb}——制动波传播时间（从开始减压至最后一台制动机开始动作时为止），s；

t_{kb}——空气波传播时间，s；

t_{d}——制动机动作时间，s。

由于制动管长度和制动动作的传播时间取值方法不一，故制动波也有下列两种不同的计算方法。为便于区别起见，两种制动波速分别起三个不同的名称。

（1）列车制动波速（v_{lb}）：包括机车在内的制动管长度（L_{l}）除以制动波的传播时间（t_{lb}）而得的数值，其传播时间的计算由自动制动阀手柄向制动位移动开始，到最末一辆车制动缸开始充风为止。

（2）车列制动波速（v_{cb}）：不包括机车的制动管长度（L_{c}）除以制动波的传播时间（t_{cb}）所得的数值，其传播时间由列车的第一辆车制动缸开始充风算起，到最末一辆车制动缸开始充风为止。

严格地说，在列车制动波速 v_{lb} 的计算中，列车长度 L_{l} 应该是从机车制动阀开始至最末一辆车折角塞门处的全部制动管长度，这是比较合理的。此外，列车制动波速涉及制动距离计算中的空走时间，即 v_{lb} 与机车制动机性能有关。所以为了专门评定车辆三通阀或分配阀性能，应当把机车制动机的影响排除在外，因此便有车列制动波速和三通阀（分配阀）制动波速的计算方法。其实后两种制动波速也不可能完全排除机车制动机的影响，而只能把影响减小一些罢了。

由于制动波的传播速度受到空气波传播快慢、三通阀（分配阀）动作灵敏性及制动机性能好坏等因素的限制，所以，制动波速总比空气波速要小。

多年来，在改造旧制动机和研制新制动机时，一般都着重于改进二压力阀的局部减压性能。因为它能在不提高机车制动阀排风速度的情况下，有效地提高整个制动管的减压速度，尤其是能提高列车后部的减压速度，从而大大提高制动波速，减小列车前后部动作的时间差，这是当前改善列车空气制动机性能的重要途径。但是，其他影响因素也要相应地考虑，否则不能达到最好的效果。

制动波速是综合评定制动机性能的重要指标。制动波速越高，表明列车前、后部制动作用的同时性越好，有利于减轻制动时的纵向动力作用和缩短制动距离；同时制动波速越高，则制动作用的传播长度可更大些，即能适应长大列车的要求。目前我国性能较好的制动机，紧急制动波速可达 250 m/s 以上，一般在 150~280 m/s 之间；常用制动波速可达 225 m/s 以上，常用制动波速一般在 60～255 m/s 之间。

近年来，有关部门研制了新型车辆制动机和机车制动机。各种阀类采用橡胶膜板活塞、柱塞结构，使其气密性好，灵敏度高，动作时间短，从而使制动机性能更加优越，适应了客观要求。但仍需研究如何进一步提高制动波速，以适应高速、重载列车发展的需要。

5. 缓解波和缓解波速

与制动波和制动波速相似，当司机操纵制动机进行缓解时，缓解作用沿制动管长度方向由前向后逐次传播的现象，称为缓解波。其传播的速度称为缓解波速。

同样，缓解波速也受到空气波传播快慢、三通阀（分配阀）动作灵敏性及制动机性能好坏等因素的影响，所以，如何提高缓解波速也成为亟待解决的问题之一。目前，国产 120 型控制阀的缓解波速已达到 150 m/s。

1.3.5 制动管的最小有效减压量与最大有效减压量

通过对 1.1 节的学习，我们知道对于目前普遍采用的自动空气制动机的作用机理是：制动管充风——缓解，制动管排风——制动。由作用机理推算就不可避免地会产生这样的疑问：是否制动管一排风列车就会产生制动作用呢？是否制动管排风越多制动力就越大呢？事实上，由于制动缸中的缓解弹簧及制动缸活塞在移动时所受的摩擦阻力，要使制动缸活塞带动闸瓦装置产生制动作用，就必须使副风缸向制动缸充以压力足够大的压缩空气以克服以上阻力，从而使闸瓦压紧轮对产生制动作用。也就是说，制动管的减压量一定要有一个最小的值，以确保产生制动作用。那么，这个对应于能产生最小有效制动力的制动管减压量就叫作最小有效减压量。当制动时，副风缸向制动缸充风，总有一刻副风缸的压力会和制动缸的压力相平衡，副风缸就不能再向制动缸充风，制动缸的压力也就达到最大，制动力也就达到最大。如此时再给制动管排风就会浪费压缩空气，而制动力不会再增大。我们把这个对应于最大有效制动力的制动管减压量叫作最大有效减压量。

在工程实践中，制动管最小减压量及最小有效减压量还要考虑其他因素的影响，如制动管长度、制动管定压等。一般地，单机时最小有效减压量选取 40 kPa；牵引列车时选取 50 kPa；牵引 60 辆以上时，最小有效减压量选取 70 kPa。当制动管定压为 500 kPa 时，最大有效减压量选取 140 kPa，当制动管定压为 600 kPa 时，最大有效减压量选取 170 kPa。

理论上，制动管的最小有效减压量与最大有效减压量的确定是根据热工学中的克拉贝隆理想气体状态方程推导出来，并考虑到实际运用中各种因素的影响而修正得来的。在这里不加以讨论。

1.3.6 制动机的稳定性、安定性和灵敏度

1. 稳定性

当制动管减压速率低于某一数值范围时，制动机不产生制动作用的性能，称为制动机的稳定性。也就是说，要使制动机可靠地产生制动作用，除了要有一定的制动管减压量，还需要一定的减压速率，两者缺一不可。其数值范围因各型制动机而不同。我国规定制动管减压速率或泄漏小于 40 kPa/min，制动机不应产生制动作用。

2. 安定性

常用制动时不发生紧急制动作用的性能，称为制动机的安定性。即当制动管减压速率在 10～40 kPa/s 范围时，紧急阀不应动作。

3. 灵敏度

当制动管减压速率达到一定数值范围时，制动机必须产生制动作用的性能，称为制动机的灵敏度。一般地，常用制动灵敏度为 10～40 kPa/s；紧急制动灵敏度为 70 kPa/s。

上述三者之间相互联系，在同一制动机上必须协调一致，保证三者之间有明显的隔离区间，否则将使制动机无法正常工作。

课后讨论与复习题

1. 简述二压力机构及制动机三压力机构制动机。
2. 简述制动管的最小有效减压量与最大有效减压量。
3. 简述制动机的稳定性、安定性和灵敏度。

任务 1.4 列车制动时纵向动力作用的认知

任务说明

通过对列车制动时纵向动力作用的学习，能理解产生纵向动力作用的原因及影响，掌握减轻列车制动时纵向动力作用的措施。

任务目标

1. 了解纵向动力作用的危害；
2. 了解制动阶段的划分；
3. 掌握纵向动力作用的原因；
4. 掌握减轻纵向动力作用的措施。

内容讲解

由之前的讨论可知，对于以压力空气作为动力源的制动机，在制动或缓解时所产生的空气波存在一个沿制动管长度方向由前向后传播的过程，列车越长，其前后部开始制动或缓解的时间差就越长。这种“沿列车长度的制动或缓解作用的不同时性”是列车制动或缓解时发生强烈纵向动力作用的主要原因。对于重载（或扩编）列车，这个有害的作用尤其突出。

1.4.1　制动阶段的划分及其性质

根据列车制动过程中各制动缸压力的变化情况，整个制动过程可划分为四个阶段，如图 1–6 所示。

列车制动时制动缸的充风曲线包括整列车（为简化分析，设该列车编组为 4 辆）各制动缸的充风曲线，即 P–t 曲线。

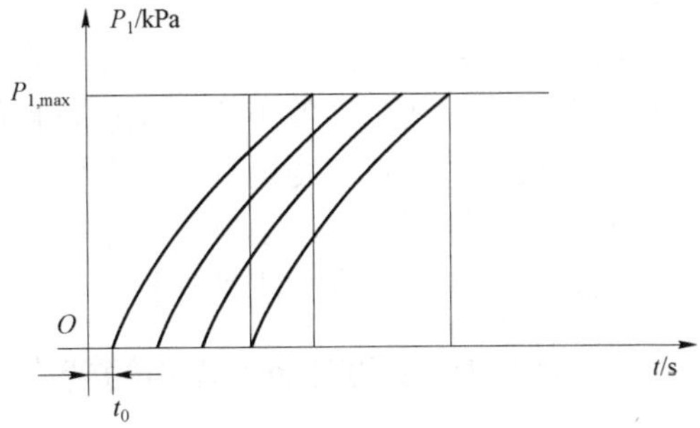

t_0—第一台制动机发生制动作用的时间

图 1–6　列车制动时制动缸的充风曲线

第一制动阶段——由司机扳动制动阀手柄至制动位时起，到最后一辆车制动缸压力开始上升的瞬间为止。在这个阶段，由列车前部第一辆开始，各车辆制动机逐次发生制动作用；并且，制动缸压力及相应的制动力沿列车长度方向由前向后越来越小。因此，前部车辆速度降低得快，而后部车辆速度降低得慢，形成各车辆间的动能之差，导致列车各车辆从两端向列车中部挤压的相对运动，并将动能差转换为车钩缓冲器弹簧的势能，即造成列车各车钩缓冲器弹簧的压缩，该压缩为静压缩。由于列车的这种压缩具有一定的作用速度，所以表现为列车的纵向动力作用。当第一制动阶段终了时，列车压缩力达到最大值，车钩缓冲器弹簧到达新的静平衡位置，静压缩也达到最大值。

第二制动阶段——由最后一辆车制动缸压力开始上升起，到第一辆车制动缸压力上升到最大值为止。在这个阶段，各车辆的制动缸压力保持着第一阶段末已形成的压力差而近似按相同的速率上升，车钩缓冲器弹簧继续被压缩，形成动压缩。当第二制动阶段所形成的动能差全部转换为势能时，动压缩达到最大值；然后车钩缓冲器弹簧开始伸张，造成列车的纵向动力振动。由于车钩缓冲器的摩擦阻尼作用，这个动力振动将很快衰减而消失。但静压缩则仍保持不变。

第三制动阶段——由第一辆车制动缸压力上升到最大值的瞬间起，到最后一辆车的制动缸压力上升到最大值为止。在这个阶段，各车辆的制动缸压力逐渐趋于一致，第一制动阶段所储存在车钩缓冲器弹簧中的静压缩势能逐渐释放出来，列车中各车辆在车钩缓冲器弹簧的反拨力作用下发生由列车中部向两端伸张的现象。这种伸张也具有一定的作用速度（比压缩的速度小，能量有损失），所以也会引起列车纵向动力作用。该动力作用由于车钩缓冲器的摩擦阻尼作用也很快衰减和消失。

第四制动阶段——由最后一辆车的制动缸压力上升到最大值时起，到列车完全停车或缓解为止。在这个阶段，各个车辆的制动机都产生了最大制动力。如果列车单位制动力（列车每吨重量的制动力）分配均匀，则车辆之间不形成任何因制动而产生的作用力。但如单位制动力分配不均匀，则仍将有压缩力或拉伸力存在，即可造成列车的纵向动力作用。这是静力性质的，当制动力达到最大值时，这种作用力也达到最大值。

实际工作中，在列车制动过程中的每个瞬间，各个机车车辆具有不同的单位制动力。如果列车施行制动时是处在拉伸状态，则制动之初首先要消除这些车钩与车钩之间的自由间隙，这就必然会产生强烈的纵向动力作用，或发生强烈的纵向动力作用。

1.4.2　产生动力作用的原因

通过对以上四个制动阶段的分析，可知，列车制动时产生纵向动力作用的主要原因有三个。

（1）制动作用沿列车长度方向的不同时性。

（2）全列车制动缸的压力都达到指定值以后，单位制动力沿列车长度方向的分布不均匀。这是由于列车中车辆类型和装载状态不同而造成的。

由于上述两种原因，列车中各车辆在制动过程中的每一瞬间都具有不同的单位制动力。如果没有车钩的连接，各车辆都将按各自的减速度运行。但这是不可能的，组成列车的机车和车辆必须按同一减速度运行，具有相同的单位惯性力（列车每吨重量的惯性力）。因此，在各车辆间的车钩连接处，必然要产生相应的纵向动力作用。

（3）各车辆之间的非刚性连接使由于前两种原因产生的纵向动力作用更加剧烈。

1.4.3 减轻列车制动时动力作用的措施

列车制动纵向动力作用，随列车长度的增加和制动力的增大而加剧。严重时它能导致车钩缓冲器装置折损和车体严重损坏等重大事故。所以，对于这个问题的试验和研究是一项很重要的工作。

苏联科学家的研究表明：① 提高制动波速和延长制动缸充风时间都可以减轻列车制动时的纵向动力作用。虽然提高制动波速可以缩短制动距离，但是延长制动缸充风时间却会导致制动距离延长。因此，要想在不延长制动距离的条件下减轻制动时的纵向动力作用，只有首先大力提高制动波速，同时适当科学地延长制动缸充风时间，如采用“先快后慢”地变速充风。② 发展大吨位车辆比增加编组辆数对减轻制动冲动更为有利。③ 由于闸瓦摩擦系数随列车速度的降低而增大，故在闸瓦压力相同的条件下，低速时制动冲击力更大。④ 列车在拉伸状态下制动，其纵向冲击力比在压缩状态下大很多。

课后讨论与复习题

1. 纵向动力作用的阶段划分？
2. 纵向动力作用的主要原因？
3. 减轻纵向动力作用的措施？

项目 2　电力机车风源系统

项目导读

机车及列车的制动与缓解需要压缩空气，机车上的各种风动设备也需要压缩空气，如：风喇叭、刮雨器及撒砂装置等，那么压缩空气如何产生呢？

电力机车风源系统的作用是产生压缩空气供机车上的各种风动器械使用，并实现机车及列车的制动与缓解。本项目主要介绍 SS_4 型、HXD_1 型、HXD_2 型、HXD_3 型电力机车风源系统，重点掌握：

1. 风源系统组成；
2. 风源系统的工作过程；
3. 辅助风源系统的组成。

思维导图：

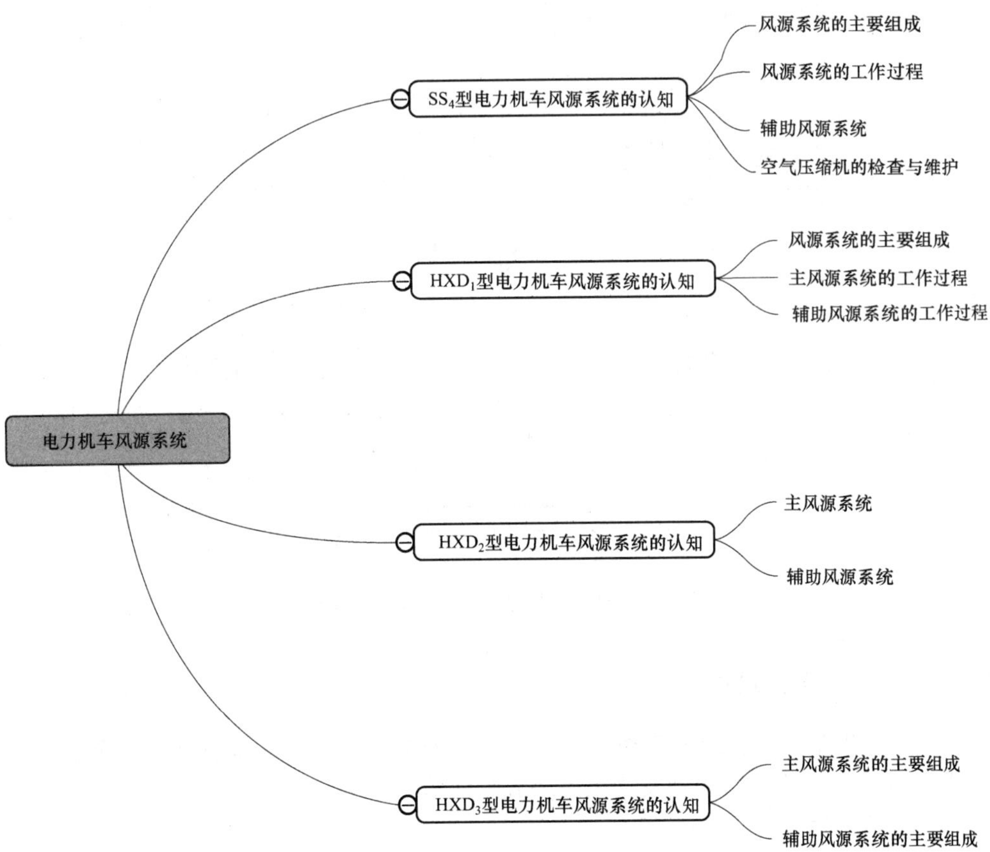

任务 2.1　SS_4 型电力机车风源系统的认知

任务说明

通过 SS_4 型电力机车风源系统的学习，了解 SS_4 型机车风源系统的特点，能掌握风源系统的组成及工作过程。

任务目标

1. 掌握 SS_4 型机车风源系统的组成；
2. 掌握 SS_4 型机车风源系统的工作过程。

内容讲解

2.1.1　风源系统的主要组成

SS_4 型电力机车的风源系统由空气压缩机组、高压安全阀、止回阀、起动电空阀、总风折角塞门、空气干燥器、总风缸、压力控制器、逆流止回阀、塞门和软连接管组成。SS_4 型电力机车风源系统结构图如图 2-1 所示。

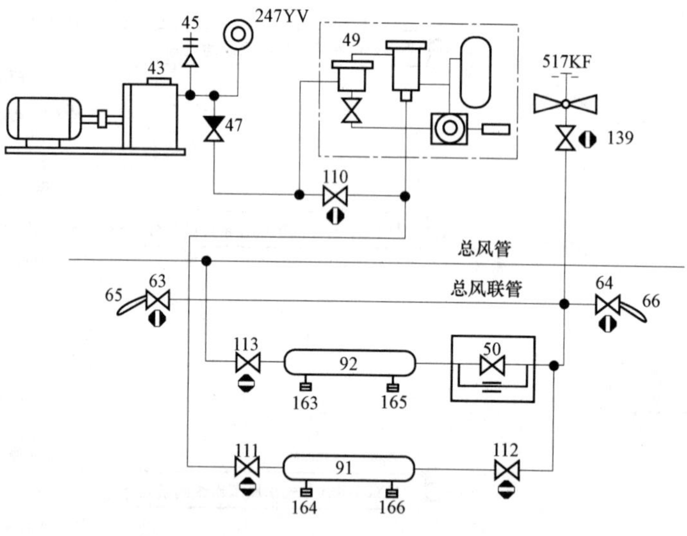

图 2-1　SS_4 型电力机车风源系统结构图

2.1.2　风源系统的工作过程

SS_4 型电力机车风源系统的工作过程可分为压缩空气的生产、压缩空气的净化、压缩空气的储存、压缩空气的压力调整及总风重联五个环节。

1. 压缩空气的生产

每节 SS_4 型电力机车辅助室设有一台 VF-3/9 型空气压缩机或 TSA-230A 型螺杆式空气

压缩机（见图 2-2）。机车空气管路系统的压缩空气主要靠主空气压缩机组来产生。正常运行中，重联机车的两台主空气压缩机组同时打风，若一节机车上的主空气压缩机组出现故障，可用另一节机车上的主压缩机组继续维持运行。

图 2-2 TSA-230A 型螺杆式空气压缩机

2. 压缩空气的净化

SS_4 型电力机车采用具有吸附和再生作用的 DJKG-A 型空气干燥器 49 来完成主压缩空气的净化处理。主空气压缩机组生产的压缩空气在经过一段较长的冷却管后进入空气干燥器，在干燥器的滤清筒、干燥筒内经过干燥净化处理后，送入总风缸储存。

3. 压缩空气的储存

经干燥净化处理后的压缩空气，进入两个串联的总风缸储存。第一总风缸 91 容积为 290 L，第二总风缸 92 容积为 612 L。

机车入库后可关闭塞门 111、113，保存总风缸内压缩空气；在机车无动力回送时，关闭塞门 112，切除第一总风缸，缩短机车的充风时间。

使用中，应定期打开总风缸排水阀 163～166，检查和排除总风缸内积水。

4. 压缩空气的压力调整

为保证安全，将稳定的压缩空气提供给各用风系统，必须使总风缸的风压保持在一定的范围之内。机车上，YWK-50-C 型压力控制器 517KF 根据总风缸的压力变化，自动闭合或断开主空气压缩机电动机电源电路，从而保证总风缸压力在规定的 750 kPa～900 kPa 范围之内。压力控制器故障时，可通过塞门 139 切除，这时司机可通过强泵风按钮操纵主压缩机组的启动与停转。

5. 总风重联

根据 SS_4 型机车重载和重联的要求，风源系统设置了重联环节。

经干燥净化处理后的压缩空气进入第一总风缸 91 后，一路经逆流止回阀 50 进入第二总风缸储存供本节机车使用，另一路经总风联管、总风折角塞门 63 或 64、总风软管连接器 65 或 66 等总风重联装置进入另一台重联机车，使所有重联机车的总风缸相通。这样，当一台机车空气压缩机组出现故障后，可由另一台机车通过总风重联装置提供压缩空气。

当重联在一起的两节机车或其他重联机车之间发生断钩事故分离后，第一总风缸内的压缩空气将很快随拉断的总风软管排向大气，第二总风缸内的压缩空气由于逆流止回阀的单向作用将缓慢沿逆流小孔排向大气，保证分离机车制动所需的压缩空气。同时，逆流止回阀又能保证所有重联在一起的机车总风缸内压缩空气压力一致，而不会由于各机车用风量不同造成总风缸压力不同。

2.1.3 风源系统的工作气路

SS_4 型电力机车（单节）正常工作时的气路如下：

空气压缩机 43→高压安全阀45［整定值（950±20）kPa］

空气压缩机 43→起动电空阀247YV

空气压缩机 43→止回阀47→冷却管→空气干燥器49→塞门111→第一总风缸91→塞门112→

→逆流止回阀50→第二总风缸92→塞门113→总风管→制动机、气动器械

→总风联管→总风折角塞门63或64→总风软管连接器65或66→重联机车风源系统

→塞门139→压力控制器517KF［总风（750±20）kPa时闭合，（900±20）kPa时断开］

在压缩机组开始启动时，出风管上的起动电空阀 247YV 将排出风管内的压缩空气，以消除启动时压缩机气缸内的气体背压，保证压缩机的正常启动。

塞门 110 在空气干燥器工作正常时处于关闭状态，当空气干燥器出现故障时可将其打开，由主空气压缩机直接向总风缸打风，以维持故障运行，但回段后须立即检修，恢复其功能。

2.1.4 辅助风源系统

SS_4 型电力机车辅助风源系统主要包括辅助空压机和辅助风缸。机车停库后，再次投入使用时，如总风缸与控制风缸压力均低于主断路器分合闸所需的最低气压 450 kPa，可启动辅助空气压缩机组打风。

辅助空压机由机车蓄电池供电，小型直流电动机驱动。为了减轻辅助空压机 96 的工作负担，还应在启动它之前，关闭膜板塞门 97，切除控制风缸 102。当辅助空压机打风后，辅助风缸 105 内风压大于 600 kPa（供参考）时，可边打风边升弓，合主断。完毕后，应立即启动主空气压缩机组打风，待总风缸压力大于 450 kPa 时，停止辅助压缩机组运转。

辅助空气压缩机供风时工作通路如下：

辅助压缩机96—止回阀107—辅助风缸105—风表6

辅助压缩机96—止回阀107—辅助风缸105—压力传感器201BP

辅助压缩机96—止回阀107—止回阀106—止回阀108截止

辅助压缩机96—止回阀107—止回阀106—膜板塞门97（关闭）

辅助压缩机96—止回阀107—止回阀106—塞门145—分水滤气器207—主断路器4QF

辅助压缩机96—止回阀107—止回阀106—调压阀52—保护电空阀287YV—…—受电弓1AP

另外，由于两节机车辅助压缩机技术指标及管路的泄漏量不尽相同，使用中打风速度往往不一致，运用中应时刻观察，以防止其中一节机车辅助风缸压力超高。

2.1.5　TSA-230A 型螺杆式空气压缩机的检查与维护

在学习 TSA-230A 型螺杆式空气压缩机的检查与维护之前，先了解一下其构造及工作原理。TSA-230A 型螺杆式空气压缩机的结构原理图如图 2-3 所示，其主要由电机、联轴器、油气分离器、温度开关、压力开关等组成。

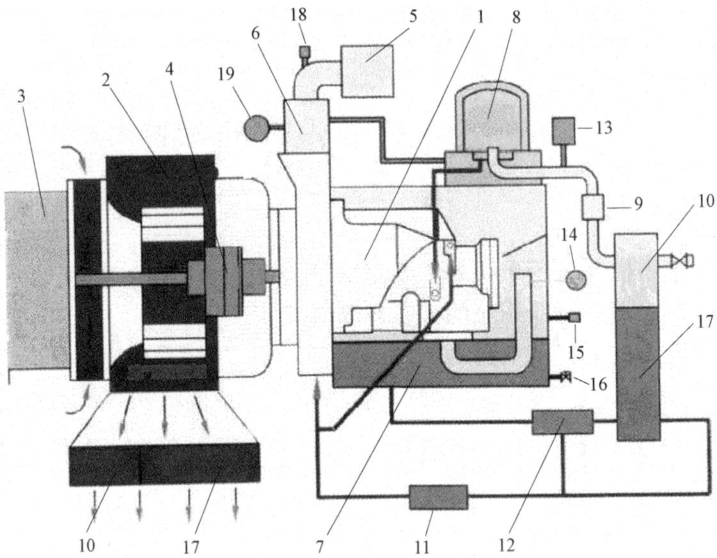

1—机体；2—冷却风扇；3—电机；4—联轴器；5—空气滤清器；6—进气阀；7—油气筒；8—油气分离器；9—压力维持阀；10—后冷却器；11—油过滤器；12—温控阀；13—安全阀；14—温度开关；15—视油镜；16—泄油阀；17—油冷却器；18—真空指示器；19—压力开关。

图 2-3　TSA-230A 型螺杆式空气压缩机的结构原理图

螺杆式压缩机属容积室压缩机，是通过工作容积的逐渐减少来达到气体压缩的目的。螺杆式空气压缩机的工作容积是用一对相互平行放置且相互啮合的转子的齿槽和包容这一对转子的机壳组成，TSA-230A 型螺杆式空气压缩机的转子与机壳，如图 2-4 所示。

TSA-230A 型螺杆式空气压缩机转子间的压缩输送室，如图 2-5 所示。

图 2-4　TSA-230A 型螺杆式空气压缩机的转子与机壳

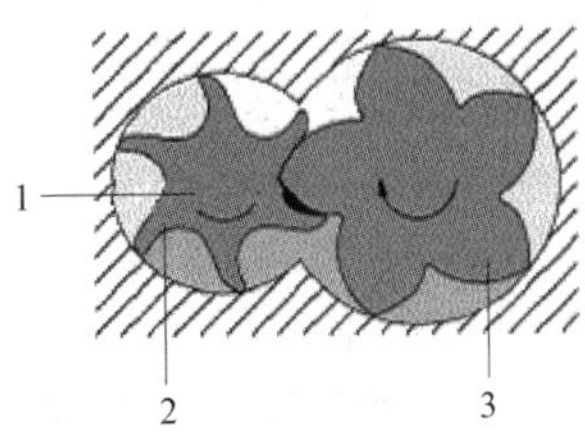

1—压缩输送室；2—凹轮；3—凸轮。

图 2-5　TSA-230A 型螺杆式空气压缩机转子间的压缩输送室

TSA-230A 型螺杆式空气压缩机的控制电路图如图 2-6 所示。

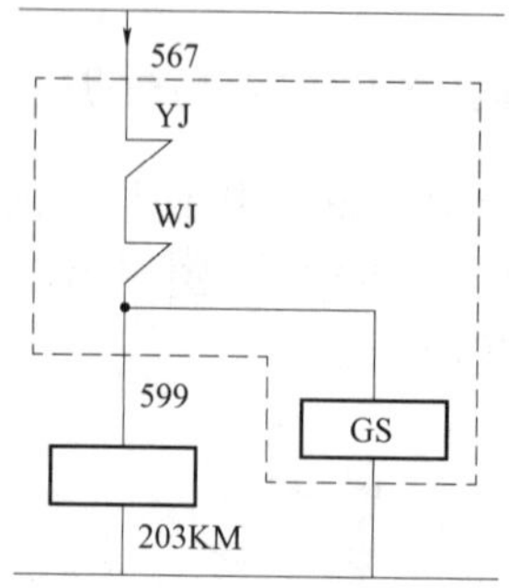

WJ—温度开关；YJ—压力开关；GS—工作时间记录表；203KM—控制压缩机的交流接触器。

图 2-6　TSA-230A 型螺杆式空气压缩机的控制电路图

课后讨论与复习题

1. 简述 SS_4 型电力机车风源系统的主要组成部分。
2. 简述 SS_4 型电力机车风源系统的工作环节。
3. 简述 SS_4 型电力机车辅助空压缩供风气路。

任务 2.2　HXD_1 型电力机车风源系统的认知

任务说明

通过对 HXD_1 型电力机车风源系统的学习，了解 HXD_1 型机车风源系统的特点，能掌握风源系统的组成及工作气路。

任务目标

1. 掌握 HXD_1 型机车风源系统的组成；
2. 掌握 HXD_1 型机车风源系统的工作气路。

内容讲解

2.2.1　风源系统的主要组成

HXD_1 型电力机车的风源系统分为两个相对独立的部分。一部分为主空气压缩机组、主空气干燥器等组成的主风源系统：另一部分为辅助压缩机组、辅助干燥系统、风缸及连接管路等组成的辅助风源系统。

HXD_1 型电力机车主风源系统负责在机车正常运行时，提供机车、车辆的气动部件，以及机车、车辆制动机所需的高质量的洁净、干燥和稳定的压缩空气。辅助风源系统负责在机车库停时间较长、总风缸中压缩空气压力不够的情况下，给机车电气系统用风设备供风。

HXD_1 型电力机车主风源系统由主空气压缩机组、压力控制器、安全阀、主空气干燥器、油微过滤器、总风缸安全阀、总风缸、止回阀、限流阀、折角塞门及连接管路组成。辅助风源系统主要部件有辅助压缩机、辅助空气干燥器、止回阀、高压安全阀、压力控制器、风缸、排水阀、各型塞门等。主风源系统原理图如图 2-7 所示。

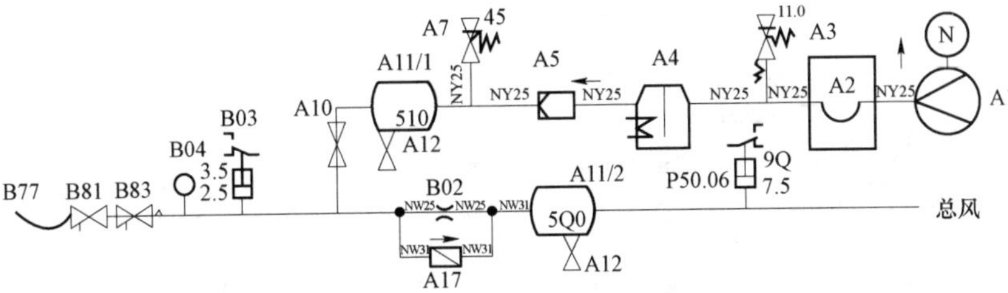

A1—主空气压缩机；A2—连接软管；A3—安全阀；A4—主空气干燥器；A5—油微过滤器；A7—总风缸安全阀；
A10—塞门；A11—总风缸；A12—风缸排水塞门；A17—止回阀；B02—限流阀；B03—压力开关；
B04—压力测试口；B77—总风软管连接器；B81—折角塞门；B83—防撞塞门。

图 2-7　主风源系统原理图

2.2.2　主风源系统的工作过程

HXD_1 型电力机车的主风源系统可分为压缩空气的生产、压力控制、净化、储存、风源保护等环节。

1. 压缩空气的生产

HXD_1 型电力机车每单节车采用一台排气量不小于 3.0 m^3/min 的 BT-3.0/10AD 型或 TSA-230AD 型的螺杆空气压缩机组 A1，用于产生压缩空气。

2. 压缩空气的压力控制

压力控制器 P50.06 位于空气管路柜压力开关模块，用于压力控制，其整定值为 750 kPa～900 kPa。

3. 压缩空气的净化

主空气压缩机后设置一台空气处理量不小于 4.8 m^3/min 的 TAD-4.8-H 型主空气干燥器 A4 及一个油微过滤器 A5，空气干燥器用于风源净化处理，油微过滤器用于清除经空气干燥器处理过的压缩空气中较小的油微粒，进一步提高空气质量。

4. 压缩空气的储存

两个 500 L 总风缸 A11，用于压缩空气的储存。压缩机排出的压力空气经连接管路进入主空气干燥器，干燥器处理后的压力空气经油微过滤器、止回阀进入主风缸备用。

5. 风源保护

两个安全阀 A3、A7，分别设于压缩机与干燥器及油微过滤器与总风缸之间，用于压力过高时保护，安全阀整定值 A3 为 1 100 kPa（11 bar），A7 为 950 kPa（9.5 bar）。两个总风缸串联布置，总风联管设在两个总风缸之间，总风联管上设有止回阀 A17、限流阀 B02、压力开关 B03，可在断钩时迅速起到断钩保护作用并避免压力空气快速损失，保证断钩机车停车时制动系统所需风量。限流阀 B02 通径为 ϕ 6 mm，压力开关 B03 的动作值为 350 kPa～450 kPa。两节机车总风通过总风软管连接器相连。

2.2.3　辅助风源系统的工作过程

HXD_1 型电力机车辅助风源系统由辅助压缩机组、辅助干燥系统、风缸及连接管路等组成，同样可分为压缩空气的产生、压力控制、干燥净化处理、储存等环节。辅助风源系统原理图如图 2-8 所示。

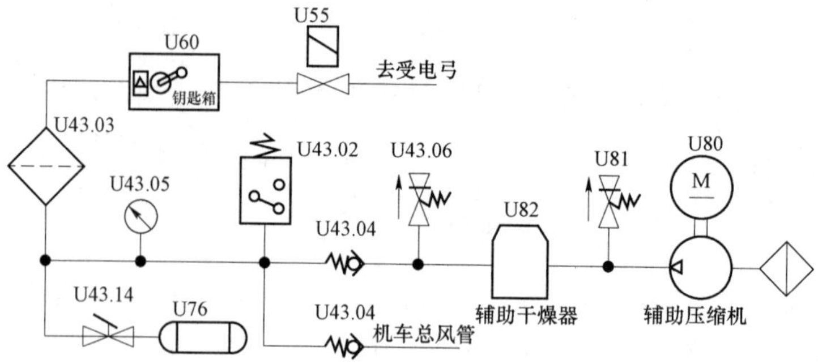

U80—辅助压缩机；U81、U43.06—高压安全阀；U82—辅助干燥器；U43.04—止回阀；U43.02—压力控制器；U43.05—压力表；U43.14—塞门；U76—辅助风缸；U43.03—过滤器；U60—钥匙开关；U55—升弓电磁阀。

图 2-8 辅助风源系统原理图

HXD_1 型电力机车每节采用一台进口的无油活塞压缩机，用于辅助风源系统压缩空气的生产，辅助压缩机启停受机车控制电路控制，压缩机的气缸盖上还设有温度传感器用以控制辅助压缩机在规定温度范围内正常运行。辅助风源系统压力控制由位于制动柜内 U43.02 压力控制器控制，其整定值为 480 kPa～650 kPa。与以往电力机车不同，HXD_1 型大功率电力机车还设置一套辅助干燥系统，用于辅助风源系统风源净化。

辅助干燥系统主要包括吸附式单塔干燥器、过滤器、自动排水阀、加热装置、消音器等。吸附式单塔干燥器再生方式为无热再生，当压缩机停机时，再生风缸的干燥压缩空气经过干燥筒和消音器后排入大气，空气干燥器完成再生，同时将积累的水自动排出。加热装置用来防止压缩空气结冰。过滤器用来清洁干燥后的压缩空气。经辅助干燥系统处理后的压缩空气质量满足 ISO8573 含尘埃等级 3、含油等级 4 和含水等级 3 的标准要求。辅助压缩机压缩后的压缩空气，经辅助空气干燥系统处理后，通过止回阀送入风缸 U76 备用，U76 位于空气管路柜背面，容积为 50 L。辅助风源系统还设有安全网 U81 用以控制保护辅助压缩机，其整定值为 1 000 kPa。

课后讨论与复习题

1. 简述 HXD_1 型电力机车主风源系统的组成。
2. 简述 HXD_1 型电力机车主风源系统的工作气路。
3. 简述 HXD_1 型电力机车辅助风源系统的组成。

任务 2.3 HXD_2 型电力机车风源系统的认知

任务说明

通过对 HXD_2 型电力机车风源系统的学习，了解 HXD_2 型机车风源系统的特点，掌握风源系统的组成。

任务目标

1. 掌握 HXD_2 型机车主风源系统的组成；
2. 掌握 HXD_2 型机车辅助风源系统的组成。

内容讲解

2.3.1 主风源系统

每节机车风源系统主要由 1 台螺杆式空气压缩机组和 1 台空气干燥器和总风缸等设备构成，对空气进行压缩，并对压缩空气进行干燥、净化处理，总风缸以并联方式组合。

1. 空气压缩机组

GAR 22 A 300 型压缩机是通过空气冷却、单管注油的螺旋式压缩机。它们为列车或机车的制动系统和其他气动装置提供压缩空气。GAR 22 A 300 型压缩机包括压缩机组件、一个封闭式的风扇、一个油分离器、一个油/气冷却器、一个电机和控制设备，如图 2–9 所示。

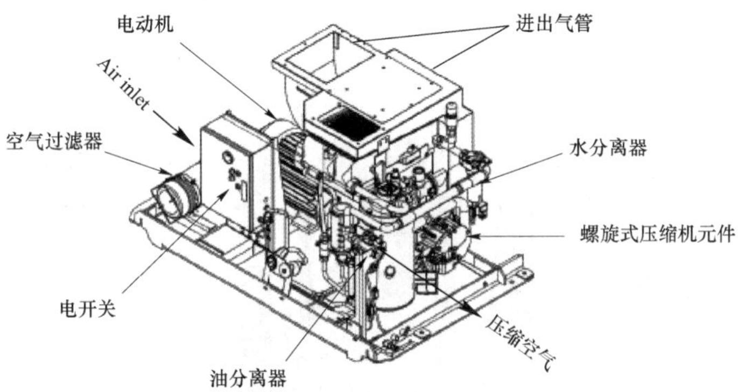

图 2–9 GAR 22 A 300 型压缩机

2. 脱水器（FI–DH）

脱水器（FI–DH）直接安装在空气冷却器的出口（REF–A–CPR），水分通过离心作用被分离出来并由压缩机过滤器排泄电磁阀［VE（PU）FI–DH］自动排出。这个阀门的功能由安装在电子柜 CB 内部的干燥器定序器卡片（Tm–SEC）控制。脱水器（FI–DH）每 2 分钟净化 2 秒。脱水器（FI–DH）如图 2–10 所示。

3. 滤油器（FI–CPR）

滤油器（FI–CPR）安装在脱水器（FI–DH）之后，它是一个细粒过滤器（0.01 μm 和 1 mg 油/m^3 气体）。滤油器（FI–CPR）如图 2–11 所示。

油和水通过过滤器一起被分离出来。冷凝物通过类似于压缩机过滤器排泄电磁阀（VE（PU）FI–DH）的电磁阀自动排出。这个螺线管阀门的功用由安装在电柜 CB 内部的干燥器定序器卡（Tm–SEC）控制。滤油器（FI–CPR）每 2 分钟净化 2 秒。净化加热器［RR–VE（PU）FI–CPR］用来防止这个阀门的主体部分冰冻，它通过上面提到的压缩机加热继电器［Q（REC）CPR］打开。

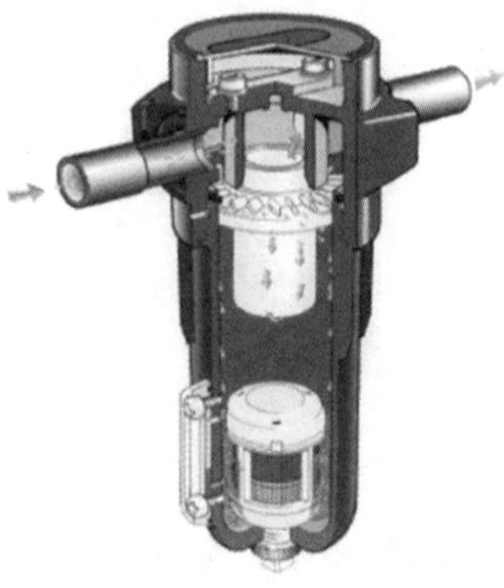

图 2-10　脱水器（FI-DH）

图 2-11　滤油器（FI-CPR）

4. 空气干燥器（SR）

空气干燥器（SR）连在压缩机冷却器的出口，在脱水器和油分离器之后。空气干燥器 SR 由一个进口和一个铝制的出口组成，出口牢牢连接到有干燥球的压制铝缸上。阀门用来控制气体通过压制缸。通过阀门的开关，这些空间就可以轮换地起到吸附和再生的作用。阀门由同时控制着净化过滤器电磁阀的干燥器定序器卡（Tm-SEC）控制。空气干燥器（SR）如图 2-12 所示。

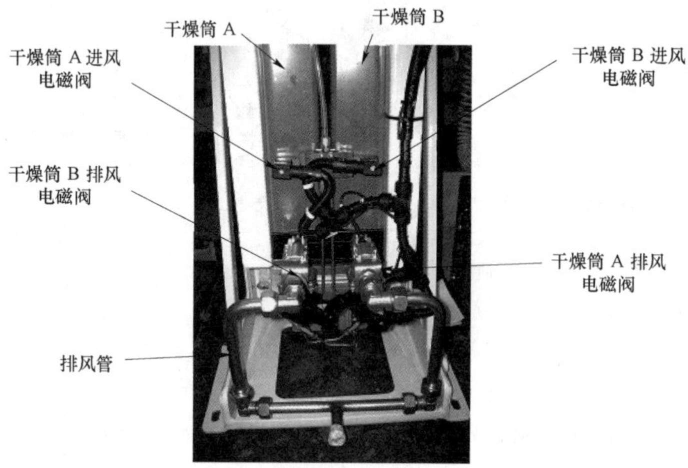

图 2-12　空气干燥器（SR）

空气干燥器（SR）吸附过程：当湿气体在压力作用下通过干燥剂层时，水分就会从空气中分离出来，干燥剂吸附水气并将其保存在它的高吸附性结构的活性部位。这个现象是物理化学作用的过程，使干燥剂和水气之间发生弱分子作用。

空气干燥器（SR）再生过程：开始再生过程，气缸在大气压力的作用下，干燥剂释放出水分。一小部分干燥空气通过净化由干燥器出口进入，用来去除干燥剂的水分。空气净化过程将水汽通过排气管消声器排到干燥器外。

5. 尘土过滤器（FI-SR）

尘土过滤器（FI-SR）（1 μm）连接在干燥器出口处。它将干燥剂粉粒从空气中分离出来，净化后的空气进入列车系统（这里的粉粒是在振动作用下带出的干燥剂）。

2.3.2　辅助风源系统

辅助风源系统提供的压缩空气主要用于以下几个方面：

（1）机车开始运行时升弓所需压缩空气；

（2）电动机械设备（断路器，接触器）动作所需压缩空气；

（3）火灾检测回路；

（4）电动、气动设备可以使用辅助空气生产单元提供的压缩空气；

（5）确保控制，处理和信号传输；

（6）辅助空气生产单元使用机车蓄电池提供的电源。

1. 辅助风源系统的组成

HXD_2 型电力机车的辅助风源系统主要包括辅助压缩机、辅助干燥器、安全阀、止回阀等组成部分。

1）辅助压缩机 CPR（AUX）

辅助压缩机 CPR（AUX）的主要技术参数如表 2-1 所示。

表 2-1　辅助压缩机 CPR（AUX）的主要技术参数

500 kPa 时的流量	30 L/min
标准压强	700 kPa
噪声级	69 dB（A）
功率	528 W
耗电量	4.8 A
一个电动机的转速	2 610 r/min
电源电压	110 V 直流电
保护器	IP54
运行周期	S1（100%）
尺寸规格	234 mm×137 mm×190 mm
质量	7 kg

辅助压缩机 CPR（AUX）是无油活塞类型的，它为辅助气压回路提供压缩空气，并在总风缸无风的情况下为机车升弓提供压缩空气，机车蓄电池为辅助压缩机提供电源。

2）辅助干燥器 SR（AUX）

辅助干燥器在不加热的情况下进行自动吸附再生作业，它实现了空气脱水、过滤和油分离。

空气从下部进入干燥器，吸附和再生两个不同的阶段扩展了空气和油的分离。在重力收集器里空气通过一个不锈钢过滤器，这个过滤器能够阻止灰尘、小水滴和小油滴。在吸收过程中，已过滤的空气在氧化铝球体中循环，除去其中的水蒸气，干燥的空气从干燥器上部出去。

辅助干燥器 SR（AUX）的主要技术参数如表 2-2 所示。

表 2-2　辅助干燥器 SR（AUX）的主要技术参数

高度	490 mm
直径	134 mm
质量	13.5 kg
粉尘过滤	35 μm
氧化铝球体活性等级 D	2～5 mm
最大应用压强	1 000 kPa
测试压强	2 000 kPa
最大容许流量	250 L/min
入口处容许最高温度	50 ℃

3）辅助压缩机止回阀 CL（RT）CPR（AUX）

辅助压缩机止回阀 CL（RT）CPR（AUX）防止辅助压缩机电机 CPR（AUX）的压强回授。

4）辅助压缩机安全阀 SP（SEC）CPR（AUX）

辅助压缩机安全阀 SP（SEC）CPR（AUX）防止辅助压缩机电机 CPR（AUX）承受辅助压缩机导管下游的一个 800^{+20}_{0} kPa 的压力。

5）辅助止回阀 CLA（RT-AUX）

辅助止回阀 CLA（RT-AUX）允许辅助干燥器的再生作业，总风管的干燥空气必须从辅助干燥器再生节流孔 DIA（RGN）SR（AUX）里通过。

6）辅助干燥器过滤器 FI-SR（AUX）

辅助干燥器过滤器和干燥器过滤器排空阀 RB（PU）FI-SR（AUX）把冷凝物从总风缸管中清除，并且把辅助干燥器 SR（AUX）中的氧化铝清除。

7）辅助干燥器排空电磁阀隔离开关 RB（IS）VN（PU）SR（AUX）

辅助干燥器排空电磁阀隔离开关使在辅助干燥机排空电磁阀隔离开关 VE（PU）SR（AUX）失灵的情况下，提供辅助干燥器排空电磁阀气压回路的隔离功能。

8）辅助干燥器过滤器排空阀 RB（PU）FI-SR（AUX）

辅助干燥器过滤器排空阀 RB（PU）FI-SR（AUX）排出辅助干燥器过滤器 FI-SR（AUX）中的冷凝物。

9）辅助干燥器排空电磁阀 VE（PU）SR（AUX）

辅助干燥器排风电磁阀 VE（PU）SR（AUX）排出辅助干燥器 SR（AUX）再生产生的冷凝物［注：辅助干燥器排空电磁阀 VE（PU）SR（AUX）必须被垂直安装］。

10）辅助 MA1-CPR（AUX）压缩机压强调节开关 1 和辅助 MA2-CPR（AUX）压缩机压强调节开关 2

辅助压缩机调节压强开关 MA1-CPR（AUX）和 MA2-CPR（AUX）提供辅助压缩机电机 CPR（AUX）启动和停止压力的调节。

11）总风管止回阀 CLA（RT）ALI-CP

总风管止回阀 CLA（RT）ALI-CP 阻止空气从辅助回路通至总风管。

12）总风管供风隔离阀 RB（IS）ALI–CP

总风管供风隔离阀 RB（IS）ALI–CP 在没有中断总风缸管道回路的情况下隔离并清除辅助回路。

13）总风管供风备用阀 RB（SE）ALI–CP

总风管供风备用阀 RB（SE）ALI–CP 实现在总风缸管道严重泄漏时辅助回路管道中压强的维持。

14）辅助干燥器再生节流孔 DIA（RGN）SR（AUX）

辅助干燥器再生节流孔 DIA（RGN）SR（AUX）释放辅助干燥器 SR（AUX）再生过程中来自总风管的空气。

2. 辅助风源系统的控制

1）辅助压缩机 CPR（AUX）的工作条件

（1）受电弓被选择；

（2）辅助回路中压强不足；

（3）辅助压缩机未被隔离。

2）辅助压缩机 CPR（AUX）的起动与停止

在辅助压缩机的压力控制调整器 MACPR（AUX）中，当辅助空气回路的压力值在上限（700 kPa）以下时，压缩机开始工作。当辅助空气回路的压力值超过上限时（700 kPa），压缩机停止工作。当辅助空气回路的压力值低于下限时（620 kPa），压缩机重新开始工作。

3）辅助干燥器 SR（AUX）的再生

辅助干燥器的再生在辅助压缩机的每个功能循环后实现。当总风缸管中的压力为 900 kPa 时，辅助干燥器是受控制的。辅助干燥器排风电磁阀 VE（PU）SR（AUX）在一个 20 s 的时间段内清除冷凝物。

3. 辅助压缩机止回阀的拆卸安装

1）辅助压缩机止回阀的拆卸

在 UMA 连接器（项目 147）旋开螺帽（项目 14），拆除支架（项目 193）上的紧固件（项目 351，354，360，370），松开 TA 接头（项目 181）的螺帽（项目 42），拆除辅助压缩机止回阀（项目 10），拆掉 AMA 接头（项目 122）。

2）辅助压缩机止回阀的安装

在辅助压缩机止回阀（项目 10）上安装 AMA 连接器（项目 122），安装辅助压缩机止回阀（项目 10），安装支架（项目 193）拧紧紧固件（项目 351，354，360，370），紧固 UMA 接头（项目 147）的螺帽（项目 14），拧紧 TA 连接器（项目 181）上的螺母（项目 42），打开总风管供风隔离阀 RB（IS）ALI–CP，进行止回阀的功能测试。

课后讨论与复习题

1. 简述 HXD_2 型电力机车主风源系统的组成。
2. 简述 HXD_2 型电力机车主风源系统的工作过程。
3. 简述 HXD_2 型电力机车辅助风源系统的组成。

任务 2.4 HXD$_3$ 型电力机车风源系统的认知

任务说明

通过对 HXD$_3$ 型电力机车风源系统的学习，了解 HXD$_3$ 型机车风源系统的特点，掌握风源系统的组成。

任务目标

1. 掌握主风源系统的组成；
2. 掌握辅助风源系统的组成。

内容讲解

2.4.1 主风源系统的主要组成

HXD$_3$ 型电力机车风源系统主要由空气压缩机组 A1，高压安全阀 A3、A7，空气干燥器 A4，微油过滤器 A5，最小压力阀 A6，总风缸 A11、A15，总风缸排水塞门 A12，止回阀 A8，截断塞门 A10，流量缩堵 B02 等组成。HXD$_3$ 型电力机车风源系统管路原理图如图 2-13 所示。

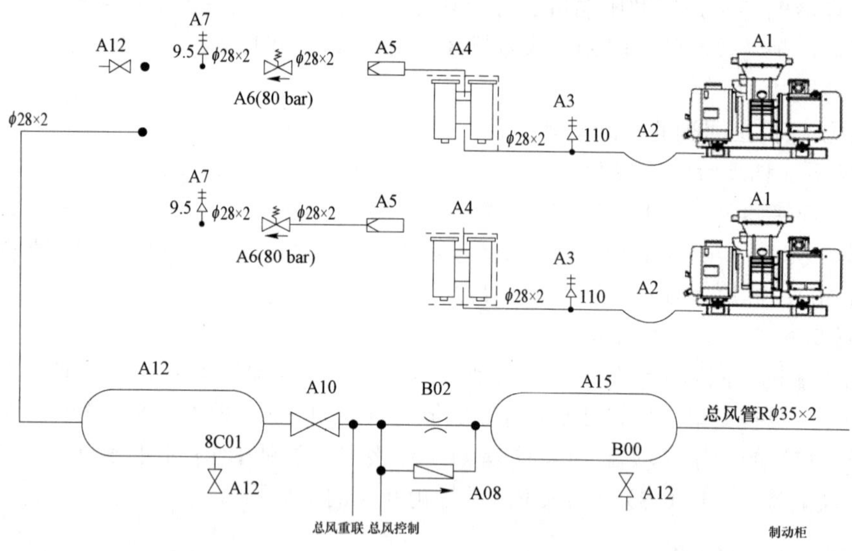

A1—空气压缩机组；A2—软管 A10 截断塞门；A3—安全阀；A4—双塔干燥器；A5—微油过滤器；A6—最小压力阀；A7—安全阀；A8—单向阀；A11—第一总风缸；A15—第二总风缸；A12—排水塞门；B02—限流缩堵。

图 2-13 HXD$_3$ 型电力机车风源系统管路原理图

采用两台克诺尔公司的 SL22-47 型螺杆式空气压缩机组作为系统风源，排风量为每台 2 750 L/min。

配套使用两个克诺尔公司的 LTZ3.2-H 型双塔干燥器和两个克诺尔公司的 OEF2 型微油过滤器作为风源滤水、滤油的处理装置。其双塔干燥器的空气处理量为每个 4.8 m^3 /min。

机车采用 2 个容积均为 800 L 的风缸串联作为压缩空气的储存容器，风缸采用车内立式安装。

为了满足机车重联功能在机车端部安装了总风重联管软管和平均管软管。

1. 空气压缩机组

空气压缩机组型号为 SL22-47，为螺杆式压缩机组，其驱动电机为 KB/26-180LB 型三相交流电动机。此空气压缩机组具有温度、压力控制装置，可以实现无负荷启动。冷却器排风口向下，以满足机械间的独立通风要求。空气压缩机组的开停状态由总风压力开关和压力传感器进行自动控制，也可以通过手动按钮强行控制开停。SL22-47 螺杆式空气压缩机组如图 2-14 所示。

图 2-14　SL22-47 螺杆式空气压缩机组

螺杆压缩机由阴阳两个螺杆形的转子旋转进行空气的压缩和输送，一级压缩产生 900 kPa 的压缩空气。空气通过空滤器和进气阀吸入压缩机体。空气被压缩后，通过与转子连接的输送口被推进压缩机壳。

如果压缩机启动时，压缩机壳里无空气压力，最小压力阀将保持关闭状态，以便使压缩机壳内迅速建立起空气压力，帮助润滑油尽快循环。当压缩机壳内空气压力达到约 6.5 bar（650 kPa）时，最小压力阀打开并将压缩空气送出。送出的压缩空气达到系统的规定压力后，压缩机受总风压力开关控制自动停机，最小压力阀将自动关闭，将系统和压缩机壳内的通路隔断。

每次压缩机停机后，压缩机壳内的空气压力被自动释放。压缩机停机后，最小压力阀和进气阀关闭。在进气口，由于压缩机体空气逆流而压力升高，导致泄荷阀打开。压缩机壳里压缩空气可通过减压阀流进空滤器后排向大气，从而快速将压缩机壳里空气压力降低到约 1.8 bar（180 kPa）。剩余的压力通过泄荷阀上的缩孔被缓慢排放至 0 bar。停机时间大于 6 s 后，可以实现空压机的无负荷再启动。当压缩机运转时，在压缩机壳里建立起的空气压力将壳内的润滑油通过油过滤器输送到轴承、传动装置和压缩机体内油喷射点。这些油用于润滑，密封并带走空气压缩产生的热量。

压缩机传送的空气/油混合物通过输送口并打在壳内挡板上，这一过程属于油粗级过滤。之后，压缩空气又经过油细分离器进行精级过滤。精级过滤分离的油被收集到油细分离器底部，在压缩机壳内空气压力作用下，通过回油过滤器返回到压缩机体内。

当压缩机运转时，如果在压缩机壳内没有建立起空气压力，压缩机将不能被充分润滑和冷却。在这种情况下，转子可能被快速损坏。当润滑油温度高于 83 ℃，油控制单元（1.2）中温控器（1.2.2）打开到油冷却器（1.8.a）的通道，对润滑油进行冷却。当润滑油温度低于 83 ℃，油冷却器的通道保持关闭，油被直接传送到压缩机体。通过这种方式可达到润滑油的最佳操作温度，可以有效避免机油乳化。

压缩机壳里空气/油混合物的温度由输送口的温度开关（5.2）监测。如果温度高于设定值（110±5）℃，温度开关动作，压缩机停止工作。如果环境温度较低（−20 ℃以下），压缩机可以通过一个油加热器对润滑油进行预热，约 20 min（根据环境温度预热时间有所调整）后再启动空气压缩机。

2. 空气干燥器

干燥器型号为 LTZ3.2−H，属于双塔吸附式干燥器。该干燥器具有低温加热功能，位于空气压缩机组和总风缸之间，具有过滤压缩空气中油、水，降低压缩空气露点的功能，保证空气系统在正常使用时，不会出现液态水。空气干燥器如图 2−15 所示。

无热吸附式双塔干燥器的再生和吸附工作在两个塔中同时进行，当压缩空气在一个塔内通过干燥剂进行干燥时，另一塔内的干燥剂被干燥的空气吹扫进行再生处理。到达干燥器的饱和压缩空气里的油和冷凝物在首先通过油分离器时被提取出来。饱和的压缩空气接着通过干燥塔的干燥剂，压缩空气里水分子被吸收，干燥器出口压缩空气的相对湿度达到 35%以下。部分干燥后的压缩空气通过再生节流孔（47）进入再生塔，吸收饱和干燥剂表面的水分，并将其排放到大气。两个工作塔交替作为干燥塔和再生塔进行工作。空气干燥器气动控制示意图如图 2−16 所示。

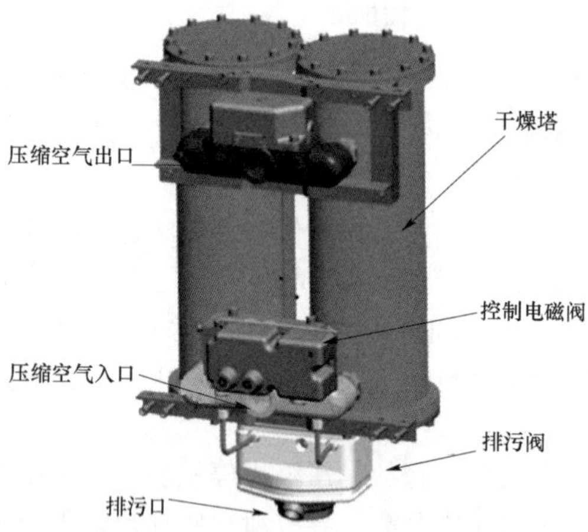

图 2−15　空气干燥器

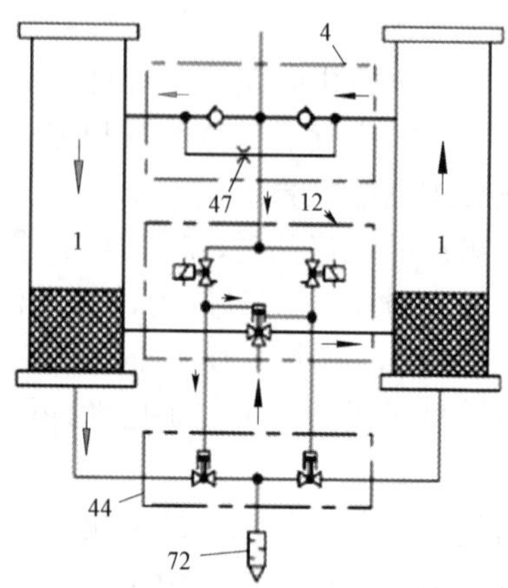

1—干燥塔；4—双逆止阀；12—脉冲电磁阀；
44—排放阀；47—节流阀；72—消音器。

图 2−16　空气干燥器气动控制示意图

两个干燥塔（1），每个塔内集成一个油分离器和一定量的干燥剂。带有计时功能的脉冲电磁阀（12）。可更换再生节流阀（47）的双逆止阀（4）。排放阀（44），LTZ−H 型单元的排放阀还配备了一个恒温器控制器。消音器（72）和冷凝排放盖。每个电磁阀的工作状态用一个气动压力指示器显示。当电磁阀作用时，压力指示器弹起，对应的塔处于再生状态。

2.4.2　辅助风源系统的主要组成

辅助风源由直流电机、空压机和干式空气过滤器等主要部件组成，该装置结构紧凑。辅助空压机为单级压缩，自带法兰安装。直流电机通过联结器和空压机连接。干式空气滤清器可以为压缩机提供纯净的空气。空压机单级工作，吸入的空气由干式空气过滤器清洁并在气缸内进行压缩。辅助压缩机如图 2–17 所示。

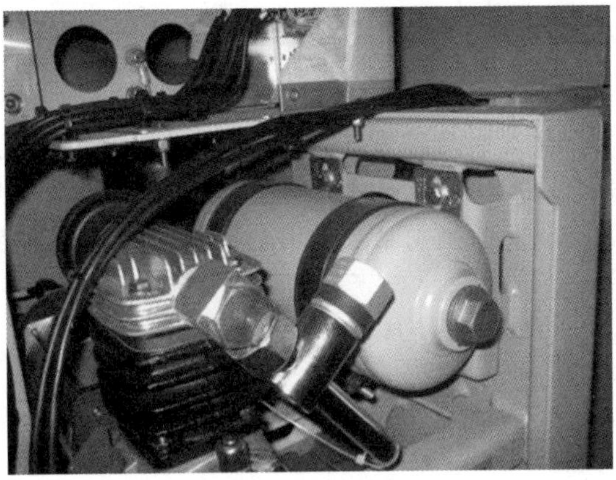

图 2–17　辅助压缩机

辅助压缩机组的控制开关位于电器控制柜上，点动开关后，辅助空压机开始工作，当风压达到（735±20）kPa 时，自动切断辅助压缩机的电源。

课后讨论与复习题

1. 简述主风源系统的主要组成。
2. 简述双塔干燥器的工作环节。
3. 简述辅助风源系统的主要组成。

项目3　电力机车基础制动装置

项目导读

基础制动装置一般采用闸瓦制动装置或盘形制动装置。基础制动装置的作用是将制动缸活塞上产生的推力放大若干倍后均匀地传递到各个闸瓦（或闸片），使之压紧轮对踏面（或制动盘）从而产生制动效果。闸瓦基础制动装置由制动缸、制动传动装置，闸瓦装置及闸瓦间隙调节器组成。

本项目主要介绍SS_4型、HXD_1型、HXD_2型、HXD_3型电力机车基础制动装置，重点掌握：

1. 基础制动装置的作用；
2. 基础制动装置的组成；
3. 闸瓦间隙的自动调整。

思维导图：

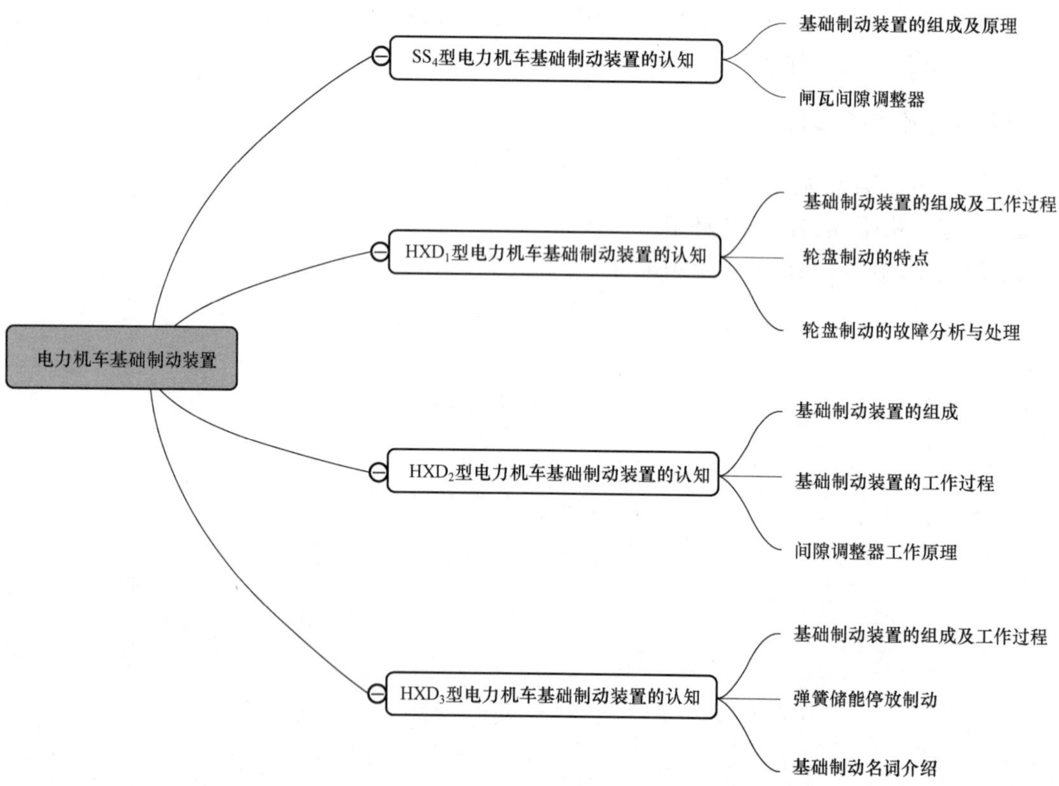

任务 3.1　SS_4型电力机车基础制动装置的认知

任务说明

通过SS_4型电力机车基础制动装置的学习，了解SS系列电力机车单缸制动器的主要参数，掌握SS_4型电力机车基础制动装置的作用和组成，理解SS_4型电力机车闸瓦间隙的自动调整。

任务目标

1. 掌握SS_4型电力机车基础制动装置的作用；
2. 掌握SS_4型电力机车基础制动装置的组成；
3. 理解SS_4型电力机车闸瓦间隙的自动调整。

内容讲解

SS_4型电力机车基础制动装置的作用是将制动缸活塞上产生的推力放大若干倍后均匀地传递到各个闸瓦，使之压紧轮对踏面从而产生制动效果。以制动器箱体为基础，将制动缸、制动传动装置和闸瓦间隙调节器安装于箱体内，闸瓦装置安装于箱体外的一种基础制动装置，称为单缸制动器。SS_4型电力机车采用2.85×7单缸制动器，制动倍率为2.85，制动缸直径为7英寸。

SS系列电力机车的基础制动装置采用独立箱式单元制动器，所使用的单缸制动器主要参数如表3-1所示。

表 3-1　SS 系列电力机车制动器主要参数

主要参数	机型					
	SS3	SS3B	SS_4改	SS7	SS8	SS9
制动缸直径/mm	203	178	178	190	203	190
制动倍率	3.5/2.85	2.85	2.85	4	3.5	4
传动效率	0.9	0.95	0.85	0.8	0.85	0.85
闸瓦压力（紧制）/N	43 910	32 650	25 560	2 180	46 600	45 000
每台转向架制动缸数	10	6	4	8	4	6
闸瓦间隙/mm	6_4^2	4～8	4～8	8±1	6	5～8
间隙一次调整量/mm	0.2	0.22	0.2	2～5	0.22	0.1

3.1.1　SS_4型电力机车基础制动装置的组成及原理

1. 组成

2.85×7 单缸制动器由制动缸、制动杠杆、闸瓦间隙调节器和闸瓦装置组成，构造如图3-1所示。

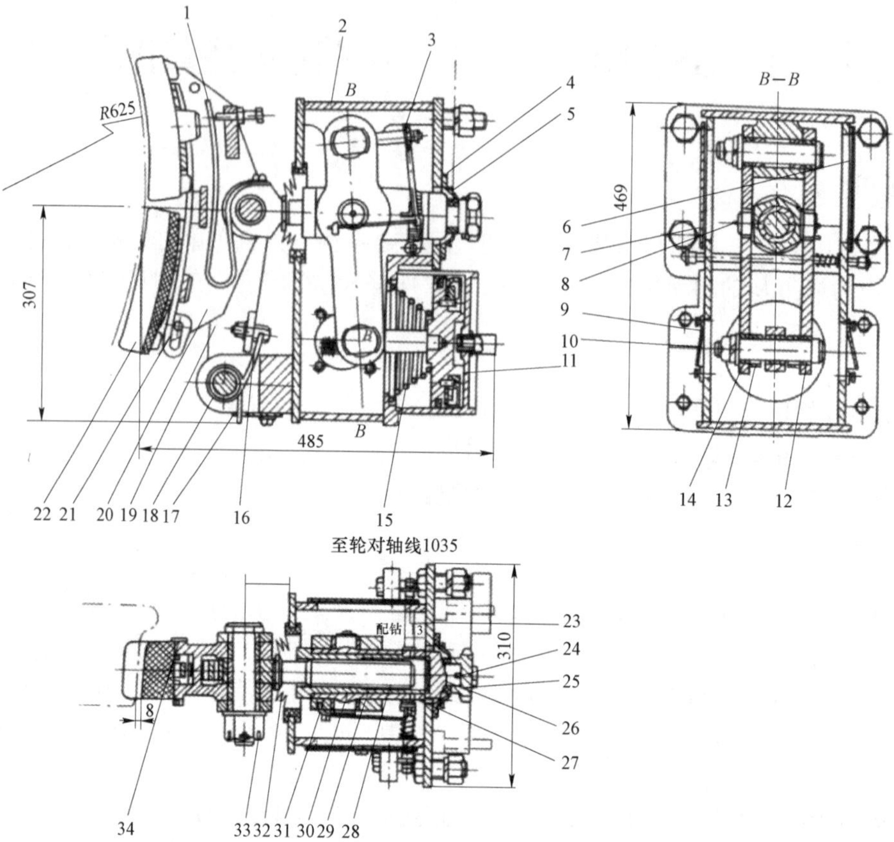

1—闸瓦定位弹簧；2—箱体；3—棘钩；4—压环；5—密封套；6—门组装（左）；7—门组（右）；8—油杯；9—护罩；10—滤尘网；11—制动缸；12、14—杠杆；13—隔套；15—圆锥弹簧；16—扭簧卡；17—扭簧止板；18—扭转弹簧；19—闸瓦托杆；20—闸瓦托；21—闸瓦签；22—闸瓦；23—脱钩杆；24—开口销；25—手轮；26—螺盖；27—棘轮；28—传动螺杆；29—传动螺母；30—滑套；31—条簧；32—密封罩；33—螺母；34—闸瓦签圆销。

图 3-1　2.85×7 单缸制动器构造

制动缸由制动缸活塞、活塞杆、圆锥弹簧（又称缓解弹簧）及缸体组成。制动杠杆用于传递、放大制动缸产生的制动原力。闸瓦间隙调节器由传动螺杆、传动螺母、棘轮、棘钩、滑套、条簧及手轮等组成。闸瓦装置由闸瓦托、闸瓦托杆、闸瓦套、闸瓦定位弹簧及闸瓦组成。

2. 工作原理

（1）制动状态。当制动缸充气时，活塞克服圆锥弹簧（又称缓解弹簧）反力左移，通过活塞杆推动制动杠杆顺时针转动，杠杆带动滑套、传给传动螺母、传动螺杆、推动闸瓦托左移，使闸瓦压紧车轮踏面产生制动效果。

（2）缓解状态。当制动缸排气时，活塞在圆锥弹簧作用下右移，通过活塞杆带动制动杠杆逆时针转动，制动杠杆带动滑套、传动螺母、传动螺杆右移，从而带动闸瓦托右移，使闸瓦离开车轮踏面实现缓解。

3.1.2　闸瓦间隙调整器

为了消除运行过程中由于闸瓦磨耗而造成的闸瓦与车轮踏面间越来越大的间隙。2.85×7

单缸制动器中设置了闸瓦间隙自动调整器。

1. 闸瓦间隙调整器的结构特点

2.85×7 制动器闸瓦间隙调整器的结构特点为：① 传动螺母与传动螺杆之间以左旋螺纹配合，习惯上将传动螺母与传动螺杆的组合体称为可调制动传动杆，简称传动杆；② 棘轮与传动螺母固定在一起；③ 制动杠杆转动时，棘钩随之同向、同角度转动。

2. 闸瓦间隙自动调整

当闸瓦间隙过大时，闸瓦间隙调整器将自动减小过大的闸瓦间隙。制动时，随着制动杠杆的顺时针转动，棘钩也顺时针转动相同角度，从而使棘钩齿尖从棘轮原轮齿中脱离出来而落入下一轮齿。当缓解时，棘钩随制动杠杆逆时针转动，并由棘钩齿尖带动棘轮逆时针转动，使棘轮带动传动螺母右旋，将传动螺杆从传动螺母中旋出，即增大了传动杆的长度，从而减小了闸瓦间隙。

当闸瓦间隙达到正常范围（6～9 mm）时，闸瓦间隙调整器将不再减小闸瓦间隙。此时，由于制动过程中制动杠杆顺时针转动的角度较小，使棘钩齿尖不能从棘轮轮齿中脱离出来而保持在原齿中。

SS_4 型电力机车的棘轮齿数为 30 个，因此其单齿调整量为 6 / 30=0.2 mm。为了防止棘钩与棘轮齿面脱离，用条簧压紧棘钩。

3. 闸瓦间隙人工调整方法

当人工调大闸瓦间隙或更换闸瓦时，首先应拉动（或推动）设置在箱体上的脱钩杆，使棘钩齿尖脱离棘轮轮齿；然后逆时针方向旋转手轮，以缩短传动杆长度，使闸瓦与车轮踏面之间的间隙增大。

更换闸瓦或落车时，应使闸瓦退到最大间隙位置；更换闸瓦或落车后，应顺时针方向旋动手轮，使闸瓦紧贴车轮踏面，然后再向相反方向旋动手轮一周，此时，闸瓦间隙即为要求的正常间隙 6 mm。

为了使闸瓦上、下端与车轮踏面之间保持均匀的间隙，可通过调整闸瓦定位装置的调整螺栓来实现，并在调整好闸瓦间隙后，一定要将调整螺栓上的锁紧螺母锁紧，以防机车运行过程中因调整螺栓松动而导致闸瓦上、下端间隙不均。

课后讨论与复习题

1. 简述 SS_4 型电力机车基础制动装置的作用。
2. 简述 SS_4 型电力机车基础制动装置的组成。
3. 简述 SS_4 型电力机车闸瓦间隙的自动调整。

任务 3.2　HXD_1 型电力机车基础制动装置的认知

任务说明

通过 HXD_1 型电力机车基础制动装置的学习，掌握 HXD_1 型电力机车基础制动装置的组成，了解轮盘制动的特点，了解制动闸片的特点。

任务目标

1. 掌握 HXD_1 型电力机车基础制动装置的组成；
2. 理解 HXD_1 型电力机车基础制动装置工作过程；
3. 了解 HXD_1 型电力机车轮盘制动特点。

内容讲解

HXD_1 型电力机车基础制动装置采用轮盘制动装置，每个车轮安装一套独立的制动单元，其中每个转向架安装有两套带有弹簧停车装置的制动单元 HXD_1 型为转向架斜对称布置。

3.2.1 基础制动装置的组成及工作过程

1. 组成

轮盘制动装置包括单元制动缸（常用单元制动缸和带停放单元制动缸）、制动盘、闸片及夹钳组成。

1）制动盘

制动盘按照安装方式的不同可分为轴盘式和轮盘式两种。轴盘式的制动盘压装在车轴内侧，通常构造速度低于 160 km/h 以下的客车每个轴装有两个制动盘；构造速度高于 160 km/h 的客车每个轴安装 3 个或 4 个制动盘。轮盘式制动盘根据车辆的空间安装在车轮的两侧或一侧。机车的轮对上因车轴上装有牵引电机和齿轮箱，制动盘一般只能安装在车轮上，按摩擦面的配置不同，制动盘可分为单摩擦面和双摩擦面两种。

按盘本身的结构，制动盘可分为整体式和由两个半圆盘用螺栓组装而成的。按材质不同，制动盘可分为铸铁、铸钢、铸铁-铸钢组合、锻钢、C/C 纤维复合材料、铝合金基复合材料的制动盘等。轮盘制动如图 3-2 所示。

图 3-2　轮盘制动

轮装制动盘的尺寸使摩擦面与轮缘的外表面平直对齐，该原理确保制动盘能与所有标准化的闸片和制动夹钳组合。为了固定和对中制动盘以及传送制动扭矩，摩擦环具有许多固定螺栓或键槽。

2）合成闸片

制动夹钳上安装的制动闸片一般成扇形，合成闸片采用复合材料，闸片上设计三条或五条放射槽，用于闸片散热及排出闸片磨耗后的微小尘粒。闸片钢背设有磨耗到限标志，以方便日常磨耗检查。

合成闸片在拆装之前，先缓解制动缸和停放缸，不要尝试在实施制动的时候打开闸片托上的锁定块，作业前检查制动盘温度，以免发生烫伤事故，更换闸片时，必须使用杆状工具打开锁定块，用圆柱形铁棒或扳手撬动弹簧夹，使闸片托挡板打开。

2. 工作过程

制动时，向制动缸充入压缩空气，在压缩空气的作用下制动缸伸长，带动夹钳臂绕转轴转动。转轴通过连接架与转向架相对固定，夹钳臂前端的闸片托则夹紧制动盘产生制动作用。

制动缓解时，排出制动缸内压缩空气，在缓解弹簧的作用下制动缸回缩通过夹钳臂带动闸片托与制动盘分离。制动夹钳单元带有缓解间隙自调整功能，能够保证闸片与制动盘之间始终保持设定的合适间隙。

3.2.2　轮盘制动的特点

1. 轮盘制动的优点

轮盘制动和踏面制动同属于摩擦制动方式，但轮盘制动相对于踏面制动有如下优点。

（1）传统的踏面（闸瓦）制动方式大部分热能由车轮和闸瓦来承担。随着机车速度的提高和载重的增大，车轮的制动热负荷也相应增加。轮盘制动代替了闸瓦对车轮踏面的摩擦，增大了摩擦接触面积，改善了热负荷传递条件，也减少了车轮的磨耗，延长了车轮的使用寿命，改善了运行品质，保证了行车安全。

（2）在轮盘制动装置中，作为摩擦副的制动盘和簧片的材质及结构，可根据制动的要求进行多种方案的选择，可以获得较高的摩擦系数，并且比较稳定，受速度的影响小。因此可以减小制动压力，制动缸及杠杆的尺寸都可以缩小，减轻了制动装置的重量。

（3）轮盘制动装置的散热性能比较好，摩擦系数稳定，能得到较恒定的制动力。它的热容量允许它采用较高的制动率，可以在更高的速度下制动，获得较高的减速度，从而也就缩短了制动距离。

（4）轮盘制动装置结构紧凑，制动效率高，便于装拆和维护。

2. 盘形制动的缺点

（1）车轮踏面没有闸瓦的磨刮，轮轨黏着将恶化。所以，为了防止高速滑行，既要考虑采用高质量的防滑装置，也要考虑加装踏面清扫器，或采用盘形制动为主闸瓦制动为辅的混合制动方式，否则即使安装有防滑器，制动距离也比闸瓦制动距离长。

（2）制动盘使簧下重量及其引起的冲击振动增大；运行中还要消耗牵引功率，速度越高，此种功率损失也越大。

3.2.3　轮盘制动的故障分析与处理

1. 故障现象：空气泄漏

（1）故障原因：制动缸橡胶皮碗、O 型密封圈不合格；

（2）故障处理：更换故障部件。

2. 故障现象：闸片与制动盘间隙逐渐变大

（1）故障原因：引导螺母和轴承、锁闭环及弹簧故障；

（2）故障处理：更换故障部件。

3. 故障现象：闸片与制动盘间隙逐渐变小

（1）故障原因：间隙调整器内锁紧环故障；

（2）故障处理：更换或修理锁紧环。

4. 故障现象：制动单元不缓解或不制动

（1）故障原因：制动活塞复原弹簧失效或制动缸橡胶皮碗泄漏；

（2）故障处理：更换弹簧或皮碗。

5. 故障现象：弹簧停放制动器缓解不彻底

（1）故障原因：轴承、螺母故障；

（2）故障处理：修理或更换部件。

6. 故障现象：弹簧停放制动器制动力不足

（1）故障原因：弹簧 S 的弹簧力衰减；

（2）故障处理：更换新弹簧。

7. 故障现象：弹簧停放制动器手动缓解时，不缓解

（1）故障原因：手动缓解机构故障；

（2）故障处理：检查或更换弹簧或触头。

课后讨论与复习题

1. 简述 HXD_1 型电力机车基础制动装置的组成。
2. 简述 HXD_1 型电力机车基础制动装置工作过程。
3. 简述轮盘制动的特点。

任务 3.3　HXD_2 型电力机车基础制动装置的认知

任务说明

通过 HXD_2 型电力机车基础制动装置的学习，了解 HXD_2 型电力机车基础制动装置的特点，熟悉 HXD_2 型电力机车基础制动装置的组成，理解 HXD_2 型电力机车基础制动装置的间隙调整原理。

任务目标

1. 了解 HXD_2 型电力机车基础制动装置的特点；
2. 熟悉 HXD_2 型电力机车基础制动装置的组成；
3. 理解 HXD_2 型电力机车的闸瓦间隙调整原理。

内容讲解

HXD_2 系列电力机车基础制动装置是单侧、双闸瓦、带闸瓦间隙自动调整机构的独立踏面制动单元，每个转向架共配有四组踏面制动单元，其中有一组制动单元具有停放制动功能。

踏面制动单元具有质量轻、体积小、安装方便、间隙调整器调节准确、传动效率高、闸瓦更换方便、使用维护简单等特点，基础制动装置可以实现机车在平直道上在 120 km/h 速度下，轴重 25 t 机车紧急制动距离不大于 900 m 的要求，停放制动可以使机车在线路坡度为 1.0% 的情况下，使机车停放。该踏面制动单元用螺栓安装在构架侧面，拆卸方便。

3.3.1　基础制动装置的组成

踏面制动单元主要由制动缸、楔形力放大机构和单向间隙自动调整器组成。制动缸由缸体、活塞和缸套等组成，闸瓦间隙调整器由弹簧、轴承、导向螺母和调整螺母等组成。

HXD_2 型电力机车踏面制动单元包括 BFC（常用踏面制动单元）和 BFCF（带停放功能的踏面制动单元）两种。BFC/BFCF 制动装置是一种小型的空气制动装置，其内部机械力能够将力放大，而且还设置闸瓦间隙调节器。由于体积小、质量轻，所以特别适合在有限的空间安装使用。而且内部机械力能够扩大，并设置标准化的接口。BFC/BFCF 闸瓦和车轮之间的制动间隙是 8 mm，每个转向架装配 3 个 BFC 和一个 BFCF。BFC 有 1 个进气口，接口尺寸为 1/2″。BFCF 有 2 个进气口，一个直接连常用制动缸，尺寸为 1/2″，另一个通过 X 阀进入停放缸，尺寸为1/4″。BFC踏面制动单元，如图3-3所示。

BFCF带停放功能的踏面制动单元如图3-4所示。

图3-3　BFC踏面制动单元

图3-4　BFCF带停放功能的踏面制动单元

3.3.2　基础制动装置的工作过程

楔形力放大机构采用了楔角放大原理及滚动轴承结构，固定在活塞上的两个楔子横跨推杆间隙调整器两侧，当制动缸充风时，活塞向下移动，推动楔子到滚柱轴承之间，借助间隙调整器机构将输出力传递到闸瓦，同时将作用力放大，作用力放大的倍率与楔子的角度相关。楔形力放大机构如图3-5所示。

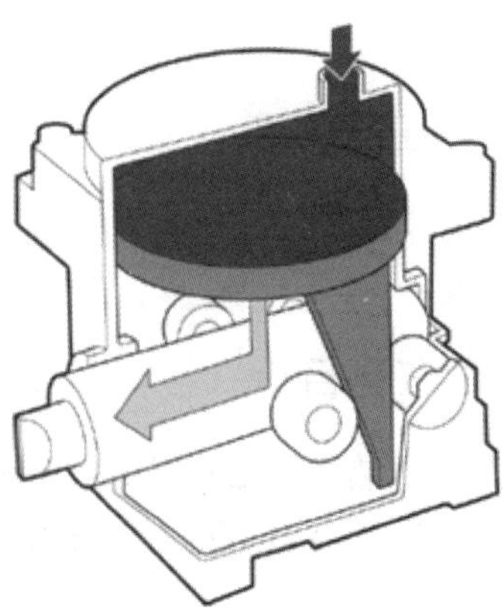

图3-5　楔形力放大机构

当制动缸排风时，制动缸活塞及楔角机构在复原弹簧的作用下上移，滚动轴承和间隙调整器后退，带动调整螺杆后退，从而实现了机车制动的缓解。

弹簧停放制动是在常用制动缸体上部增加弹簧停放制动器，当机车在正常运行状态时，停放制动缸中充有压缩空气，弹簧处于压缩状态，停放制动缸不参与机车正常的制动作用；机车在停放时，当总风管的压缩空气泄漏到一定程度（空气压力小于弹簧的作用力时），停放制动开始作用，此时，停放缸活塞在弹簧的作用下向下移动，推动制动缸活塞产生制动力。

3.3.3　间隙调整器工作原理

压力（不一定是气压，也可能是活塞推杆）施加到制动气缸上时，推动带楔形块的活塞向下移动，此时楔形块推动间隙调整器向前移动，将纵向运动变为横向运动，从而推动制动闸进行制动。

气压推动活塞向下运动，活塞上的楔形块推动轴承将纵向运动转变为横向运动。间隙调整器整体移动距离为A（等于制动闸瓦和轮缘之间的距离）。在这种情况下，不传动制动力。

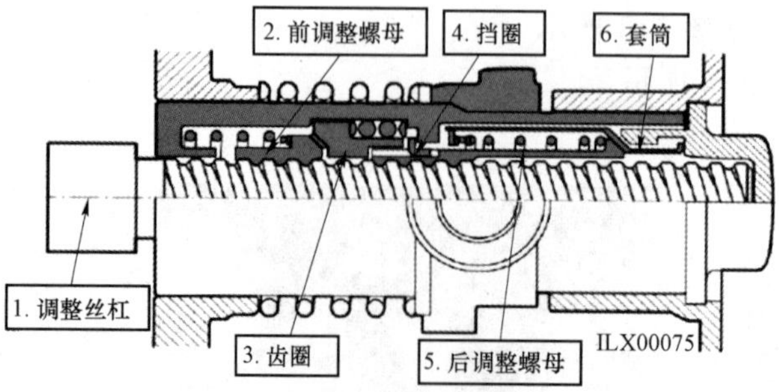

图 3–6　间隙调整器

间隙调整器如图 3–6 所示。

随着压力的进一步增加，间隙调整器继续前进一个距离 e，在这行程期间，是传递制动力的。压缩弹簧 E，夹紧零件 B 防止后螺母旋转，不允许要调整的现象发生。需要调整的距离 $L=A+X$，间隙调整器移动到距离 A 以后，因闸瓦没受到阻力，间隙调整器继续前进 X，后螺母在弹簧的弹力作用下在主轴上反方向旋转，相对主轴移动的距离与过大间隙 X 相等。

制动缓解时，在弹簧的作用下调整器后移。C 部分靠到 D 部分上，前调整螺母与齿圈脱离，在弹簧作用下迫使前调整螺母在主轴上反向旋转，相对主轴移动的距离与过大间隙 X 相等。因此，增加了调整器的长度。

课后讨论与复习题

1. 简述 HXD_2 型电力机车基础制动装置的特点。
2. 简述 HXD_2 型电力机车基础制动装置的组成。
3. 简述 HXD_2 型电力机车闸瓦间隙调整原理。

任务 3.4　HXD_3 型电力机车基础制动装置的认知

任务说明

通过 HXD_3 型电力机车基础制动装置的学习，熟悉 HXD_3 型电力机车基础制动装置的组成及特点。

任务目标

1. 熟悉 HXD_3 型电力机车基础制动装置的组成；
2. 了解 HXD_3 型电力机车停放制动的原理。

内容讲解

HXD_3 型电力机车基础制动装置采用轮盘制动装置，每个车轮安装一套独立的制动单元，其中每个转向架安装有两套带有弹簧停车装置的制动单元，HXD_3 型为第一、第六轴布置。

3.4.1　基础制动装置的组成及工作过程

1. 组成

轮盘制动装置包括单元制动缸、制动盘、闸片及夹钳组成。轮盘制动单元，如图 3–7 所示。带停放制动功能的轮盘制动单元，如图 3–8 所示。

图 3-7 轮盘制动单元

图 3-8 带停放制动功能的轮盘制动单元

2. 工作过程

制动时向制动缸充入压缩空气，在压缩空气的作用下制动缸伸长，带动夹钳臂绕转轴转动。转轴通过连接架与转向架相对固定，夹钳臂前端的闸片托则夹紧制动盘产生制动作用。

制动缓解时，排出制动缸内压缩空气，在缓解弹簧的作用下制动缸回缩通过夹钳臂带动闸片托与制动盘分离。制动夹钳单元带有缓解间隙自调整功能，能够保证闸片与制动盘之间始终保持设定的合适间隙。

3.4.2 弹簧储能停放制动

弹簧储能停放制动装置主要由活塞、停放制动弹簧、轴承、调整螺杆、螺母、弹簧缸体和手动缓解装置组成。

1. 停放缸缓解位

停放缸缓解位，如图 3-9 所示。

空气压力作用在停放制动气缸 4 上，使弹簧 1 和弹簧 2 压缩，停放制动保持在缓解位。

2. 停放缸制动位

停放缸制动位，如图 3-10 所示。

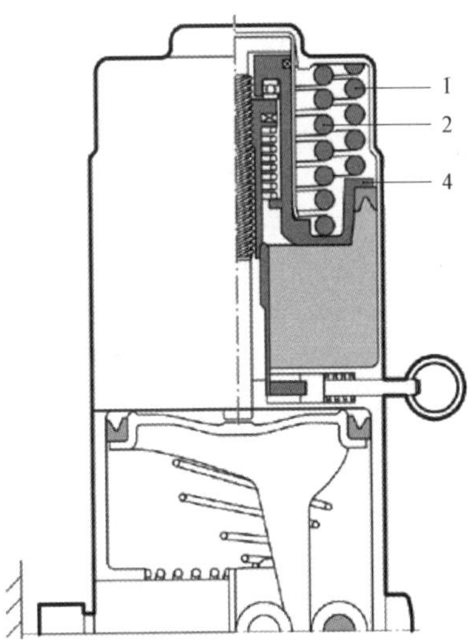

图 3-9 停放缸缓解位

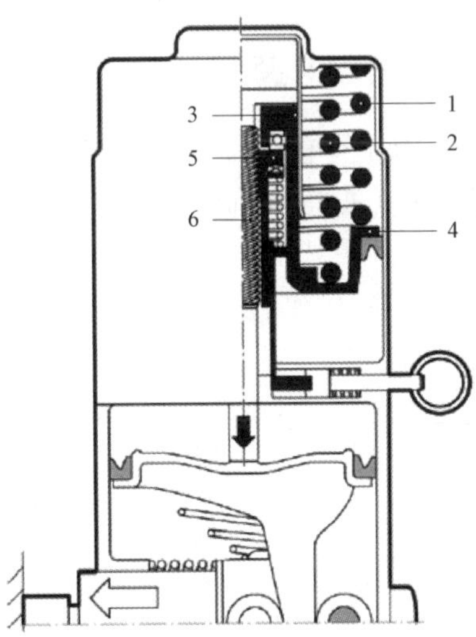

图 3-10 停放缸制动位

停放制动实施时，弹簧制动气缸开始排气。弹簧 1 和弹簧 2 扩张，借助轴承、旋转套筒 5 以及棘轮机构和活塞推杆 6 传递弹簧的力。当活塞推杆 6 向下移动到常用制动气缸，就会向下推动常用制动活塞，产生制动作用。

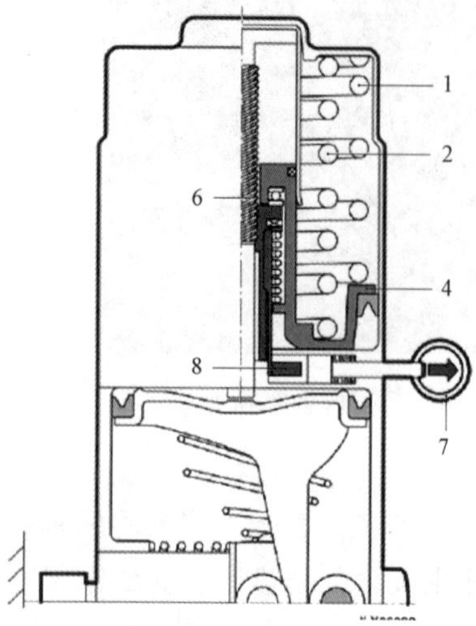

图 3-11　停放制动的手动缓解

缓解时，弹簧制动气缸重新接纳压缩空气，活塞位 4 向上移动到初始位，重新压缩弹簧 1 和弹簧 2，停放制动恢复至缓解位。

3. 停放缸制动位手动缓解

停放制动的手动缓解，如图 3-11 所示。

实施停放制动时，借助拉环 7 完成手动缓解。松开棘轮销与棘轮装置 8 之间的锁紧机构。所以来自弹簧 1 和弹簧 2 的力迫使棘轮装置 8 自由旋转。活塞向上移动，同时向上推动活塞推杆 6，直到完全缓解为止。

弹簧制动气缸重新充入压缩空气后，棘轮机构复位。推动活塞 4 压缩弹簧 1 和弹簧 2，使棘轮机构反转，使停放制动充满压缩空气复原。

3.4.3　基础制动名词介绍

1. 制动力

人为施加的与列车运行方向相反的外力。

2. 制动倍率

由制动传动装置产生的将制动原力放大的倍数。

3. 传动效率

实际闸瓦压力（闸片压力）的总和，与计算闸瓦压力（计算闸片压力）的总和的比值。

4. 制动率

单位质量所具有的闸瓦压力（闸片压力）。

课后讨论与复习题

1. 简述 HXD_3 型电力机车基础制动装置的组成。
2. 简述 HXD_3 型电力机车停放制动的原理。
3. 简述列车制动力和列车制动率。

模块 2

CCB Ⅱ制动系统

【模块导读】

机车制动系统主要包括电制动系统、空气制动系统、制动指令产生及传输系统等。机车空气制动控制系统主要包括 DK-1 型制动系统、DK-2 型制动系统、法维莱 Eurotrol 制动系统、CCBⅡ制动系统，等等。

CCBⅡ制动系统是一种符合 AAR 标准要求的基于微机网络的适用于干线货运机车的制动系统，具备自动制动、单独制动、紧急制动、后备空气制动、列车管流量检测等功能，具备空电联合控制、防滑控制、停放制动控制及其他辅助气动功能的附加控制功能。CCBⅡ制动系统主要应用在 SS_4 型、HXD_1 型、HXD_3 型等多种型号的电力机车上，制动系统的操纵是电力机车司机、电力机车学习司机必须掌握的基本操纵技能，模块主要包括三个项目，制动系统组成，制动系统操作，制动系统故障处理。

思维导图：

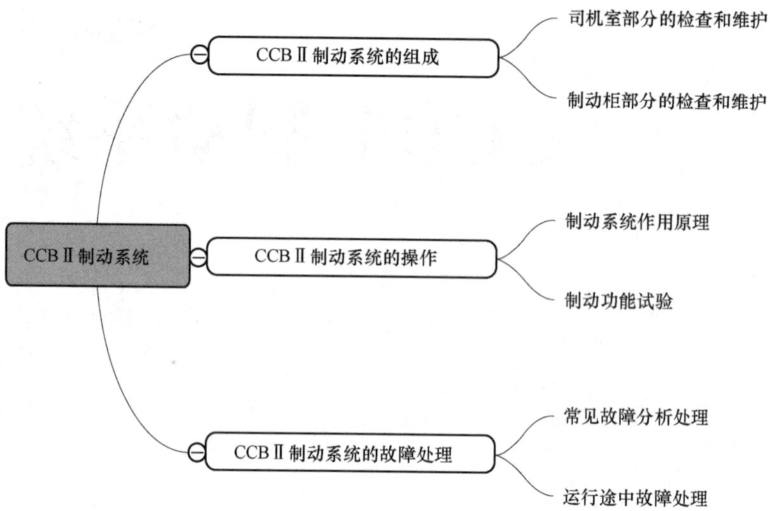

项目4　CCBⅡ制动系统的组成

项目导读

CCBⅡ制动系统利用现场可替换的单元（LRU）设计形成一种分布式结构。每个可替换的单元模块具有自诊断功能。制动系统具备多项冗余功能，具有独一无二的识别、重新组合和发生故障时备份关键部件的功能。

CCBⅡ制动系统主要由司机室电子制动阀（EBV）、司机室显示模块（LCDM）、机械间制动柜中的中央处理器模块（M-IPM）、继电器接口模块（RIM）和电空控制单元（EPCU）等组成。

思维导图：

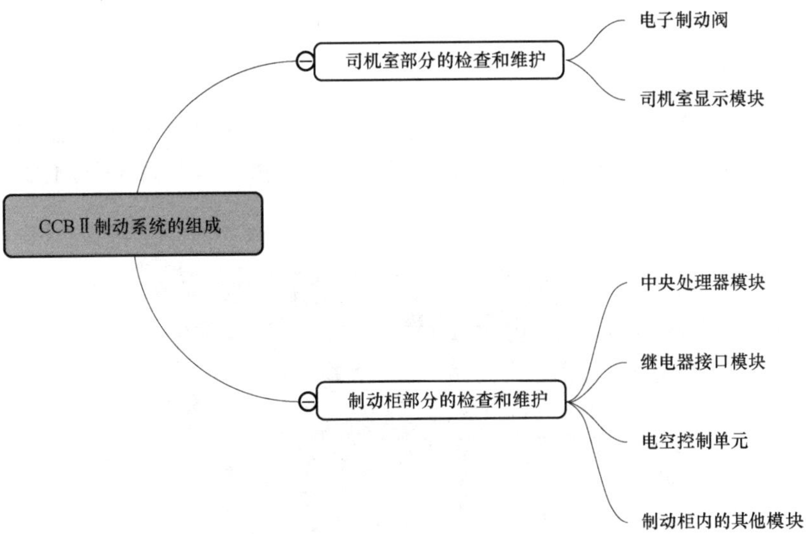

任务 4.1　司机室部分的检查和维护

任务说明

通过对 CCB Ⅱ制动系统司机室部分的认知学习，掌握电子制动阀（EBV）的基本作用，能在显示模块（LCDM）上进行参数设置。

任务目标

1. 了解电子制动阀的基本结构；
2. 掌握电子制动阀的基本作用；
3. 能在显示模块上进行参数设置。

内容讲解

CCB Ⅱ制动系统司机室部分主要包括电子制动阀（EBV）、显示模块（LCDM）、紧急制动按钮等部件。

4.1.1　电子制动阀

电子制动阀上安装有自动制动手柄（大闸）和单独制动手柄（小闸），如图 4-1 所示。电子制动阀链接在 DP 的 LON 网络上，并与电空制动屏（EPCU）中的 5 个 LRU 模块进行实时通信。

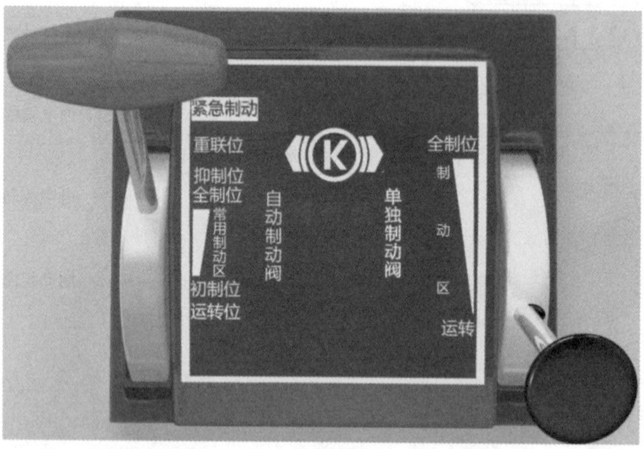

图 4-1　电子制动阀

在电子制动阀上，左侧是自动制动手柄（大闸），右侧是单独制动手柄（小闸），中间标牌上用汉语注明手柄的位置。自动制动手柄（大闸）上的紧急制动标为红色。

1. 自动制动手柄

自动制动手柄（大闸）的档位包括运转位、初制动位、全制动位、抑制位、重联位和紧急制动位。初制动位和全制动位之间是制动区。

自动制动手柄（大闸）各位置作用如下。

（1）运转位。此位置为机车正常运行所放的位置，列车管进行充风至均衡风缸定压值，此时整个列车制动处于缓解状态。

（2）初制动位。均衡风缸、列车管减压量为最小减压量 50 kPa。

（3）常用制动区。在常用制动区内，手柄所处位置，对应列车管减压量的大小。列车管减压量随着手柄在这个区域位置的变化而变化。

（4）全制动位。此时均衡风缸、列车管达到最大减压量（自动制动手柄（大闸）在各制动位的减压量及机车制动缸压力如表 4-1 所示）。

表 4-1　自动制动手柄（大闸）在各制动位的减压量及机车制动缸压力

均衡风缸设定压力值	自动制动	均衡风缸/列车管减压量/kPa	机车制动缸压力值/kPa
500 kPa	初制动	50	70～100
	全制动	145	360±15
	惩罚制动	100	230±15
	紧急制动	0	450±15
600 kPa	初制动	50	70～100
	全制动	170	415～440
	惩罚制动	100	230±15
	紧急制动	0	450±15

（5）抑制位。产生惩罚制动后，自动制动手柄（大闸）必须先放于此位置来复位惩罚逻辑后，再将手柄拉回到运转位，列车缓解。

（6）重联位。重联位是指非操纵节机车在补机位时大闸应放的位置，并且可以锁在此位置，一旦 EVB 上了锁，大闸就不能移动了。大闸放在此位置时均衡风缸压力会从常用速度下降到 0。

（7）紧急制动位。列车管压力以紧急速度排风到 0，此时列车制动缸压力大于全制动压力。电子制动阀有一个气动阀，当大闸手柄置紧急位时，不管机车或电池电压处于何种状态，该气动阀将实施紧急空气制动。紧急制动作用可通过大闸手柄置紧急位实现，也可通过按压紧急制动阀按钮实现，同时列车断钩及惩罚制动也可引起紧急制动作用。

2. 单独制动手柄

单独制动手柄（小闸）的挡位包括运转位和全制动位：在运转位和全制动位之间是制动区。当大闸在制动区或紧急位，小闸也处于制动区时，如果大闸给定的制动缸压力超过小闸给定的压力，右侧压单独制动手柄（小闸），超过这部分压力将被缓解，释放小闸手柄已经缓解的这部分制动缸压力不会再恢复。

单独制动手柄（小闸）各位置作用如下。

（1）运转位。此位置为机车正常运行所放的位置，机车制动状态取决于大闸所处的位置。

（2）制动区。在运转和全制动位之间，机车单独制动，机车制动缸压力随着手柄在这个区域的位置的变化而变化。

（3）全制动位。机车最大单独制动。机车制动缸完全充风到 300 kPa。制动缸压力应在 4 s 以内从 0 上升到 280 kPa。

（4）单缓位。侧压单独制动手柄，单独缓解机车制动。

4.1.2 司机室显示模块

机车司机室显示模块（LCDM）是系统设置、压力显示、乘务消息、故障记录和事件记录的操作界面。它设计成一个面板，安装在司机室操作台，如图 4–2 所示。

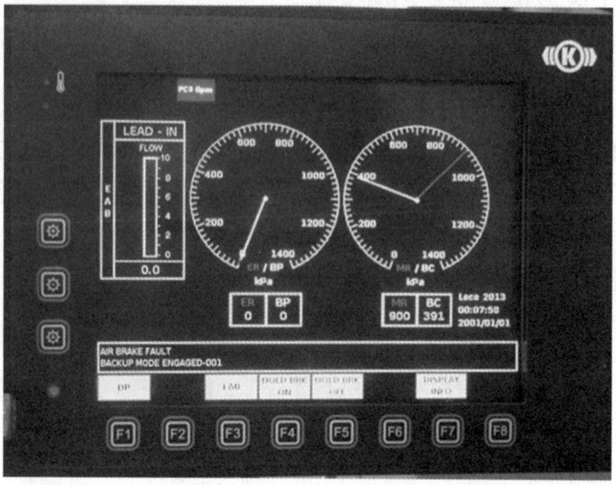

图 4–2 司机室显示模块

LCDM 是 10.4″显示屏，日光下仍可读。屏幕上有 8 个功能软键。对 CCB Ⅱ 制动机而言，LCDM 可用来选择制动模式，转换列车管的投入/切除，均衡风缸（ER）整定压力的设定，选择列车管压力的补风/不补风，显示空气制动诊断记录、系统状态和报警信息。实时显示均衡风缸、列车管、总风缸、列车管流量以及制动缸的压力值，压力值显示单位为 kPa。

1. 工作模式

CCB Ⅱ 制动系统主要有三种工作模式。

（1）“本机”模式。这种模式是操纵节机车（或主控机车操纵节）CCB Ⅱ 制动系统的正常工作模式，此时自动和单独制动相互配合，控制全列车的制动、缓解，或单独控制机车制动、缓解。

（2）“补机”模式。这种模式切除了本节机车的自动和单独制动控制功能（自动紧急制动除外）。本节机车制动缸的压力变化受操纵节机车的控制，与操纵节机车的制动缸压力一致。此时电子制动阀大、小闸手柄可以自由移动，除了紧急位，不起任何作用。此模式下，自动制动手柄（大闸）应该置于重联位置，单独制动手柄（小闸）置于运转位置。

（3）“单机”模式。这种模式只投入单独制动控制模式，单独控制机车的制动和缓解，此模式下自动制动手柄（大闸）失效，不能控制制动管的充风、排风，因此，机车不能牵引列车运行，只能单机运行。

2. 工作模式设置条件

对 CCB Ⅱ 制动系统进行设置时必须满足下列条件。

（1）机车必须在停车、制动状态下设置。

（2）制动缸压力必须保持至少在 280 kPa 以上。

（3）如果空气制动信息框显示错误信息，必须按信息提示执行，否则，将无法继续进行设置。

3. “投入”“切除” 功能的含义

投入就是投入均衡风缸对制动管压力变化的控制，即均衡风缸投入工作。自动制动手柄

（大闸）通过均衡风缸控制制动管压力变化，来控制整个列车的制动、缓解，因此，也可以理解为“大闸”投入工作。切除就是切除均衡风缸对制动管压力变化的控制，即切除均衡风缸的作用。自动制动手柄（大闸）不能通过均衡风缸控制制动管压力变化，来控制整个列车的制动、缓解，因此，也可以理解为“大闸”被切除，失去对制动管的控制作用。

4. 本机模式设置

要对 CCB Ⅱ 制动系统进行设置，首先要给 CCB Ⅱ 制动系统加电，然后在司机室显示模块主菜单下进行设置（见图 4–3）。

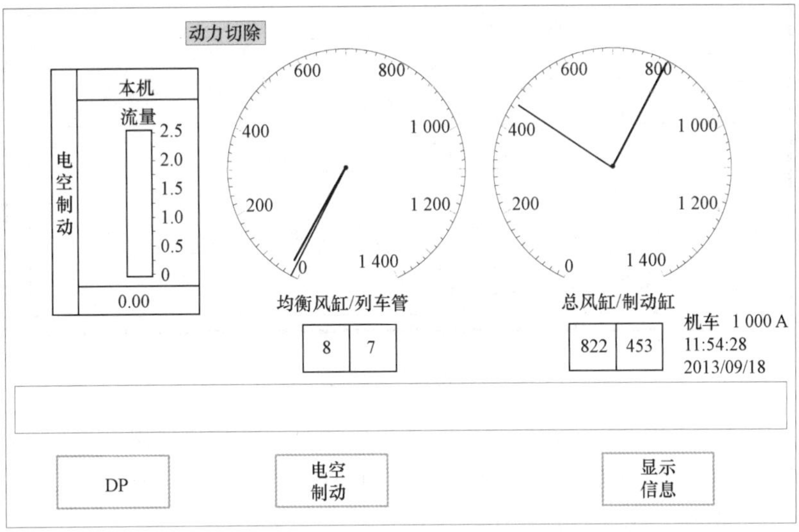

图 4–3　司机显示模块主菜单

（本机位设置公式为：600 kPa/500 kPa+操纵端+投入+不补风/补风=本机位）

（1）设置前必须将大闸置“全制动位”、小闸置“全制动位”，在司机室显示模块主菜单界面，按“电空制动”键，进入如图 4–4 所示界面。

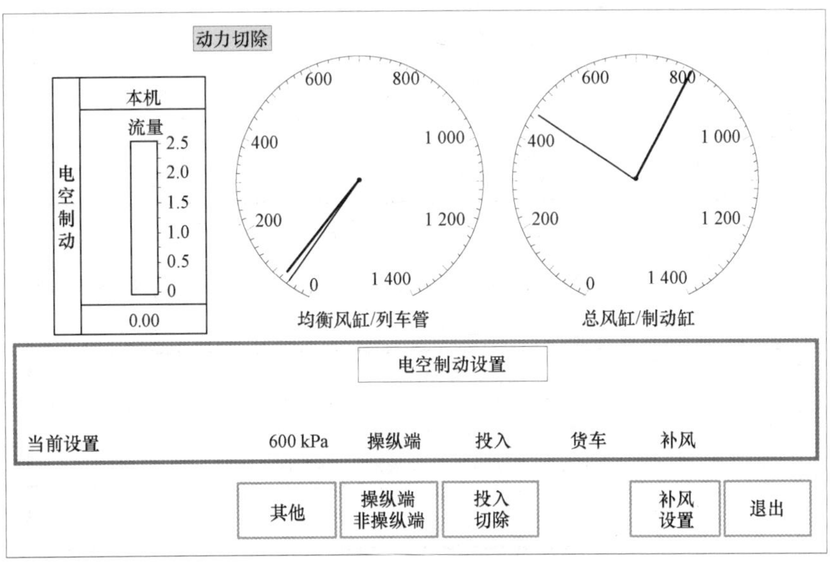

图 4–4　电空制动设置

（2）在如图 4-4 所示界面下，分别选择“操纵端”“投入”，按“其他”键进入如图 4-5 所示界面。在此界面，按“补风/不补风”键，选择制动管补风或不补风。

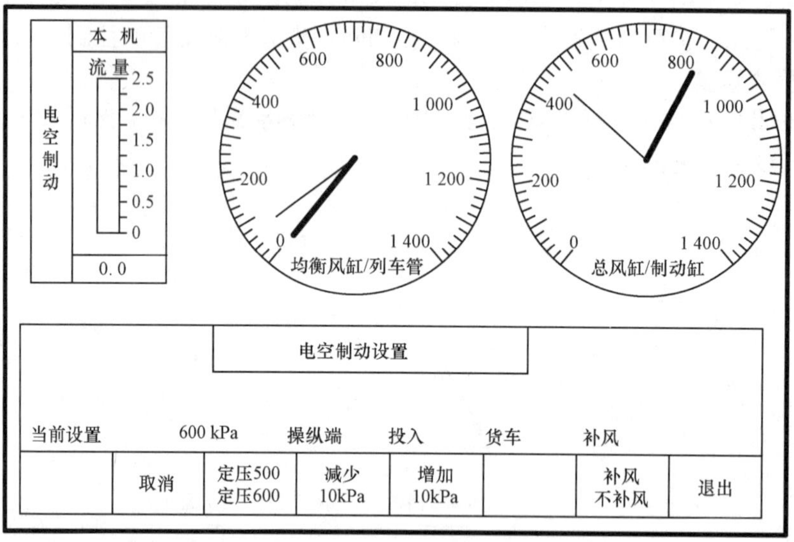

图 4-5　电空制动设置-其他

（3）在此界面，可以修改均衡风缸定压的设定值。要调整均衡风缸设置压力，按“定压 500/定压 600”键，选择均衡风缸定压 500 kPa 或 600 kPa。每按一次“减少 10 kPa 或增加 10 kPa”键，可相应降低或增加均衡风缸定压 10 kPa。

（4）在如图 4-6 所示界面确认新设置包含：“600 kPa+操纵端+投入+不补风”四项内容后，按“确认”键（若按“取消”键，则取消本次设置），界面回到默认的电空制动设置菜单，再按“执行”键（见图 4-7），则保存此次设置，并返回司机室显示模块主菜单。此时流量表上方出现“本机”字样，证明本机位设置成功。

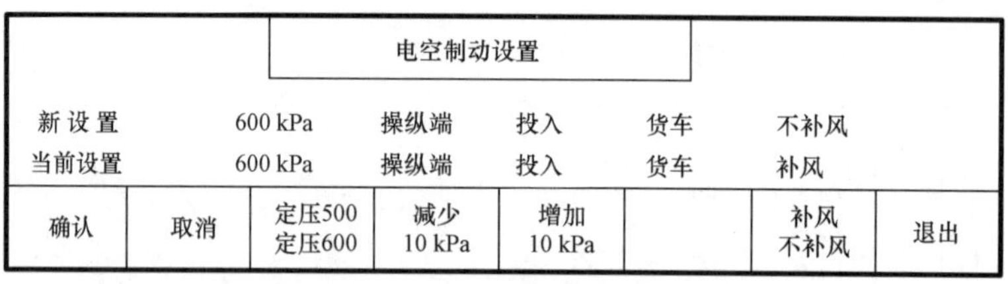

图 4-6　电空制动设置-确认

如果按“退出”键，则不保留本次设置，直接返回到司机室显示模块主菜单。

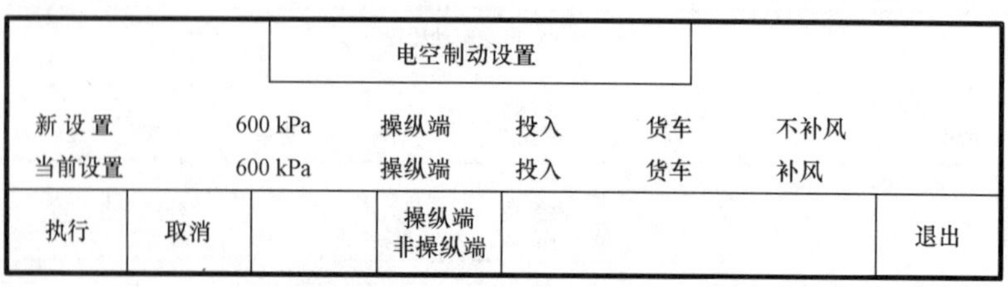

图 4-7　电空制动设置-当前/新设置

5. 补机模式设置

设置前必须将大闸置“全制动位”、小闸置“全制动位”，在司机显示模块主菜单界面，按“电空制动”，进入如图 4–4 所示界面。

在如图 4–4 所示界面下，选择“非操纵端”。

再确认新设置包含：“非操纵端+切除”两项内容后，点击“确认”按钮，将回到默认的电空制动设置菜单，此时应将大闸置 “重联”位，小闸置“运转”位。

点击“执行”按钮，保存此次设置，并返回司机室显示屏（LCDM）主菜单。

6. 单机模式设置

设置前必须将大闸置“全制动位”、小闸置“全制动位”，在司机显示模块主菜单界面，按“电空制动”，进入如图 4–4 所示界面，选择“操纵端”，再选择“切除”。

再确认新设置包含：“操纵端+切除”两项内容后，按“确认”键，将回到默认的电空制动设置菜单。

按“执行”键，保存此次设置，并返回司机室显示模块主菜单；此时流量表上方出现“单机”字样，证明单机位设置成功，此时大、小闸均应置“运转位”。

7. 改变模式设置

在电空制动设置菜单下，按任意键后，显示如图 4–8 所示界面，当选择了一个新的参数时，确认和取消键就会出现，选择“确认”键就会保存新的设置。当按了“执行”键后，新设置里面的参数将作为当前设置值，系统也会采用新的设置值。

<table>
<tr><td colspan="8">电空制动设置</td></tr>
<tr><td colspan="2">新 设 置</td><td>600 kPa</td><td>操纵端</td><td>投入</td><td>货车</td><td>不补风</td><td></td></tr>
<tr><td colspan="2">当前设置</td><td>600 kPa</td><td>操纵端</td><td>投入</td><td>货车</td><td>补风</td><td></td></tr>
<tr><td>确认</td><td>取消</td><td>定压500
定压600</td><td>减少
10 kPa</td><td>增加
10 kPa</td><td></td><td>补风
不补风</td><td>退出</td></tr>
</table>

图 4–8　电空制动设置–确认

注：1.“当前设置”是指当前已经存在的设置；

2.“新设置”是指新的未经确认的设置。

课后讨论与复习题

1. CCB Ⅱ制动系统司机室有哪些主要部件？
2. CCB Ⅱ制动系统有哪些工作模式？
3. 如何进行本机工作模式设置？

任务 4.2　制动柜部分的检查和维护

任务说明

通过对制动柜部分的认知学习，对 CCB Ⅱ制动系统有进一步的认识，识别制动柜各组成部分，掌握电空控制单元的组成，了解 EPCU 各模块的作用。

任务目标

1. 认识制动柜各组成部分；
2. 掌握电空控制单元的组成；
3. 了解 EPCU 各模块的作用。

内容讲解

CCB Ⅱ制动系统制动柜部分如图 4-9 所示，主要包括中央处理模块（M-IPM）、继电器接口模块（RIM）和电空控制单元（EPCU）等组成。

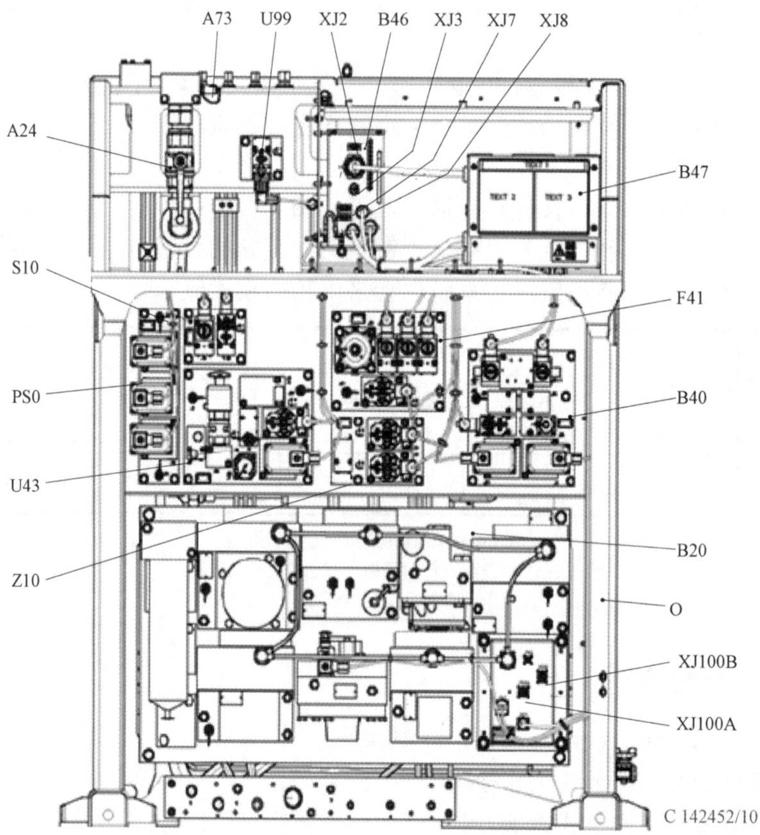

图 4-9　CCB Ⅱ制动系统制动柜

停放制动风缸 25l（A13）、塞门（排水）（A14）、塞门（A24）、测试口（A73）、控制单元（EPCU）（B20）、压力传感器（B28）、压力传感器（B30）、压力传感器（B32）、压力传感器（B34）、停放制动模块（B40）、处理模块 M-IPM（B46）、继电器接口模块（B47）、撒砂模块（F41）、PSW 模块（P50）、无人警惕模块（S10）、辅助压缩机模块（U43）、控制风缸（U76）、塞门（排水）（U88）等装置与车辆一侧压缩空气系统之间通过管路建立气动连接。

4.2.1　中央处理器模块（M-IPM）

M-IPM 是 CCB Ⅱ系统的中央处理器。M-IPM 模块包括电子系统、处理系统、继电器驱动回路、I/O 板和 MVB 接口，如图 4−10 所示。

M−IPM 与 LCDM、EBV、RIM、EPCU 和 MVB、CCU 通信。在每个 M−IPM 前面都有 9 个 LED 指示器，这些指示器可提供系统的运行状态信息。在 M−IPM 的前面还有一个便携的测试装置（PTU）连接接口，测试装置通过这个接口在处理故障时访问数据记录，下载新软件也通过这个接口。M−IPM 是制动系统的主计算机。它用 LCDM 来管理所有的连接装置，并且通过 LON 网络向 EPCU 发送制动命令。MVB 连接装置将与机车的计算机交流系统信息。

图 4−10　中央处理器模块（M−IPM）

4.2.2　继电器接口模块（RIM）

继电器接口模块（RIM）如图 4−11 所示，是微处理器（IPM）与机车进行通信的继电器接口。信号输入部分包括由安全装置（ATP）产生的惩罚制动和紧急制动、A/B 端司机室操作激活信号、再生制动投入信号、MREP 压力开关工作状态信号、机车速度信号。

信号输出部分包括：紧急制动信号、动力切除（PCS）信号、撒砂动作信号、再生制动切除信号、重联机车故障信号。

图 4−11　继电器接口模块（RIM）

4.2.3　电空控制单元（EPCU）

EPCU 包括电气一体化模块和纯气动模块，用来控制机车空气管路系统的压力。这些模块都是按功能分组且模块化地安装在现场的可替换单元，如图 4−12 所示，其中有 5 个模块是智能的，可以通过网络通信。

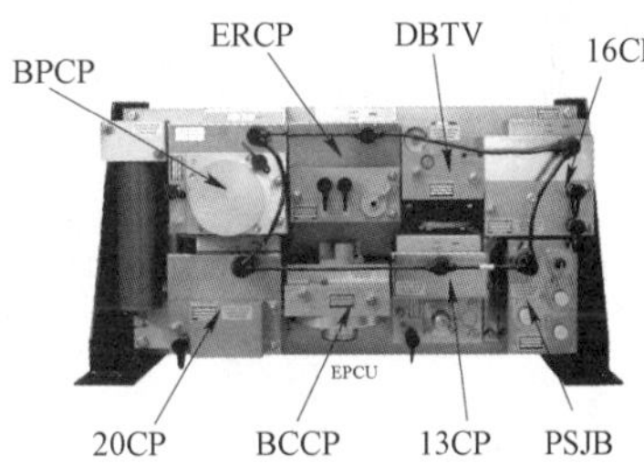

图 4−12　电空控制单元（EPCU）

电空控制单元（EPCU）各模块的作用如下。

1. 列车管控制模块（BPCP）

BPCP 包含列车管中继阀、列车管投入/切除转换、列车管压力补风/不补风，以及启动紧急制动功能。

通过响应 ERCP 压力来提供列车管压力并提供列车管的接入和切除以及紧急作用；在单机（本机/列车切除）或补机状态时列车管不受 ERCP 压力控制，但通过自动制动阀仍可产生紧急作用；如果单机状态时制动系统失电，列车管会自动转到投入状态，允许以常用制动的速率将列车管压力排向大气，当列车管压力降到 69 kPa 左右时，BPCP 内部将再次自动切除列车管通路；如果补机状态时制动系统失电，列车管仍保持切除状态，如图 4−13 所示。

BPCP 内部装有列车管压力传感器（BPT），通过 LCDM 显示屏操作者可以读出列车管的压力，如果此压力传感器故障，位于 16CP 的列车管压力传感器（BPT 备份）将被投入。

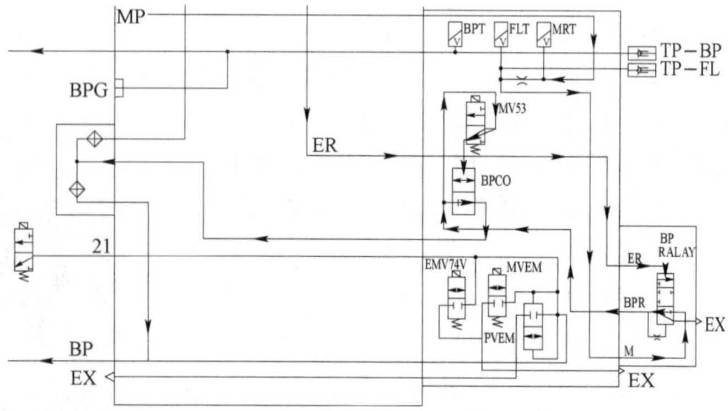

图 4-13　BPCP 部件连接示意图

2. 均衡风缸控制模块（ERCP）

ERCP 通过均衡风缸的压力变化向列车管提供控制压力。ERCP 有一个无火回送装置（DER），能让总风缸从无动力机车的列车管中充气，如图 4-14 所示。

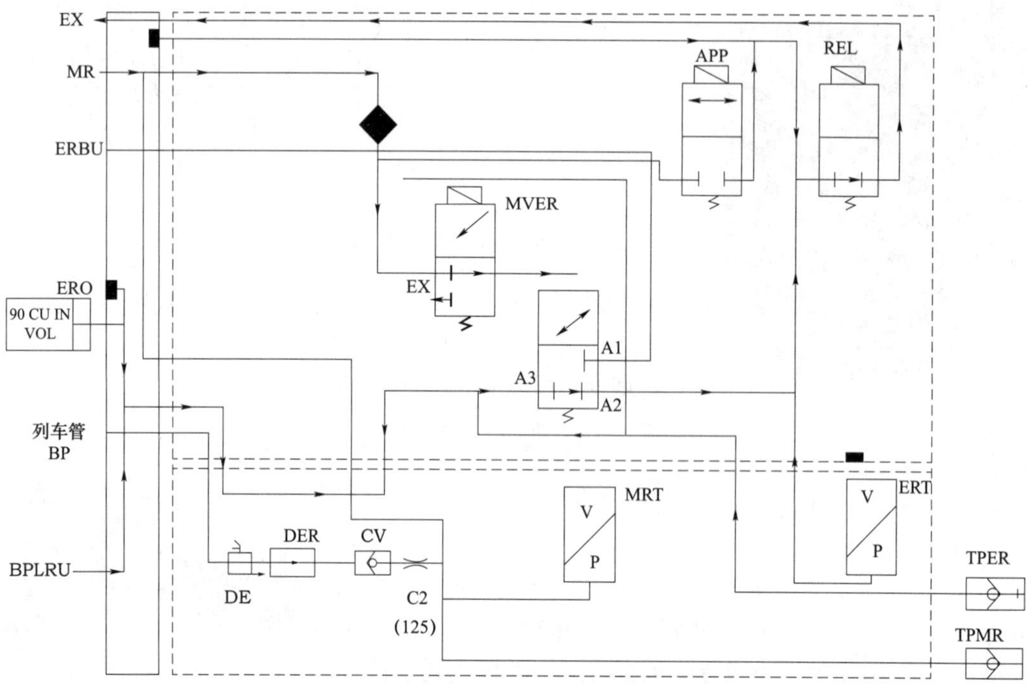

图 4-14　ERCP 部件连接示意图

本机状态时响应自动制动手柄指令产生均衡风缸压力及列车管控制压力；补机和失电状态时均衡风缸压力将为 0；内部装有均衡（ERT）和总风（MRT）压力传感器，通过 LCDM 显示屏可以读取，如果总风压力传感器（MRT）故障，位于 BPCP 内部的（MRT 备份）将被投入；无动力切除塞门和无动力调整器也位于 ERCP 上。

3. DB 三通阀模块（DBTV）

DBTV 是空气制动系统的后备控制单元，在电子系统失效的情况下，控制空气制动，如图 4-15 所示。

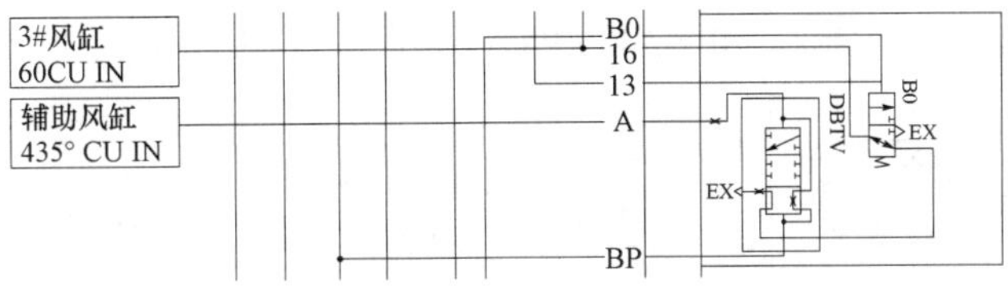

图 4-15　DBTV 部件连接示意图

当 CCB Ⅱ 系统诊断使其工作于空气备份模式时，空气备用三通阀控制 16 管的压力，DBTV 中的主要部件为空气部分，它一直在工作，但由于制动系统的计算机控制，其影响显示不出来。

4. 16 管控制模块（16CP）

16CP 控制制动缸压力，并作为均衡风缸（ER）后备模块，在均衡风缸控制模块（ERCP）故障时投入使用，如图 4-16 所示。

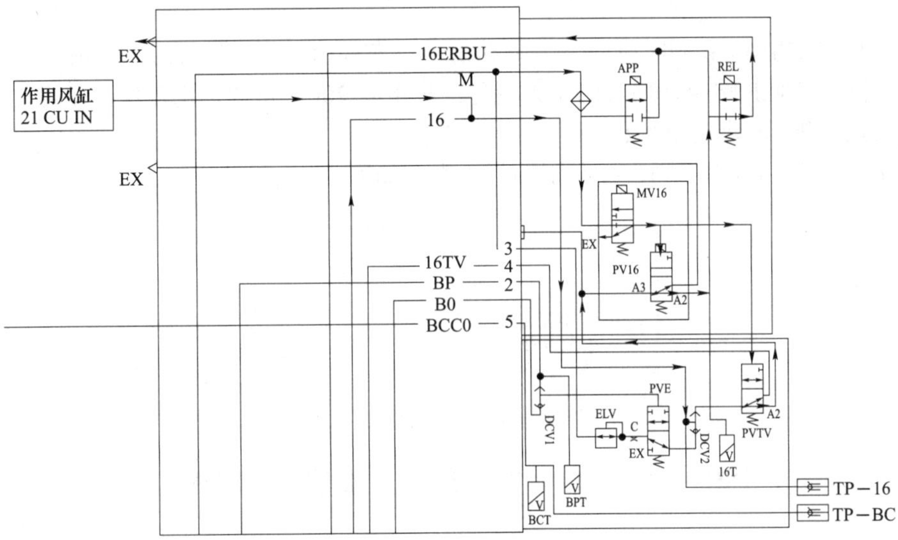

图 4-16　16CP 部件连接示意图

本机状态时响应列车管的减压量来控制 16 号管压力，16 号管压力控制位于 BCCP 中的制动缸中继阀从而产生制动缸压力；在补机状态除了列车管压力降到 140 kPa 以下和总风重联开关动作，不再响应列车管的减压。

在本机/投入或本机/切除模式，16 号管增加的压力同列车管减少的压力的比率为 2.5:1，并且 16 号管增加的压力最大不超过（450±15）kPa。

自动制动的单缓功能由 16CP 实现。失电状态下，16CP 将把 16 号管压力排向大气，制动缸的控制压力由空气备用三通阀 DBTV 产生（本机状态），或是由 20CP 产生（补机状态）。16CP 内部装有制动缸压力传感器（BCT）和列车管压力传感器（BPT 备份）。16CP 是 ERCP 的备用模块。如果 20CP 故障，16CP 也会响应单独制动阀的制动指令，但此指令只能作用于本机。

5. 20 管控制模块（20CP）

在重联模式下，20CP 控制补机的平均管（BCEP）压力。

本务状态时，通过响应列车管减压和单缓指令产生平均管压力，响应单独制动阀手柄的动作，产生制动缸及平均管压力（0～300 kPa），如图 4-17 所示。

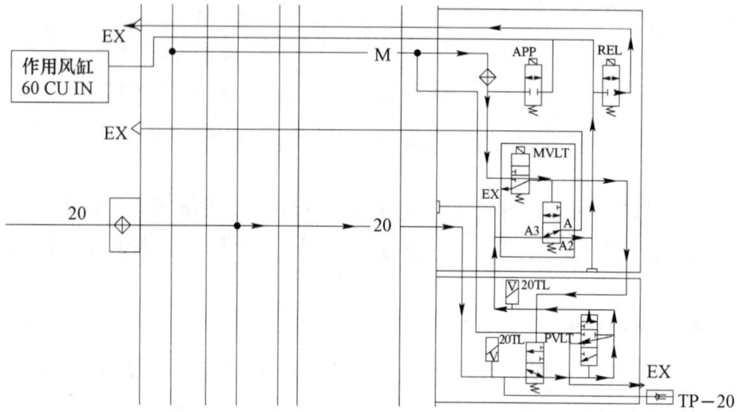

图 4-17　20CP 部件连接示意图

由 IPM 控制的 20CP 同时响应动力制动信号，当有动力制动信号时，缓解平均管压力；在重联模式时，20CP 响应平均管的压力变化；失电时 20CP 将使平均管保持压力。

6. 制动缸控制模块（BCCP）

BCCP 装有制动缸作用阀，控制制动缸压力，如图 4-18 所示。

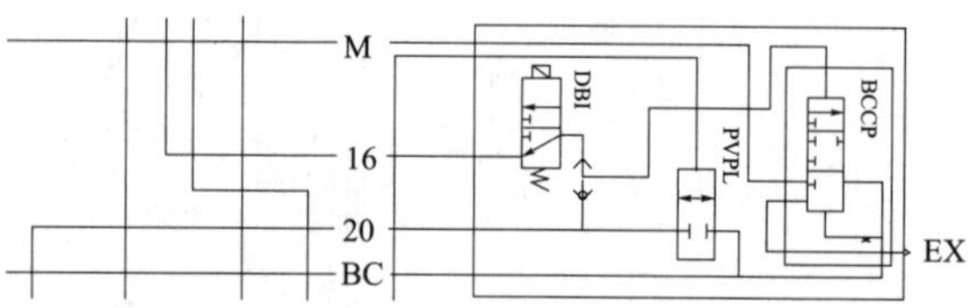

图 4-18　BCCP 部件连接示意图

BCCP 部分装有 DBI-1 型动力制动电磁阀，通过此电磁阀实现机车动力制动和空气制动的互锁功能。

7. 13 管控制模块（13CP）

13CP 控制机车单独缓解，如图 4-19 所示。

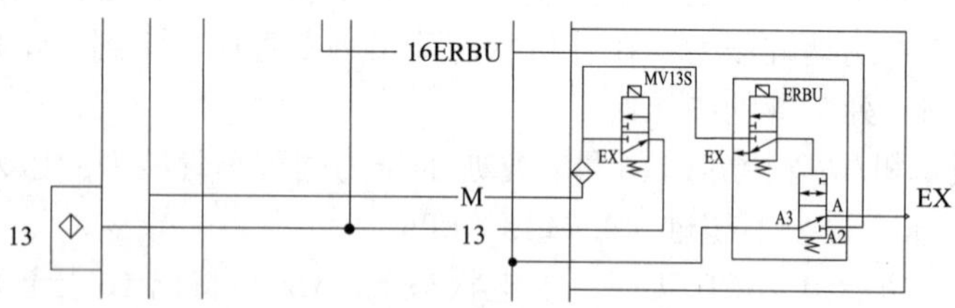

图 4-19　13CP 部件连接示意图

本机状态时，实现机械的单独缓解机车制动缸压力功能；在均衡风缸 ER 备份模式下，13 号管控制 16 号管进入均衡风缸备份 ERBU 控制的均衡风缸 ER 压力。在 ER 备份模式下，仍可实现机车的单独缓解功能。

8. 电源模块（PSJB）

PSJB 包括向电空制动屏（FPCU）供电。

电源连接盒（PSJB）位于 EPCU 所有节点和 IPM 的连接中心，PSJB 内置电源，为 CCB

Ⅱ系统供电（将 110 V 转换到 24 V），在外部具有多个接插件，允许 EPCU、EBV、X-IPM 和 RIM 相互连接。

另外，EPCU 包括一些过滤器并且可控制 LRU，这些过滤器可过滤总风到 BCP 的空气。列车管的中继阀通过一个过滤网供气。

4.2.4　制动柜内的其他模块

1. 辅助空气压缩机模块（U43）

U43 模块接受两条通道的压力空气，一是总风，一是辅助压缩机，输出的是到主断和受电弓的压缩空气；辅助压缩机的启停通过 U43.02 压力开关控制，当总风提供的压力低于 4.8 bar（480 kPa）时辅助压缩机开始打风，当控制风缸的压力达到 6.5 bar（650 kPa）时停止，如图 4-20 所示。

2. 停放制动模块（B40）

停放制动模块（B40）控制车辆的停车制动器。停车制动器的抱闸和松闸通过脉冲阀进行，如图 4-21 所示。

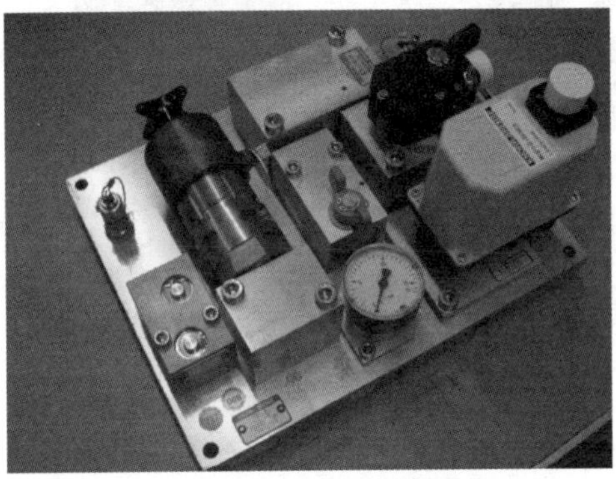

图 4-20　辅助空气压缩机模块

图 4-21　停放制动模块

3. 撒砂模块（B01F41）

B01F41 用来控制和调整撒砂装置，如图 4-22 所示。

4. 无人警惕模块（S10）

S10 是制动控制模块 B01 的组成部分。如果电磁阀得电，则 S10 会给控制单元的压缩空气接口 21 排气，然后会进行紧急制动，二位三通换向阀（.01）负责自动停车模块的闭锁和排气，如图 4-23 所示。

图 4-22　撒砂模块

图 4-23　无人警惕模块

5. 制动缸塞门隔离模块（Z10）

Z10 是制动控制模块的组成部分，用于将控制单元发出的制动缸压力分配给两个转向架的常用制动器。双向阀（.24）将其中较高的那个压力导向压缩空气出口 3。该压力将作为 BCCO 压力被引回控制单元。BCCO 压力也将被导向弹簧储能器模块，在那里起着避免常用制动器和停车制动器之间出现制动力重叠的作用。

Z10.22 可以截断转向架 1 上的常用制动器的压缩空气供给，并给相连接的压缩空气管路排气。Z10.23 可以截断转向架 2 上的常用制动器的压缩空气供给，并给相连接的压缩空气管路排气，如图 4–24 所示。

6. PSW 模块（P50）

P50 为主压缩机启停控制模块，由三个压力开关完成控制，如图 4–25 所示。

图 4–24　制动缸塞门隔离模块

图 4–25　PSW 模块

课后讨论与复习题

1. CCB Ⅱ 制动系统制动柜有哪些主要部件？
2. 电空控制单元 EPCU 包括哪些模块？
3. 列车管控制模块 BPCP 有何作用？

项目5　CCB Ⅱ制动系统的操作

项目导读

CCB Ⅱ制动系统的操作包括两部分内容：制动作用原理和制动功能试验。制动系统作用原理主要包括CCB Ⅱ制动系统各部件的控制关系，自动制动作用，单独制动作用，制动系统的备份功能；制动功能试验主要包括CCB Ⅱ制动系统五步闸试验，还包括无动力回送操作，制动机操作注意事项，等等。

思维导图：

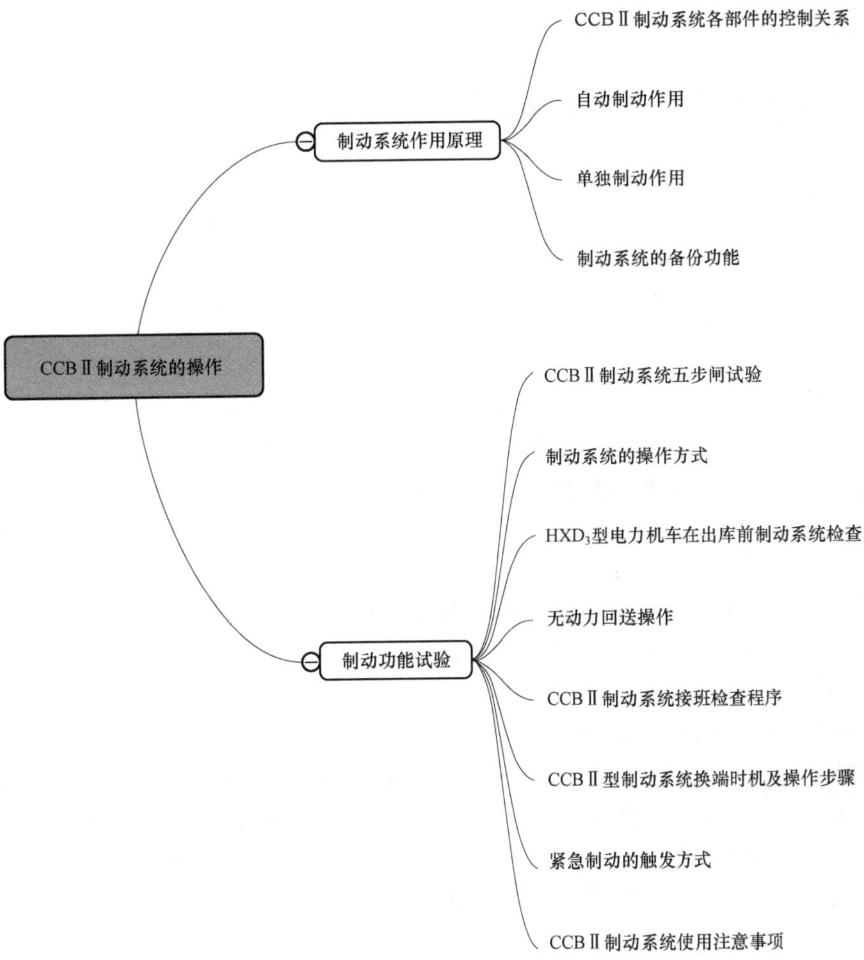

任务 5.1 制动系统作用原理

任务说明

制动作用原理主要包括制动系统的控制关系，制动系统的自动制动作用，制动系统的单独制动作用，制动系统的备份功能。

任务目标

1. 掌握制动系统的控制关系；
2. 掌握制动系统的自动制动作用；
3. 掌握制动系统的单独制动作用；
4. 掌握制动系统的备份功能。

内容讲解

5.1.1 CCBⅡ制动系统各部件的控制关系

1. 控制列车

自动制动阀—ERCP—BPCP—制动管压力—{ 16CP—BCCP—机车制动缸；车辆制动机 }

2. 控制机车

单独制动阀—20CP—BCCP—机车制动缸。

单阀侧压—16CP（13CP—DBTV）—单缓机车。

5.1.2 自动制动作用

自动制动作用是通过电子制动阀 FBV 的自动制动手柄来实施控制的。它通过控制列车管（BP）的充、排风来实现对整个列车缓解、制动的控制。在自动制动时，机车自身也将使用电制动。

1. 自动制动阀在运转位时的作用

在运转位时，ERCP 响应手柄位置，给均衡风缸充风到设定值；BPCP 响应均衡风缸压力变化，列车管被充风到均衡风缸设定压力；16CP 响应列车管压力变化，将作用管（16 号管）压力排放；BCCP 响应作用管压力变化，机车制动缸缓解；同时车辆副风缸充风，车辆制动系统缓解。自动制动运转位气路图如图 5-1 所示。

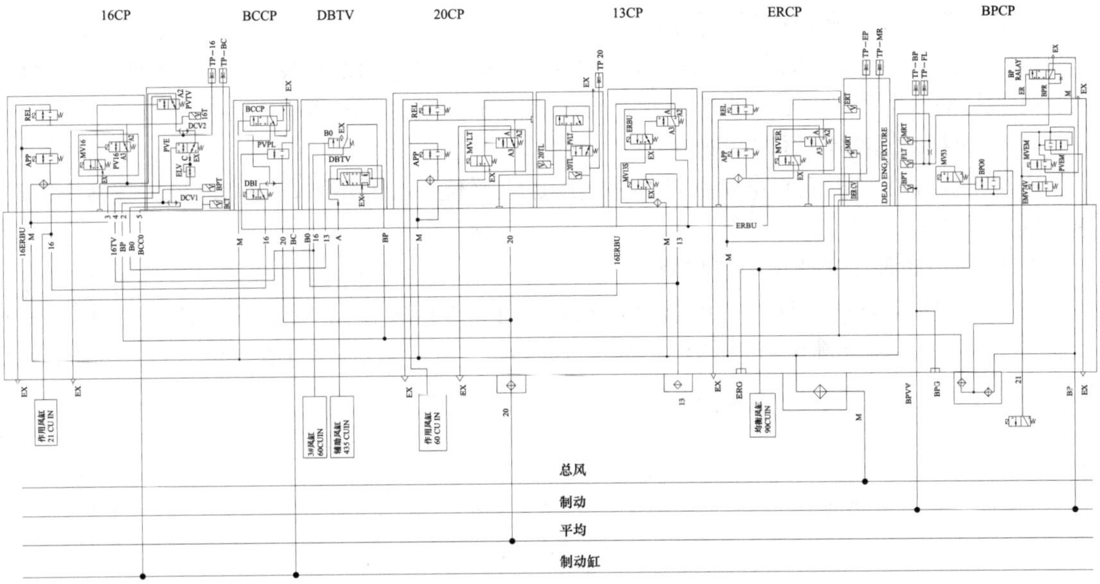

图 5-1　自动制动运转位气路图

2. 自动制动阀在常用制动区时的作用

常用制动区即初制动与全制动之间。手柄放置在初制动位时，ERCP 响应手柄位置，均衡风缸压力将减少 40～60 kPa；BPCP 响应均衡风缸压力变化，压力也减少 40～60 kPa；16CP 响应列车管压力变化，作用管压力上升到 70～110 kPa；BCCP 响应作用管压力变化，机车制动缸压力上升到作用管压力。手柄放置在全制动时，均衡风缸压力将减少 140 kPa（定压 500 kPa）或 170 kPa（定压 600 kPa），制动缸压力将上升到 360 kPa（定压 500 kPa）或 420 kPa（定压 600 kPa）。手柄放置在初制动与全制动之间时，均衡风缸将根据手柄的不同位置减少压力。自动制动制动位气路图如图 5-2 所示。

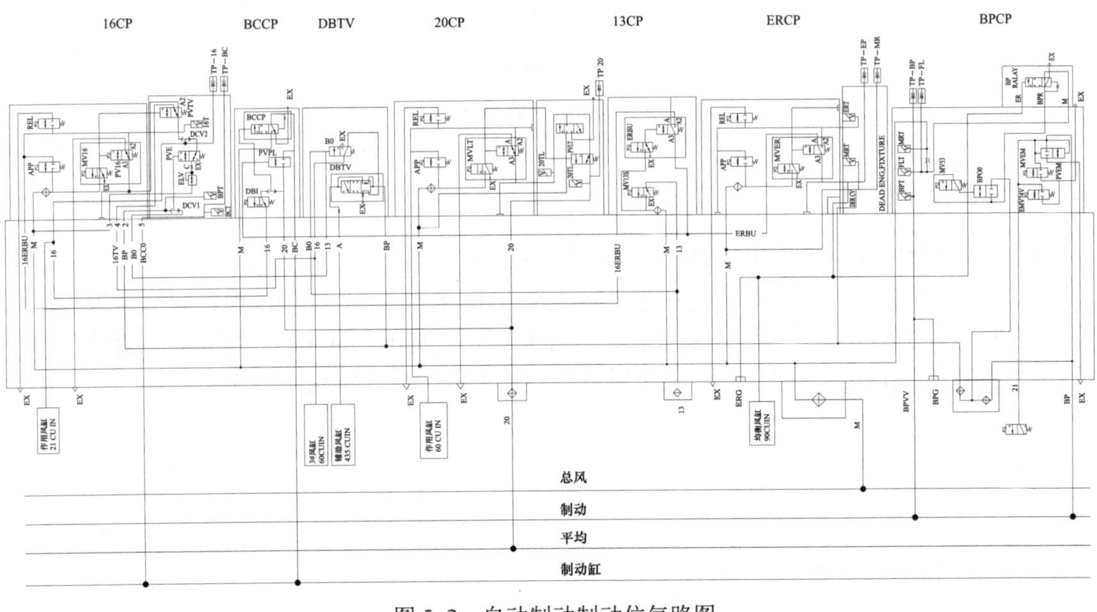

图 5-2　自动制动制动位气路图

3. 自动制动阀在抑制位时的作用

机车产生常用惩罚制动后，必须将手柄放置抑制位使制动系统复位后，手柄再放置运转位，机车制动作用才可缓解。在抑制位，机车将产生常用全制动作用。

4. 自动制动阀在重联位时的作用

当制动系统在补机或断电状态时，手柄应放重联位。在此位置，均衡风缸将按常用制动速率减压到 0。

5. 自动制动阀在紧急位时的作用

在紧急位时，自动制动阀上的机械阀动作，列车管压力排向大气，触发 EPCU 中 BPCP 及机车管路中的紧急排风阀动作，产生紧急制动作用。自动制动紧急位气路图如图 5-3 所示。

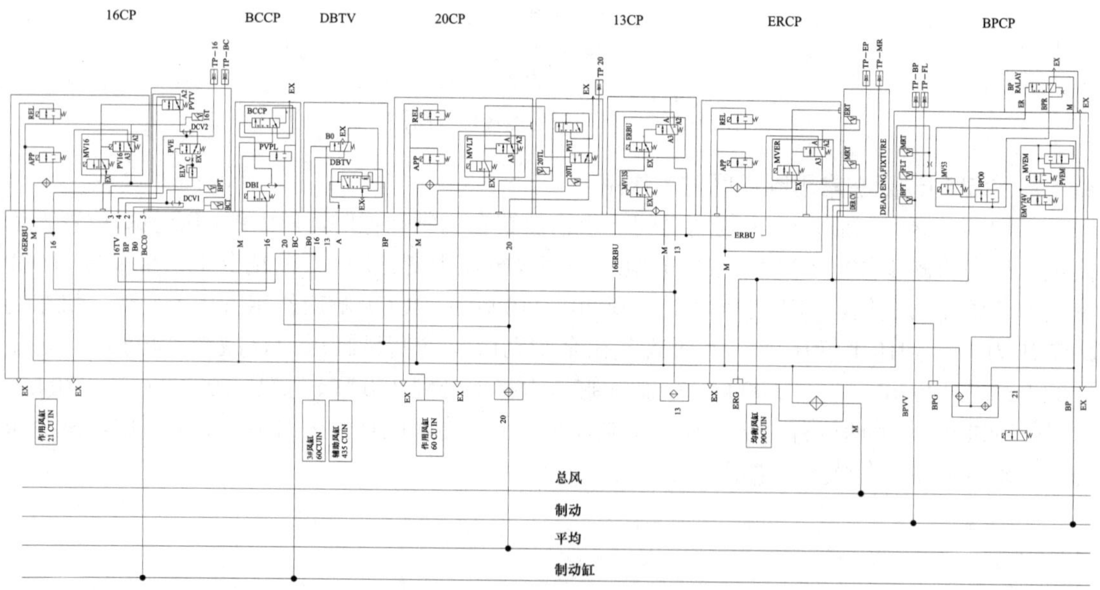

图 5-3 自动制动紧急位气路图

5.1.3 单独制动作用

由司机进行操作，仅用来控制机车制动缸制动和缓解。

手柄包括运转位，通过制动区到达全制动位。手柄向前推为制动作用，向后拉为缓解作用。20CP 响应手柄的不同位置，使制动缸产生作用压力为 0～300 kPa。当侧压手柄时，13CP 工作，可以实现缓解机车的自动制动作用。单独制动运转位气路图如图 5-4 所示。

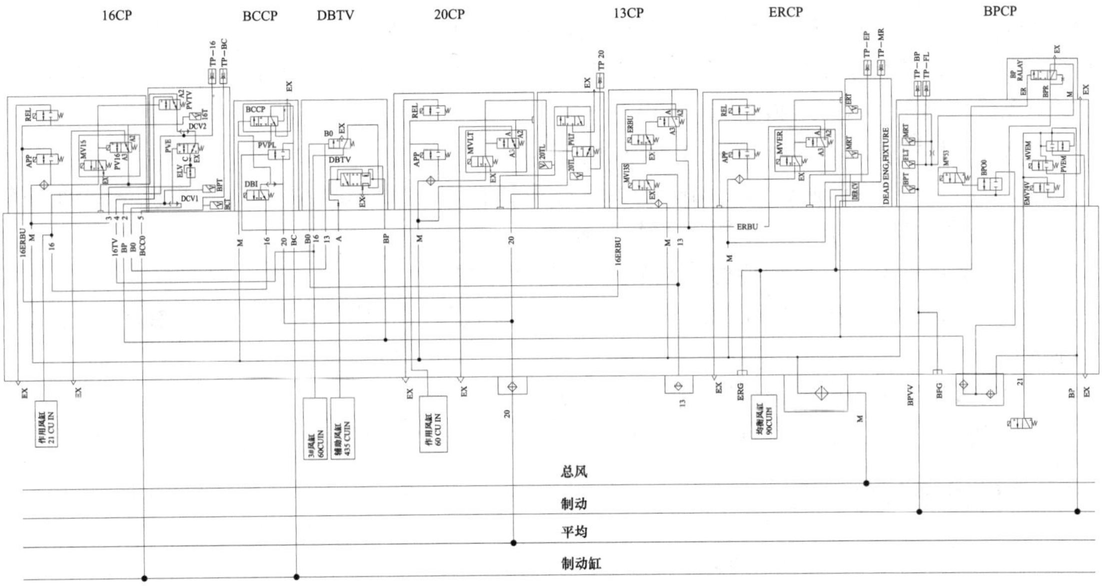

图 5-4　单独制动运转位气路图

5.1.4　制动系统的备份功能

1. CCB Ⅱ 系统的空气备用（16CP 失效）模式

空气备用模式是指系统采用纯机械来代替电子控制产生 16 号管压力。通过 16TV 管线从 DBTV LRU 向 BC LRU 发送 16 号管控制压力，来实现空气备用。同时 20CP 产生平均管压力和单独作用管压力，和 16 号管共同实现机车的制动。空气备用缓解位气路图如图 5-5 所示。

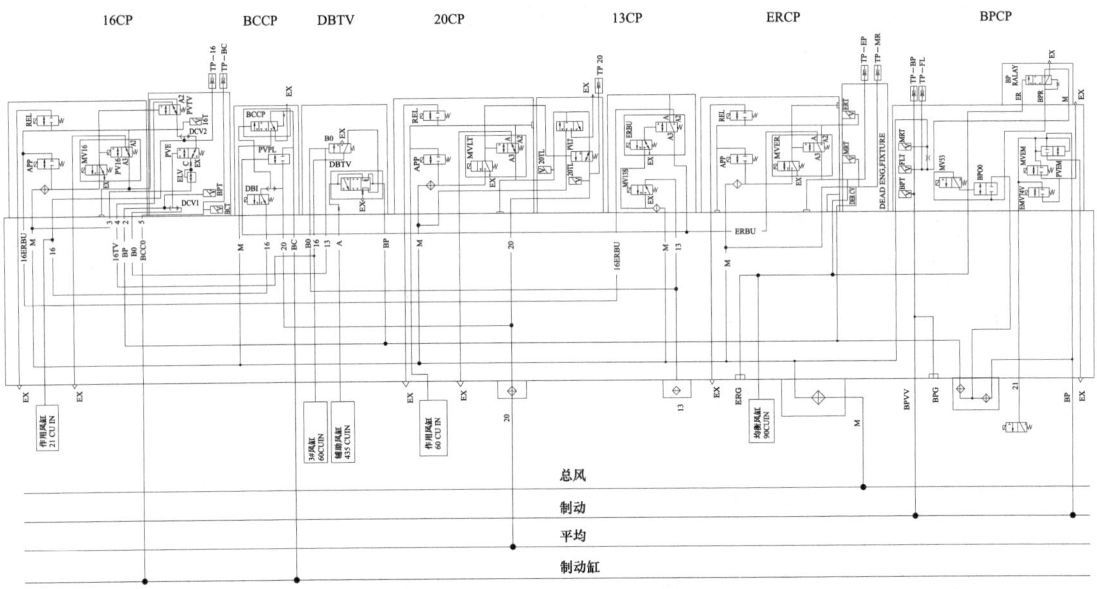

图 5-5　空气备用缓解位气路图

2. CCB Ⅱ 系统的 ER 备用（ERCP 失效）模式

当 ERCP 失效时，它的功能由 16CP 和 13CP 实现。由软件控制进行切换，顺序如下：ERCP

中检测到失效时，MVER 失电实施惩罚制动，停车并显示故障信息；MV16 阀失电（16CP），将 EAB 设置为空气备用模式（DBTV；ERBU 电磁阀得电（13CP），允许 16CP 调节均衡风缸压力；惩罚制动缓解，故障清除，可以行车。

3. CCBⅡ系统的单独制动备用（20CP 失效）模式

当 20 号管控制部分失效时，16CP 将响应单独制动手柄的指令，控制本机机车制动缸的压力。对于重联车，将不存在 20 号平均管压力。

4. CCBⅡ系统的主风缸传感器（MRT）备用模式

当主风缸传感器失效时（ERCP　LRU），系统将使用位于列车管控制部分（BPCP　LRU）的 MRT。

5. CCBⅡ系统的列车管传感器（BPT）备用模式

列车管传感器失效时（BPCP　LRU），系统使用位于 16 控制部分（16CP　LRU）的 BPT。

课后讨论与复习题

1. CCBⅡ制动系统控制关系？
2. 什么是自动制动作用？
3. 什么是单独制动作用？

任务 5.2　制动功能试验

任务说明

制动功能试验主要包括五步闸试验，还包括无动力回送操作，制动系统操作注意事项，等等。

任务目标

1. 掌握制动系统的五步闸试验；
2. 掌握无动力回送操作；
3. 掌握制动系统操作注意事项。

内容讲解

5.2.1　CCBⅡ制动系统五步闸试验

1. 准备工作

（1）确认本务机车制动系统设置为“本机货车”状态（采用固定重联运行方式时，第二位机车的制动系统应先设置为“补相”状态）。

（2）确认总风缸风压在 825～900 kPa，大、小闸手柄均置“运转”位，均衡风缸、列车管风压 600（500）kPa，机车制动缸风压为 0。

（3）启动压缩机，缓解弹停制动装置。

2. 试验顺序及要求

第一步：阶段常用制动。

（1）大闸手柄置“初制”位。

① 均衡风缸、列车管减压 40～60 kPa。

② 机车制动缸风压升至 70～110 kPa。

③下车检查，闸片压紧制动盘，空气制动指示器显示红色。

（2）大闸手柄阶段移至“全制”位。

① 均衡风缸、列车管风压阶段下降，并能阶段保压。

② 制动风缸风压阶段上升，并能阶段保持。全制位时，均衡风缸、列车管减压 140～180 kPa，制动缸风压升至 360～420 kPa。

（3）大闸手柄移至“抑制”位。

均衡风缸、列车管、机车制动缸风压保持不变。

（4）侧压小闸手柄。

① 机车制动缸风压降至 0。

② 松开小闸手柄机车制动缸风压不回升。

（5）自阀手柄移至“重联”位。

① 均衡风缸风压缓慢降至 0。

② 列车管减压至 70 kPa 左右。

③ 制动缸风压上升至 450 kPa 左右。

（6）大闸手柄移至“运转”位。

① 均衡风缸、列车管风压恢复至 600（500）kPa。

② 机车制动缸风压降至 0。

③ 下车检查，闸片与制动盘间有间隙，制动指示器显示绿色。

第二步：常用全制动。

（7）大闸手柄直接移至“全制”位。

① 均衡风缸、列车管 5～7 s 减压 140～180 kPa。

② 制动缸风压 6～8 s 升至 360～420 kPa。

③ 保压 1 min，均衡风缸、列车管风压泄漏不超过 10 kPa。

（8）大闸手柄移至“运转”位。

① 均衡风缸、列车管风压恢复至 600（500）kPa。

② 制动缸风压降至 0。

第三步：小闸阶段制动。

（9）小闸手柄由“运转”位阶段移至“全制”位。

① 机车制动缸压力阶段上升并能保压。

② 全制位机车制动缸风压升至 300 kPa 左右。

③ 下车检查，闸片压紧制动盘，空气制动指示器显示红色。

（10）小闸手柄阶段移至“运转”位。

① 机车制动缸风压阶段下降并能保压。

② 运转位制动缸风压降至 0。

第四步：小闸全制动。

（11）小闸手柄移至“全制”位。

机车制动缸风压 2～3 s 升至 300 kPa。

（12）小闸手柄移至“运转”位。

机车制动缸风压 3～5 s 降至 0。

第五步：大闸紧急制动。

（13）换向手柄置“前”位，大闸手柄置“紧急”位。

① 列车管风压迅速降到 0，制动显示屏显示“动力切除”。

② 均衡风缸风压缓慢降至 0。

③ 自动撒砂 5 s。

④ 机车制动缸风压 3～5 s 升至 400 kPa，并继续升至 450 kPa。

（14）侧压小闸手柄。

① 机车制动缸风压降至 0。

② 松开小闸手柄，机车制动缸风压升至 450 kPa。

（15）等待 1 min，确认制动显示屏提示缓解信息后，将大闸手柄移至“运转”位。

① 制动显示屏“动力切除”消失。

② 均衡风缸、列车管恢复定压 600（500）kPa。

③ 机车制动缸风压降至 0。

④ 换向手柄回“0”位。

制动机试验完毕，采取防溜措施后，断电、降弓，压缩机扳键开关置“0”位。

5.2.2　制动系统的操作方式

1. CCBⅡ本机（列车管投入）操作方式

单独制动控制可通过电子制动阀（EBV）单独制动手柄实施；列车管压力被投入并随从均衡风缸压力变化。当自动制动手柄移动到运转位，ER 和 BP 将加压到电空制动设置中确定的 ER 设定压力。同时可进行列车管补风/不补风功能选择。在补风状态，如果列车管有泄漏，总风将会自动给列车管充风到均衡风缸的压力；在不补风状态，自动制动手柄在制动区，如果列车管有泄漏，总风将不会自动给列车管补风。

2. CCBⅡ客运（阶段缓解）操作方式

单独制动控制可通过电子制动阀（EAB）单独制动手柄实施；均衡风缸（ER）控制可通过 EBV 自动制动手柄获得。列车管压力被投入并随从均衡风缸压力。当自动制动手柄移向运转位，ER 和 BP 将逐步加压并逐步减小 BC 压力到零。完全移动自动制动手柄到运转位，将加压 ER 和 BP 到 EAB 设置中确定的 ER 设定压力。

3. CCBⅡ单机（列车管切除）操作方式

单独制动控制通过 EBV 单独制动手柄得到，ER 控制可通过 EBV 自动制动手柄获得。列车管压力被切除，不被均衡风缸压力控制。机车制动作用和缓解作用仍可根据列车管压力减少和增加而变化。

4. CCBⅡ补机（列车管切除）操作方式

均衡风缸排大气。列车管压力被切除，不受均衡风缸压力控制。EPCU 将不响应 EBV 手柄的移动，但自动制动手柄被移动到紧急位时机车产生紧急作用。机车的制动、缓解作用通过平均管来控制。

5. CCBⅡ无火状态操作方式

EAB 系统没有动力。机车被连接在本机机车后，制动作用将和机车相同。通过平均管可实现单独制动，通过列车管压力变化可实现机车自动制动。无火机车无单缓功能。

机车被拖在车辆后（远离本机），制动作用将和货运车辆相同。此模式下自动制动手柄的紧急作用仍然有效。

5.2.3　HXD_3型电力机车在出库前制动系统检查

1. 出库前对制动系统塞门进行确认

（1）需开放的塞门。总风塞门 A24，踏面清扫塞门 B50.02，弹停塞门 B40.06，撒砂塞门 F41.02，制动缸塞门 Z10.22，控制塞门 U43.08，主断供气塞门 U94，隔离开关塞门 U95，控制风缸塞门 U77，升弓塞门 U98。

（2）需关闭的塞门。总风缸排水塞门 A12，弹停风缸排水塞门 A14，控制风缸排水塞门 U88。

2. 出库前对制动系统管路做气密性检查

（1）总风及总风重联管检查（MR，MREP）。

① 自动制动手柄在重联位，单独制动手柄在运转位，均衡及列车压力降为零。

② 关闭 Z10.22 塞门，制动缸压力降为零。

③ 观察 2 min，总风泄漏不大于 20 kPa/5 min。

④ 观察 LCDM 电子表和副司机台的机械表，判断总风重联管的泄漏不大于 20 kPa/5 min。

（2）制动缸管检查（BC）。开放 Z10.22 塞门，观察总风压力下降。

（3）列车管检查（BP）。

① 自动制动手柄在运转位，单独制动手柄在全制动位，系统充风 2 min。

② 通过 LCDM 显示屏设置到单机状态，观察 1 min，列车管泄漏不大于 10 kPa/5 min。

（4）平均管检查（20#）。

① 自动制动手柄在重联位，单独制动手柄在运转位，均衡及列车压力降为零，制动缸压力为 450 kPa。

② 通过 LCDM 显示屏设置到补机状态，观察制动缸压力，如果制动缸压力有规则地下降，那么平均管有泄漏。

5.2.4　无动力回送操作

1. HXD_3型电力机车与不同型机车无动力回送时

（1）确保司控制器在零位，换向手柄中立位，断开电钥匙。

（2）单阀手把“运转”位，自阀手把“重联”位。（插好锁封销）

（3）实施停放制动（弹停模块“B40”截断塞门置于关闭位）。

（4）制动系统断电，（QA55 断开）关闭蓄电池接地断路器 QA61。

（5）开放总风缸排水塞门，排空后关闭。

（6）将平均管开放。

（7）控制风缸塞门 U77 置于关闭位。

（8）在 EPCU 的 ERCP 上将无火回送塞门转到“投入”位。

（9）缓慢开通列车管塞门，防止紧急作用产生，总风缸被列车管充风（15～20 min）到约 250 kPa。

（10）手动缓解弹停制动（4 个）。

2. HXD_3型电力机车与同型机车无动力回送时

（1）确保司控器在零位，换向手柄中立位，断开电钥匙。

（2）单阀手把“运转”位，自阀手柄“重联”位。（插好锁封销）

（3）断开 QA55、QA61 自动保险。

（4）将总风缸管、列车管、平均管分别与本务机相连，并开放截断塞门。

（5）实施停放制动（弹停模块“B40”截断塞门置于关闭位）。

（6）手动缓解弹停制动（4 个）。

5.2.5 CCB Ⅱ制动系统接班检查程序

（1）检查确认 691QA、692QA、694QA 三个电源开关闭合（司机室背后 I 号端子柜上方）。

（2）确认 X-IPM 模块最上方两个绿色指示灯亮，下方指示灯均不亮。

（3）确认 RDTE 模块红绿指示灯交替闪烁。

（4）确认制动电源开关 ABCB（693QA）闭合（电空制动屏左上侧）。

（5）确认电空制动屏上 5 个模块绿色指示灯亮及“无火装置”开关置“OUT”位。

（6）确认司机室显示模块显示正常。

（7）接班后必须确认每节车显示屏是否出现上电惩罚制动。如果出现，按提示将大闸放抑制位消除（凡重合蓄电池闸刀或电源开关均会产生上电惩罚制动）。

注意：如果空气制动信息框显示故障信息，必须将相应的故障源消除后，方能进行设置。

5.2.6 CCB Ⅱ型制动系统换端时机及操作步骤

1. 换端操纵步骤

（1）机车必须处于制动停车状态。

（2）司控手柄回零，断电、降弓。

（3）大闸、小闸均置全制动位，确认闸缸压力 380 kPa 以上。

（4）进行“本机位”转“补机位”设置。

（5）司机、副司机二人确认设置无误后，换端不得超过 5 min，防止溜逸。

（6）换端后，大、小闸均置全制动位，进行操纵端“本机位”设置。

（7）司机、副司机二人确认“本机位”设置无误后，升弓、合闸，动车前必须进行大、小闸制动试验。动车后，速度达到 2 km/h 必须试闸。

2. CCB Ⅱ型制动系统换端七严禁

（1）严禁在走行中进行本补机位及其他设置。

（2）严禁在设置为补机位的司机室进行牵引操纵。

（3）严禁在制动系统完成设置前升弓、合闸。

（4）严禁大闸、小闸未在全制动位进行制动系统设置。

（5）严禁本机位转补机位后，不立即换端导致机车漏风自然缓解。

（6）严禁换端后不进行大、小闸静态制动试验盲目动车。

（7）严禁换端中处理故障或做其他工作。

5.2.7 紧急制动的触发方式

（1）自动制动置紧急位。

（2）开放车长阀触发紧急制动。

（3）按下操纵台紧急按钮触发紧急制动。

（4）IPM 触发紧急制动。

（5）ATP 触发紧急制动。

（6）列车断钩分离触发紧急制动。

（7）机车警惕装置触发紧急制动。

（8）总风缸压力低保护。

5.2.8　CCB Ⅱ制动系统使用注意事项

（1）始发站 CCB Ⅱ制动系统设置正确后，运行中严禁随意更改设置（作业需要及处理故障除外）。走廊巡视时严禁随意扳动制动系统各电源开关。

（2）随时注意显示屏提示，遇有故障时要及时按信息提示进行处理，必要时停车处理。遇无信息提示的制动系统故障时，立即向信息办报告，按其指示处理。

（3）运行中产生惩罚制动必须停车，不得擅自缓解，停车后按显示屏信息提示，消除惩罚制动，再进行缓解。由监控装置产生常用制动惩罚后，必须将自动制动阀置抑制位才可缓解。紧急制动产生后，必须将自动制动阀置紧急位 60 s 后才可缓解。

（4）二位副司机发现制动系统故障，要立即向一位司机报告，严禁擅自处理。机车在运行中发现有数据丢失现象，若通过 LCDM 无法调整，停车后，可通过 QA55 开关，将制动系统断电后恢复。遇制动系统失电再次上电必须重新确认显示屏设置是否正确。

（5）机车无火回送时，如果原总风缸有风，建议在排放风压时保留 300 kPa。机车无火回送时，发现列车管缓解但制动缸仍有压力，检查平均管塞门是否处于开放状态。

（6）空气制动作用产生后，切不可将弹停模块上的塞门 B40.06 关闭。如果膜式干燥器排污阀故障，可通过故障塞门将其调整到故障位。机车入库后将 U77 关闭。

课后讨论与复习题

1. CCB Ⅱ制动系统五步闸试验。
2. HXD_3 型电力机车无动力回送操作。
3. CCB Ⅱ制动系统使用注意事项。

项目6　CCBⅡ制动系统的故障处理

项目导读

机车上装配的CCBⅡ制动系统经过多年的实际运用已经积累了大量的使用经验。下面就CCBⅡ制动系统常见故障的处理方法进行说明，重点掌握：

1. 会查询故障信息；
2. 熟悉故障代码表示的故障种类；
3. 能够根据手册进行常见故障的处理。

思维导图：

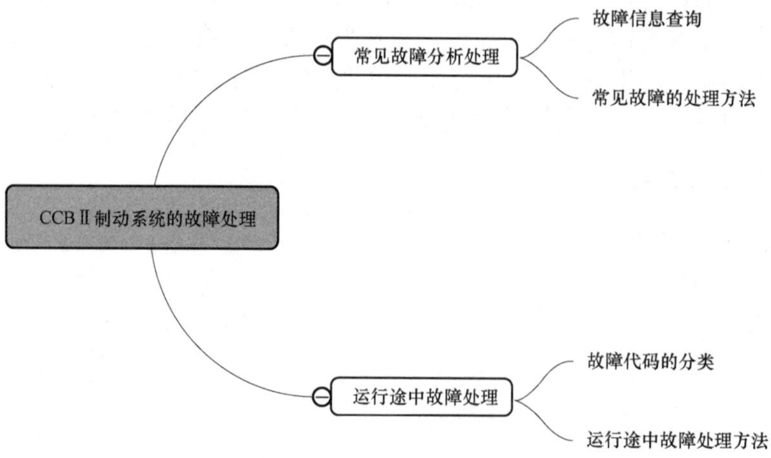

任务 6.1　常见故障分析处理

任务说明

通过查询故障信息得到故障代码，能够根据故障手册进行故障处理。

任务目标

1. 掌握故障信息查询方法；
2. 熟悉故障代码表示的故障种类；
3. 了解常见故障的处理方法。

内容讲解

6.1.1　故障信息查询

CCB Ⅱ制动机出现故障后，按下司机室显示模块“事件信息”按键，司机可从司机室显示模块上看到相应的故障信息。

故障信息的内容包括故障种类、机车编号、出错代码、有关故障的简短说明和故障出现时间。机车故障种类如表 6–1 所示。

表 6–1　机车故障种类说明

故障种类	故障种类说明
A	重要故障，机车不能再在线路上运行
B	故障，机车能在线路上运行，但有限制条件
C	轻微故障，没有限制条件
D	状态信息，没有限制条件

6.1.2　常见故障的处理方法

1. 故障代码 B01U43.14

（1）故障现象。B01U43.14 截止塞门故障，切断主断路器和接地开关的风源，主断路器和接地开关被错误地关断。塞门的额定状态处于打开位，但实际状态为关闭位；辅助空气系统的压力下降，主断合不住，辅助压缩机的温度监控激活。

（2）检修人员处理方法。

① 与运用部门联系，了解机车发生故障时的时间、工况、网压、制动方式、保压状态、机车的总风压力值、列车管压力、均衡风缸压力值及辅助风缸压力值是否正常等。

② 下载机车、克诺尔的数据，详细分析机车当时的运用状态，重点查看当时机车 B01U43.14 截止塞门的压力监控器电信号传输是否异常。

③ 重新标定 B01U43.14 截止塞门压力监控器的整定值，校验 B01U43.14 截止塞门压力

监控器到制动屏边侧的插头、插座、插针的信号线路、低压柜端子排、SKS3 的通断是否良好，检查机车的 B01U43.14 截止塞门开闭状态是否灵活可靠，拆开进主断路器的风管，确认是否有压缩风源及是否达到定压值。

④ 更换不良的 B01U43.14 截止塞门。

2. 故障代码 B01U67

（1）故障现象。B01U67 辅助风缸或螺纹连接泄漏，为辅助空气系统储备空气故障。辅助空气系统的压力下降，辅助压缩机的温度监控激活，走廊有较大的排风噪声。

（2）检修人员处理方法。

① 与运用部门联系，了解机车发生故障的时间、工况、网压、制动方式、保压状态、机车的总风压力值、列车管压力、均衡风缸压力值及辅助风压是否正常等，走廊是否有漏风声。

② 下载机车、克诺尔的数据，详细分析机车当时的运用状态，重点检查机车的 B01U67 辅助风缸或螺纹连接是否存在泄漏。

③ 更换不良的接头及螺丝。

3. 故障代码 B01Z10.22

（1）故障现象。B01Z10.22 截止塞门故障，切断转向架 1 的闸缸压力。其额定状态为打开位，但实际状态为关闭位，而显示器上的通知消息为打开位；转向架 1 的制动被错误地锁定，在压力表上没有压力显示制动试验期间机车是否有溜逸现象。

（2）检修人员处理方法。

① 与运用部门联系，了解机车发生故障时的时间、工况、网压、制动方式、保压状态、机车的总风压力值、列车管压力、均衡风缸压力值及第一闸缸压力值是否正常等。

② 下载机车、克诺尔的数据，详细分析机车当时的运用状态，重点是查看当时机车的 B01Z10.22 截止塞门的压力监控器电信号传输是否异常。

③ 重新标定 B01Z10.22 截止塞门压力监控器的整定值，校验 B01Z10.22 截止塞门压力监控器到制动屏边侧的插头、插座、插针的信号线路、低压柜端子排、SKS3 的通断是否良好，检查机车的 B01Z10.22 截止塞门开闭状态是否灵活可靠。

④ 连接电脑或在显示器上查看 B01Z10.22 截止塞门压力监控器的工作状态是否正常。

⑤ 更换不良的 B01Z10.22 截止塞门。

4. 故障代码 B01Z10.23

（1）故障现象。B01Z10.23 截止塞门故障，切断转向架 1 的闸缸压力。其额定状态为打开位，但实际状态为关闭位，而显示器上的通知消息为打开位；转向架 1 的制动被错误地锁定，在压力表上没有压力显示，制动试验期间机车是否有溜逸现象。

（2）检修人员处理方法。

① 与运用部门联系，了解机车发生故障时的时间、工况、网压、制动方式、保压状态、机车的总风压力值、列车管压力、均衡风缸压力值及第一闸缸压力值是否正常等。

② 下载机车、克诺尔的数据，详细分析机车当时的运用状态，重点查看当时机车 B01Z10.23 截止塞门的压力监控器电信号传输是否异常。

③ 重新标定 B01Z10.23 截止塞门压力监控器的整定值，校验 B01Z10.23 截止塞门压力监控器到制动屏边侧的插头、插座、插针的信号线路、低压柜端子排、SKS3 的通断是否良好，检查机车的 B01Z10.23 截止塞门开闭状态是否灵活可靠。

④ 连接电脑或在显示器上查看 B01Z10.23 截止塞门压力监控器的工作状态是否正常。

⑤ 更换不良的 B01Z10.23 截止塞门。

5. 故障代码 B04

（1）故障现象。B04 测试管接头泄漏，维修用测试管接头泄漏故障，此时可能要将总风缸 A11/12 排空，通过压力监控器 B03 识别总风缸压力的降低，其额定状态为投入位，但实际状态为缓解位，导致制动检查的错误结果，通过拖曳机车可能造成损坏，进行制动试验期间或启动/关闭程序期间指示（外部检查）错误信息。

（2）检修人员处理方法。

① 与运用部门联系，了解机车发生故障时的时间、工况、网压、制动方式、保压状态、机车的总风压力值、列车管压力、均衡风缸压力值及走廊总风缸 All/12 处是否有漏风声。

② 下载机车、克诺尔的数据，详细分析机车当时的运用状态，重点检查机车的 B04 测试管接头及风缸或螺纹连接是否存在泄漏。

③ 更换不良的接头及螺丝。

6. 故障代码 B91/1 和 B91/2

（1）故障现象。

B91/1 和 B91/2 指示器故障，用于每台转向架空气制动的当前状态的机车下部状态显示信号不明确。其额定状态为缓解位，但实际状态为投入位，导致制动检查的错误结果，机车可能发生不注意的溜逸。制动试验期间或启动/关闭程序期间指示（外部检查）的状态内容。此时机车下部状态信号显示“无效”，在切断和紧急缓解停车制动时，应给机车打上止轮器（铁鞋）。

（2）检修人员处理方法。

① 与运用部门联系，了解机车发生故障时的时间、工况、网压、制动方式、保压状态、机车的总风压力值、列车管压力、均衡风缸压力值及闸缸上闸与缓解状态的指示。

② 下载机车、克诺尔的数据，详细分析机车当时的运用状态，重点检查机车的闸缸压力指示是否正确，检查机车 B91/1 和 B91/2 指示器的风路是否畅通，闸瓦是否压在制动盘上。

③ 更换不良的 B91/1 和 B91/2 指示器。

7. 故障代码 D36

（1）故障现象。D36 球阀故障，司机制动阀（ZB11−5 D38）被错误地锁定。故障现象分为以下三种情况。

① 其额定状态为打开位，而实际状态为关闭位，但通知信息却是打开位。导致司机制动阀（ZB11−5 D38）切断，操作空气制动时（压力表）指示无效。

② 其额定状态为关闭位，而实际状态为打开位，但通知信息却是关闭位。导致司机制动阀（ZB11−5 D38）解锁不正确，操作空气制动时（压力表）指示无效，制动试验期间机车可能有溜逸现象。

③ 其额定状态为打开位，而实际状态为阀关闭位，但联锁触头在闭合位。CCB Ⅱ仍然接到错误的状态信号，此时的空气制动不能正常工作，系统发出牵引互锁指令，显示信息错误。将 CCB Ⅱ的小自动开关置于“断开”位，激活空气备用系统，紧急制动及司机制动阀可用。

（2）检修人员处理方法。

① 与运用部门联系，了解机车发生故障时的时间、工况、网压、制动方式、保压状态、机车的总风压力值、列车管压力、均衡风缸压力值及 D36 球阀是否工作正常等。

② 下载机车、克诺尔的数据，详细分析机车当时的运用状态，重点是查看当时机车 D36 球阀的压力监控器电信号传输是否有异常。

③ 重新标定 D36 球阀压力监控器的整定值，校验 D36 球阀压力监控器的插头插座插针

的信号线路、低压柜端子排、SKS3 的通断是否良好，检查机车的 D36 球阀开闭状态是否灵活可靠。

④ 连接电脑或在显示器上查看 D36 球阀压力监控器的工作状态是否正常。

⑤ 更换不良的 D36 球阀。

8. 故障代码 D37

（1）故障现象。D37 减压阀故障，限制司机制动阀（ZB11−5 D38）的辅助压力不正确，如果减压阀被卡死，司机制动阀（ZB11−5 D38）被机械阻塞。压力太低，导致空气制动操作故障，司机制动阀手柄位置不能投入或缓解空气制动；如果压力太高，对司机制动阀可能造成损坏，如果司机制动请求不符合列车管压力减少（压力表），则转后备制动模式运行，紧急制动及司机制动阀可用，或者故障节做无火。

（2）检修人员处理方法。

① 与运用部门联系，了解机车发生故障时的时间、工况、网压、制动方式、保压状态、机车的总风压力值、列车管压力、均衡风缸压力值及 D37 减压阀是否工作正常等。

② 下载机车、克诺尔的数据，详细分析机车当时的运用状态，重点查看当时机车的 D37 减压阀的压力监控器电信号传输是否异常。

③ 重新标定 D37 减压阀压力监控器的整定值，校验 D37 减压阀压力监控器的插头、插座、插针的信号线路、低压柜端子排、SKS3 的通断是否良好，检查机车的 D37 减压阀开闭状态是否灵活可靠。

④ 测定 D37 减压阀压力监控器的工作压力是否正常。

⑤ 更换不良的 D37 减压阀。

9. 故障代码 D41

（1）故障现象。D41 紧急制动阀故障，如果 EBV 请求紧急制动，紧急制动阀不能排尽列车管压力，D41 阀无排风声。

（2）检修人员处理方法。

① 与运用部门联系，了解机车发生故障时的时间、工况、网压、制动方式、保压状态、机车的总风压力值、列车管压力、均衡风缸压力值及 D41 紧急制动阀是否工作正常等。

② 下载机车、克诺尔的数据，详细分析机车当时的运用状态，重点查看当时机车的 D41 紧急制动阀的紧急位列车管压力是否异常。

③ 重新标定 D41 紧急制动阀，检查 D41 紧急制动阀开闭状态是否灵活可靠。

④ 更换不良的 D37 减压阀。

10. 故障代码 F13

（1）故障现象。F13 软管故障，为砂量给定装置提供砂子的软管发生问题（如冻结、软管或螺纹连接泄漏等）。无砂排出或排出的砂量减少，机车的制动距离延长，牵引力降低。

（2）检修人员处理方法。

① 与运用部门联系，了解机车发生故障时的时间、工况、网压、制动方式、保压状态、机车的总风压力值、列车管压力、均衡风缸压力值及机车的撒砂系统是否工作正常等。

② 下载机车、克诺尔的数据，详细分析机车当时的运用状态，重点检查机车的撒砂系统是否正常及作用是否良好。

③ 更换不良的 F13 软管。

11. 故障代码 G6/1−G6/4

（1）故障现象。G6/1−G6/4 脉冲发生器故障，气动车轮防滑行保护电磁阀“切断排气”。

其额定状态应该为打开位，但实际状态为关闭位。

（2）检修人员处理方法。

① 与运用部门联系，了解车发生故障时的时间、工况、网压、制动方式、保压状态、机车的总风压力值、列车管压力、均衡风缸压力值及 WSP 防滑装置是否工作等。

② 下载机车、克诺尔的数据，详细分析机车当时的运用状态，重点查看当时机车的 WSP 防滑装置上的监控器电信号传输是否异常。

③ 重新标定 WSP 防滑装置监控器的整定值，校验 WSP 防滑装置监控器的插头、插座、插针的信号线路、低压柜端子排、SKS3 的通断是否良好，检查机车的 WSP 防滑装置的插件性能是否良好。

④ 校验 WSP 防滑装置监控器上的各个插件，发现不良时更换 WSP 防滑装置或防滑阀。

12. 故障代码 J01

（1）故障现象。J01 球阀故障，切断卫生间的压缩空气风源，其额定状态为打开位，但实际状态为关闭位。此时卫生间出现排污故障。

（2）检修人员处理方法。

① 与运用部门联系，了解机车发生故障时的时间、工况、网压、制动方式、保压状态、机车的总风压力值、列车管压力、均衡风缸压力值及机车的卫生间使用是否正常等。

② 下载机车、克诺尔的数据，详细分析机车当时的运用状态，重点检查机车 J01 球阀、卫生间设施是否工作正常及风源是否开通。

③ 更换不良的 J01 球阀。

13. 故障代码 N69

（1）故障现象。N69 紧急作用阀故障，紧急作用阀动作但列车管不排放，紧急作用阀不能排放列车管的压力，走廊里排风声音减小或无排风声音，紧急作用阀被机械堵塞。

（2）检修人员处理方法。

① 与运用部门联系，了解机车发生故障时的时间、工况、网压、制动方式、保压状态、机车的总风压力值、列车管压力、均衡风缸压力值及机车的紧急作用是否正常等。

② 下载机车、克诺尔的数据，详细分析机车当时的运用状态，重点检查机车 N69 紧急作用阀是否开通，作用是否良好。

③ 更换不良的 N69 紧急作用阀。

14. 故障代码 N97

（1）故障现象。N97 排放阀故障，紧急制动期间加速列车管的排放。其额定状态为关闭位，而实际状态为打开位，导致列车管持续排放。

（2）检修人员处理方法。

① 与运用部门联系，了解机车发生故障时的时间、工况、网压、制动方式、保压状态、机车的总风压力值、列车管压力、均衡风缸压力值及机车的走廊是否有漏风声。

② 下载机车、克诺尔的数据，详细分析机车当时的运用状态，重点检查机车 N97 排放阀是否关闭及关闭时的作用状态是否良好，有无漏风现象。

③ 更换不良的 N97 排放阀。

15. 故障代码 U80

（1）故障现象。U80 塞门故障，主压缩机不能为辅助空气系统提供压缩空气，其额定状态为开通位，而实际状态为关闭位，压缩机持续工作，辅助空气系统压力低于设定值，由于压缩机长时间工作，导致压缩机温度监控激活，发生压缩机锁定故障。

（2）检修人员处理方法。

① 与运用部门联系，了解机车发生故障时的时间、工况、网压、制动方式、保压状态、机车的总风压力值、列车管压力、均衡风缸压力值及机车的主压缩机是否长时间工作，不停泵。

② 下载机车、克诺尔的数据，详细分析机车当时的运用状态，重点检查机车 U80 塞门的开闭状态是否良好，有无卡滞现象。

③ 更换不良的 U80 塞门。

16. 故障代码 U84

（1）故障现象。压力开关 U84 故障，系统监控不到总风最小压力值，导致压缩机不工作，辅助空气系统无压力或无风排放，其额定状态为闭合状态，而实际状态为断开位，走廊无压缩机的启动声。若达到设定转换点之后无压力反馈，安全阀则不动作，辅助空气系统中出现过压现象。

（2）检修人员处理方法。

① 与运用部门联系，了解机车发生故障时的时间、工况、网压、制动方式、保压状态、机车的总风压力值、列车管压力、均衡风缸压力值及机车的压缩机启动情况和总风的压力显示是否正常等。

② 下载机车、克诺尔的数据，详细分析机车当时的运用状态，重点查看当时机车的总风的压力信号传输是否有异常。

③ 重新标定压力开关的整定值，校验压力开关的插头、插座、插针的信号线路，低压柜端子排，SKS3 的通断是否良好，检查机车的压力开关性能是否良好。

④ 不良时更换压力开关。

17. 故障代码 B01U43.06

（1）故障现象。附加阀（B01U43.06）故障，辅助空气系统的压力超过设定转换点后，该阀不排风。此故障运行期间可能无显示。

（2）检修人员处理方法。

① 与运用部门联系，了解机车发生故障时的时间、工况、网压、制动方式、保压状态、机车的总风压力值、列车管压力、均衡风缸压力值及机车的主压缩机是否长时间工作，不停泵。

② 下载机车、克诺尔的数据，详细分析机车当时的运用状态，重点检查机车附加阀（B01U43.06）的开闭状态是否良好，看有无卡滞现象。

③ 更换不良的附加阀（B01U43.06）。

18. 故障代码 C09/1–C09/4

（1）故障现象。C09/1–C09/4 的总风软管故障，为停车制动时制动缸提供的压力不足，总风软管破损或螺纹连接处存在泄漏，此时当总风低于设定值时停车制动持续投入，紧急制动作用不良，压缩空气持续损失，如果仅连接列车管，本务机车司机应确认总风风压；如果仅连接总风管，本务机车司机应确认增加总风风压的消耗并随时增加压缩机的工作量，以保证整台机车的总风压力。

（2）检修人员处理方法。

① 与运用部门联系，了解机车发生故障时的时间、工况、网压、制动方式、保压状态、机车的总风压力值、列车管压力、均衡风缸压力值及机车的总风管状态。

② 下载机车、克诺尔的数据，详细分析机车当时的运用状态，重点检查机车的总风管、防撞塞门作用是否良好。

③ 更换不良的 C09/1–C09/4 的总风软管或风管路。

课后讨论与复习题

1. 故障代码显示 B04 时，如何处理故障？
2. 故障代码显示 F13 时，如何处理故障？
3. 故障代码显示 U84 时，如何处理故障？

任务 6.2　运行途中故障处理

任务说明

通过显示的故障代码，根据故障手册进行运行途中的故障处理。

任务目标

1. 熟悉故障代码的分类；
2. 掌握运行途中故障处理方法。

内容讲解

6.2.1　故障代码的分类

CCB Ⅱ制动机出现故障后，按下司机室显示模块“事件信息”按键，可从机车司机室显示模块上看到相应的故障信息。

故障信息的内容包括故障种类、机车编号、出错代码、有关故障的简短说明和故障出现时间。机车故障种类说明如表 6–2 所示。

表 6–2　机车故障种类说明

故障种类	故障种类说明
A	重要故障，机车不能再在线路上运行
B	故障，机车能在线路上运行，但有限制条件
C	轻微故障，没有限制条件
D	状态信息，没有限制条件

6.2.2　运行途中故障处理方法

1. 故障代码：A01

途中应急处理方法。

（1）司机先关闭压缩机，待总风缸压力值低于总风压力传感器的设定值时再启动压缩机。

（2）紧固制动屏内的总风缸压力传感器插头。

2. 故障代码：B01A14

途中应急处理方法。

（1）关闭 B01A14 球阀或排除漏风处所。

（2）人为缓解停车制动按钮，激活牵引控制。

（3）做无火，拉停车制动拉环，切除故障节的空气制动性能，维持运行回段处理。

3. 故障代码 B01B29

途中应急处理方法。

司机应立即关闭转向架 1 的闸缸塞门 Z10.22，紧固漏风处所，或维持运行到前方站处理。

4. 故障代码 B01B33

途中应急处理方法。

司机应立即关闭转向架 2 的闸缸塞门 Z10.23，紧固漏风处所，或维持运行到前方站处理。

5. 故障代码 B01B40.03

途中应急处理方法。

（1）人为转换 B01B40.03 的停车制动塞门，紧固上面的电磁阀插头。

（2）无效时将 B01B40.03 的停车制动塞门切除，下车拉停车制动缓解拉环，上车按压司机室后墙柜上的“停车制动缓解按钮”。

6. 故障代码 B01B40.04

途中应急处理方法。

（1）人为转换 B01B40.04 的双止回阀塞门，紧固上面的电磁阀插头。

（2）无效时将 B01B40.04 的双止回阀塞门切除。

7. 故障代码 B01B40.06

途中应急处理方法。

（1）人为转换 B01B40.06 的二位三通换向阀。

（2）无效时将 B01B40.06 的二位三通换向阀切除。

8. 故障代码 B01F41.02

途中应急处理方法。

（1）人为转换 B01F41.02 的撒砂截止塞门，紧固上面的传感器插头。

（2）无效时将 B01F41.02 的撒砂截止塞门切除，维持运行回段处理。

9. 故障代码 B01F41.03

途中应急处理方法。

（1）人为转换 B01F41.03 的减压阀，开通阀路。

（2）无效时将 B01F41.03 的减压阀切除，维持运行回段处理。

10. 故障代码 B01F41.04

途中应急处理方法。

（1）紧固的制动柜内的 B01F41.04 的砂加热控制电磁阀插头，断合低压柜上的砂加热控制 72-Q01 开关。

（2）停车状态下紧固车下砂箱上部的电连接插头或维持运行回段处理。

11. 故障代码 B01F41.05

途中应急处理方法。

（1）人为紧固制动屏内 B01F41.05 控制砂量给定向前或向后电磁阀上的传感器插头。

（2）无效时则不作处理，维持运行回段再处理。

12. 故障代码 B01P50.06

途中应急处理方法。

（1）司机通过监控司机室总风压力表的数值来人为断合压缩机按键开关，控制压缩机的启动与关闭。

（2）紧固制动屏内的 B01P50.06 总风压力监控器的插头，如果无效，将低压柜上的 34–Q1O 压缩机接触器电源开关扳下即可。

13. 故障代码 B01S30.01

途中应急处理方法。

（1）司机通过监控司机室显示器上的故障信息，确定故障发生的部位，通过断合蓄电池开关复位，使机车重新自检。

（2）紧固制动屏内的 B01S30.01 二位三通换向阀传感器的插头，如果无效，将制动屏内 B01S30.01 二位三通换向阀阀门关闭，维持运行回段处理。

14. 故障代码 B01S30.02

途中应急处理方法。

（1）司机通过监控司机室显示模块的故障信息及列车管持续排风现象，确定故障发生的部位，通过断合蓄电池开关复位，使机车重新自检。

（2）如果不良，则紧固制动屏内 B01S30.02 电磁阀上的插头，如果无效，则手动切除制动柜中自动停车（防睡）阀，维持运行回段处理。

15. 故障代码 B01S30.03

途中应急处理方法。

（1）司机通过监控司机室显示器上的故障信息及列车管压力显示值，确定故障发生的部位，通过断合蓄电池开关复位，使机车重新自检。

（2）如果不良，则紧固制动屏内 B01S30.03 压力监控器的插头，如果无效，则手动切除制动柜中自动停车（防睡）阀，维持运行回段处理。

16. 故障代码 B01U43.09

途中应急处理方法。

（1）司机通过监控辅助空气系统的压力显示值，确定故障发生的部位。

（2）换升另一节机车的受电弓，合另一节机车的主断，维持运行回段处理，或者将故障节切除维持运行。

17. 故障代码 B01U43.10

途中应急处理方法。

（1）司机通过监控辅助空气系统的压力显示值，确定故障发生的部位。

（2）换升另一节机车的受电弓，合另一节机车的主断，维持运行回段处理，或者将故障节切除维持运行。

课后讨论与复习题

1. 故障代码显示 A01 时，如何处理故障？
2. 故障代码显示 B01B29 时，如何处理故障？
3. 故障代码显示 B01U43.09 时，如何处理故障？

模块 3

法维莱 Eurotrol 制动系统

【模块导读】

机车制动系统主要包括电制动系统、空气制动系统、制动指令产生及传输系统等。机车空气制动系统主要包括 DK–1 型制动系统、DK–2 型制动系统、法维莱 Eurotrol 制动系统、CCB Ⅱ 制动系统，等等。

法维莱 Eurotrol 制动系统是在 SABWABCO 微机控制电空制动机基础上为满足中国铁路运营的要求开发出来的，是符合 UIC 标准的新一代机车制动系统。该系统在正常工况时，通过微机控制列车管和机车制动缸压力实现列车的制动控制，在出现严重故障时，将机车制动系统转换到备用制动进行列车制动控制。Eurotrol 是制动系统中的一个关键部件，也是系统有别于其他机车制动系统的标志性部件。

思维导图：

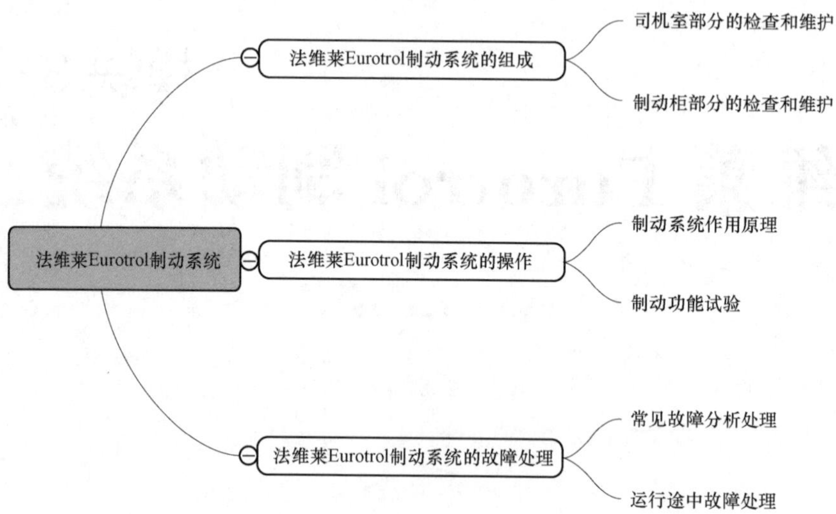

项目 7　法维莱 Eurotrol 制动系统的组成

项目导读

法维莱 Eurotrol 制动系统主要由司机室自动制动控制器、司机室直接制动控制器、司机室显示模块，机械间制动柜中的司机制动阀，紧急排风阀，中继阀，分配阀，制动控制单元（BCU）等组成。

思维导图：

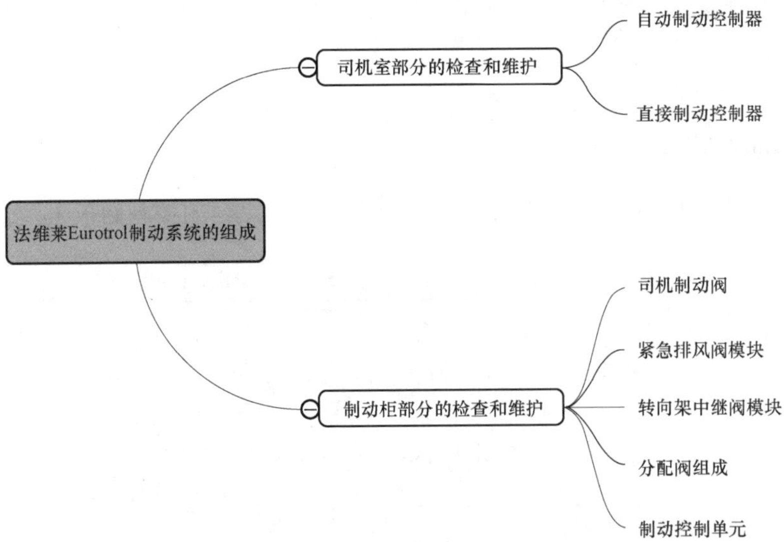

任务 7.1　司机室部分的检查和维护

任务说明

通过对司机室部分的认知学习，掌握自动制动控制器的基本结构，掌握直接制动控制器的基本结构。

任务目标

1. 了解自动制动控制器的基本结构；
2. 掌握自动制动控制器的工作位置；
3. 了解直接制动控制器的基本结构；
4. 掌握直接制动控制器的工作位置。

内容讲解

7.1.1　自动制动控制器

自动制动控制器（俗称大闸）位于 HXD_2 机车司机操纵台的控制面板 1，如图 7-1 所示。

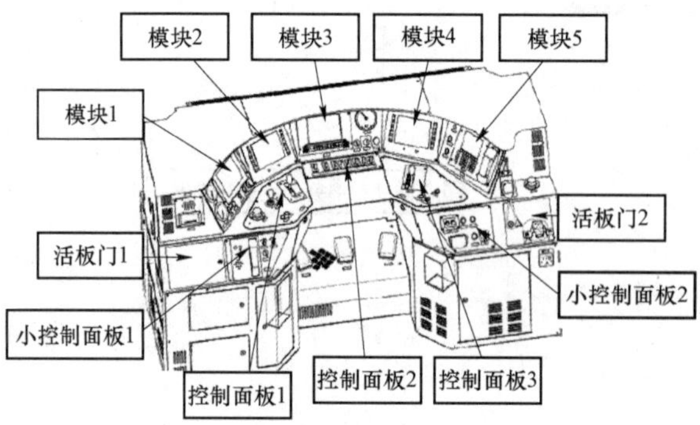

图 7-1　HXD_2 机车司机操纵台

控制面板 1 主要包括 6 种部件，如图 7-2 所示。

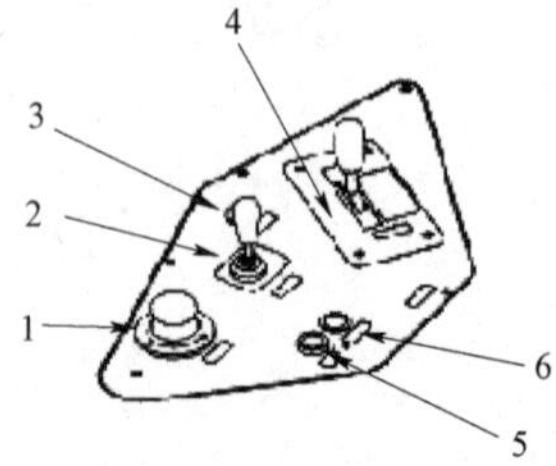

1—紧急放风按钮；2—直接制动手柄；3—制动缓解按钮；4—自动制动手柄；5—解除无人警惕按钮；6—风笛按钮

图 7-2　司机操纵台控制面板 1

自动制动控制器安装在一个轻合金支架上，是手动控制的，在正常的操纵模式下由其电气部件通过 BCU（制动控制单元）来控制司机自动制动阀 Eurotrol，从而控制均衡风缸的压力。另外有用于紧急制动的气动部件。自动制动控制器如图 7–3 所示。

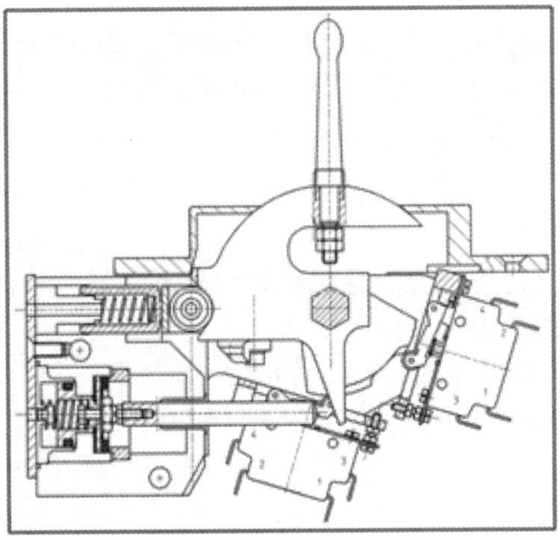

图 7–3　自动制动控制器

1. 自动制动控制器的工作位置

自动制动控制器有下列位置。

（1）快速缓解（GD）。可自动回到运转位。

（2）缓解（D）。可自动回到运转位（保压位）。

（3）保压（M）。保压位（稳定位）。

（4）制动（S）。可自动回到运转位（保压位）。

（5）紧急制动（U）。紧急位（稳定位）。

2. 拆装自动制动控制器

自动制动控制器的结构如图 7–4 所示。

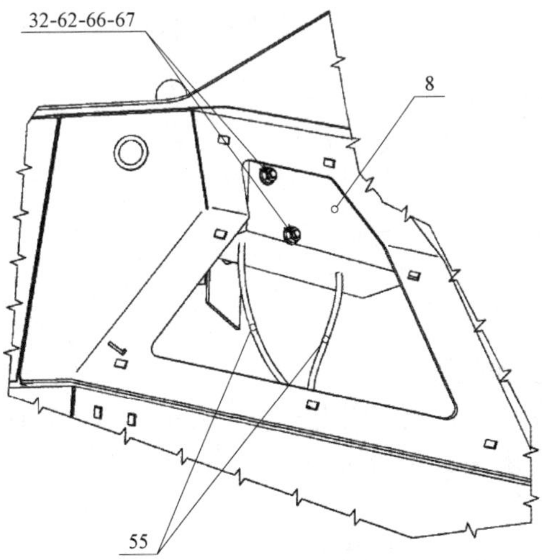

图 7–4　自动制动控制器的结构

（1）拆卸。

① 断开电缆接头（标记 55）；② 拆除闸把（标记 8）的紧固件（标记 32，62，66，67）；③ 拆除闸把（标记 8），取回 O 形环。

（2）安装。

① 将 ALVANIA R2 油脂或类似物涂抹于 O 形环上；② 在闸把上安装 O 形环（标记 8）；③ 将闸把（标记 8）安装于支架上；④ 安装闸把的紧固件（标记 32，62，66，67）；⑤ 连接电缆接头（标记 55）。

3. 调试自动控制器

（1）使机车接地。

（2）在 800～900 kPa 压力下，安装总风缸管到外部干燥空气源。

（3）按下电路断路器按钮 BP-DJ。

（4）完全释放大闸，待总风充满（3～5 min）。

（5）测试自动控制器性能。

7.1.2 直接制动控制器

直接制动控制器（俗称小闸）位于 HXD_2 机车司机操纵台的控制面板 1。直接制动控制器如图 7-5 所示。

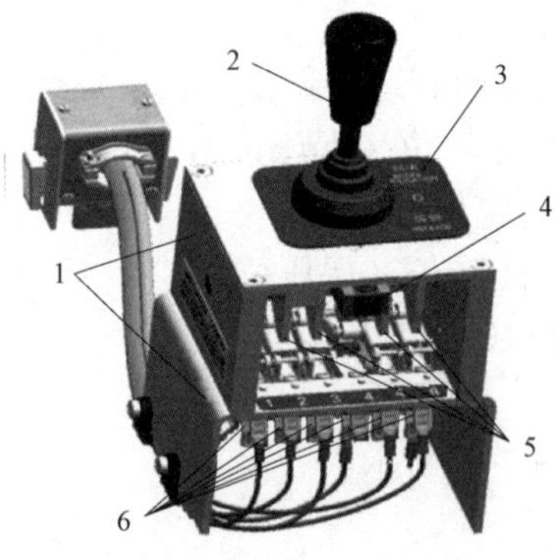

图 7-5 直接制动控制器

1. 控制手柄分成 5 个独立的子系统

（1）带金属板（标记 3）的框架（标记 1）。

（2）控制杆（标记 2）。

（3）机械卡位装置（标记 4）。

（4）凸轮系统（标记 5）。

（5）接线器（标记 6）。

2. 直接制动控制器的工作位置

直接制动控制器安装在操纵台上，它有一个三种位置的控制杆。

（1）前面的“制动位”用来采取制动。

（2）中立位“○”。

（3）后面的“缓解位”用来取消制动。

在“○”或者“缓解”位置，控制杆是稳定的。在“制动位”，控制杆自动地回到“○”

位。控制旋钮的框架是由一个金属板（标记 1）、2 个铝法兰（标记 2）和辅助接触器支架（标记 3）组成的。上面的金属板（标记 1）有 4 个带内螺纹（M4）的洞用来固定控制手柄。控制杆（标记 13，14）的运动是通过枢轴组装部件（标记 20）和青铜滚轴（标记 16）传递到轭、轮轴和凸轮组装部件（标记 5，7，8）来完成的。凸轮以一种固定顺序激活辅助触点 SCHALTBAU S826 a/20（标记 32）。

枢轴（标记 20）的轴用弹簧（标记 22）经青铜夹钳（标记 6）可以到达控制杆的“O”“缓解”“制动”位置。一个马特黑色镶板（标记 24）在操纵杆（标记 13）上安装有一个固定的螺钉（标记 25）和一个保护封条（标记 33）。辅助触点 SCHALTBAU S826 A/20（标记 32）和 FASTON 电连接是相配合的。操纵杆可以控制机车的直接制动制动机功能（缓解、制动、运转）。如果电制动需要代替空气制动，则控制器将信息传递到 TCU 电子控制器。

3. 拆装直接制动控制器

直接制动控制器的组成部件，如图 7-6 所示。

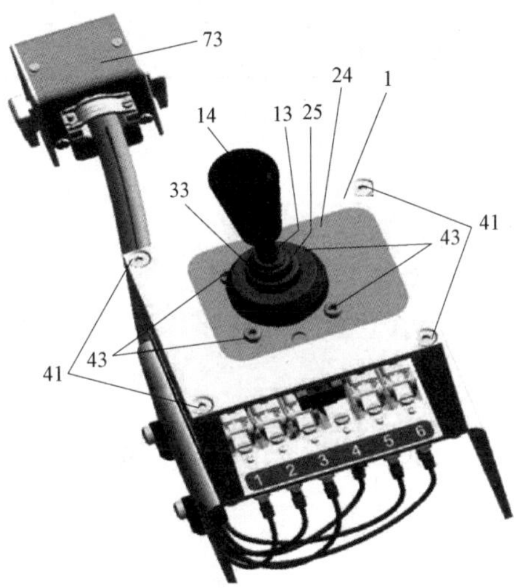

图 7-6　直接制动控制器的组成部件

（1）拆卸。

① 拆掉操作把手（标记 14）；② 拆卸螺纹插头（标记 25）；③ 拆卸密封条（标记 33）；④ 拆卸金属板（标记 24）；⑤ 断开连接器的连接（标记号 73）；⑥ 拆卸控制杆的紧固附件（标记 43）；⑦ 从左手边的工作台拆卸控制杆。

（2）安装。

① 在左手边的工作台安装控制杆；② 给控制杆安装紧固附件（标记 43）；③ 安装面板（标记 24）和封条（标记 33）；④ 安装螺纹插头（标记 25）；⑤ 旋紧把手（标记 13）；⑥ 安装操作把手（标记 14）；⑦ 连接上连接器（标记 73）。

4. 调试直接制动控制器

（1）使机车接地。

（2）在 800～900 kPa 压力下，安装总风缸管到外部干燥空气源；具体调试直接制动控制器如表 7-1 所示。

表 7-1　具体调试直接制动控制器

操作	需要获得的结果
把直通空气制动控制杆 MP-FD 打到缓解位，松开自动制动控制器 MP-FD	均衡风缸压力 RE=500 kPa，列车管压力=500 kPa，压力制动缸 CYL-F=0 kPa
把直接制动控制杆 MP-FD 打到“〇”位	检测制动缸 CYL-F（0 kPa）内的压力
当自动制动控制杆 MP-FD 在制动方向时，进行一些短暂的操作	检查每次动作直接制动控制器 MP-FD 时的压力增加情况，压力制动缸 CYL-F=345 kPa
自动直通空气制动杆 MP-FD 在缓解方向时，完成一些短暂的操作	直接制动控制器 MP-FD 每次做缓解动作时，检查压力的减少情况，压力制动缸 CYL-F=0 kPa
把装有 DEP 维护软件的个人维护电脑和驾驶室的 FIP 相连接	
对自动制动控制器 MP-FD 进行制动或者缓解动作	如果直接制动控制器 MP-FD 处于缓解位置，检查个人维护电脑上的变量 E-BT-MPFD 是否变成 1，检查在 4 个 CRT 上是否输出
退出 DEP 维护程序，断开个人维护电脑的连接	

课后讨论与复习题

1. 简述自动制动控制器的工作位置。
2. 简述直接制动控制器的工作位置。
3. 简述调试直接制动控制器。

任务 7.2　制动柜部分的检查和维护

任务说明

通过对制动柜部分的认知学习，能描述司机制动阀、紧急排风阀模块、转向架中继阀模块、分配阀组成、制动控制单元（BCU）的基本功能。

任务目标

1. 了解司机制动阀；
2. 了解紧急排风阀模块；
3. 了解转向架中继阀模块；
4. 了解分配阀组成；
5. 了解制动控制单元。

内容讲解

制动柜部分主要包括司机制动阀、紧急排风阀、转向架中继阀、分配阀组成、制动控制单元（BCU）等组成部分，制动柜示意图如图 7-7 所示。

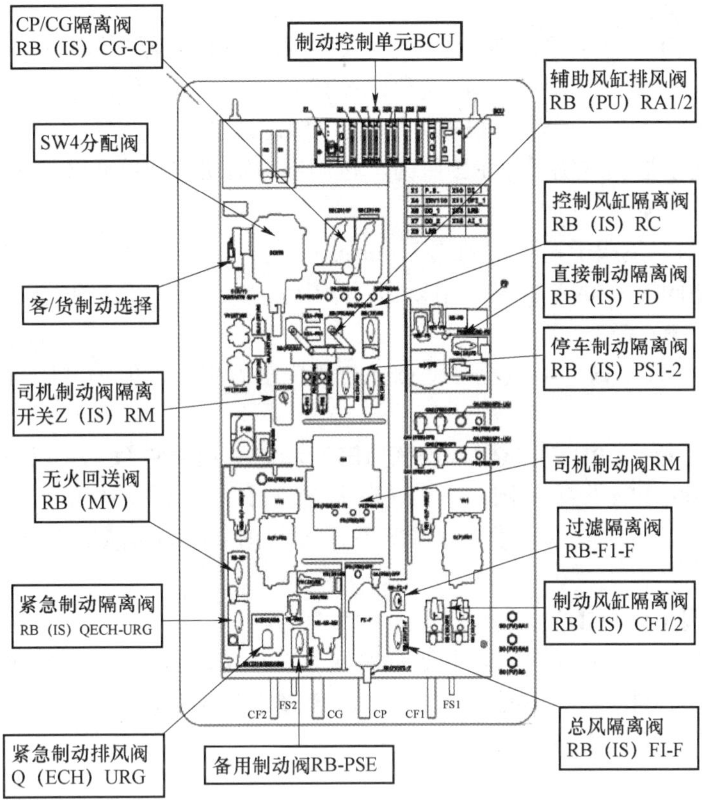

图 7-7 制动柜组成部分

7.2.1 司机制动阀 - Eurotrol

司机制动阀从制动控制单元（BCU）接收输入信号，然后转换成 BP（列车管）控制压力信号。司机制动阀如图 7-8 所示。

图 7-8 司机制动阀

1. 减压阀 DE-PI

Eurotrol 通过 MP（总风管）与风源相连。其中附加的过滤器后装有减压阀 DE-PI，它将总风压力降至 650±5 kPa 的范围内，以避免比过充还要高的压力作用于中继阀。

2. 电磁阀 VE1（DG），VE2（DG），VE（SEC）及 VE（SG）

这些电磁阀用于控制均衡风缸 RE 压力。它们均与制动控制单元（BCU）相连。

3. 中立阀 VV（N）

中立阀 VV（N）集成于司机制动阀 Eurotrol。

它被中立电磁阀 VE（N）控制，用以切断向中继阀 Q（P）CG 的供风。

4. 中继阀 Q（P）CG

中继阀向 BP（列车管）供风至与均衡风缸 RE 压力相同，但中继阀可起到流量放大的作用。

5. 压力传感器 CA（PRN），RE（均衡风缸）和 CA（PRN（CG）（列车管）

对应于 0～1 000 kPa 压力范围，压力传感器输出 4～20 mA 的电流信号。制动控制单元（BCU）读取压力传感器的电信号读取并调节先导压力 RE。压力传感器用以监控 BP（列车管）压力。

6. 快速缓解阀 VV（GD）

快速缓解电磁阀 VE（GD）控制快速缓解阀 VV（GD），通过自动绕过节流孔，快速给 BP（列车管）充气。制动控制单元（BCU）读取连接于快速缓解阀 VV（GD）的一微动开关的信息，进而诊断其位置状态。

7. 流量计

司机制动阀有一个流量计，用于测量列车管的空气流量。该流量值由制动控制单元（BCU）读取并发送给 LOCOTROL。

流量计由止回阀 I-DB 和流量压力传感器 CA（PRN）DEB 组成。

8. 流量表压力传感器 CA（PRN）CPF

制动控制单元（BCU）通过 MP（总风管）上的压力传感器 CA（PRN）CPF 读取 MP 的压力值，因此制动控制单元（BCU）能够检测到 MP 的供风量能否满足司机制动阀 DBV 控制 BP（列车管）压力。

7.2.2 紧急排风阀模块

紧急排风阀模块由紧急制动电磁阀 VE-URG、一个中继阀 Q（ECH）URG 和紧急排风隔离阀 RB（IS）Q（ECH）URG 组成，用于紧急制动时快速排出 BP 压缩空气。

紧急排风阀模块的紧急制动电磁阀 VE-URG 连接到安全回路上（像紧急制动按钮与制动控制器），目的是在该回路断开的情况下，该模块失电时起紧急制动作用。该阀也可由 LOCOTROL 系统控制。紧急制动隔离阀 RB（IS）Q（ECH）URG 能够用于在故障情况下将模块隔离。

VE-URG 失电，紧急制动排空中继阀 Q（ECH）-URG 可以将列车管排大气，并将司机制动阀 RM 隔离，产生紧急制动作用。紧急制动隔离阀 RB（IS）Q（ECH）-URG 可以将紧急制动排空中继阀 Q（ECH）-URG 在故障的情况下进行隔离。紧急排风阀模块气动原理图，如图 7-9 所示。

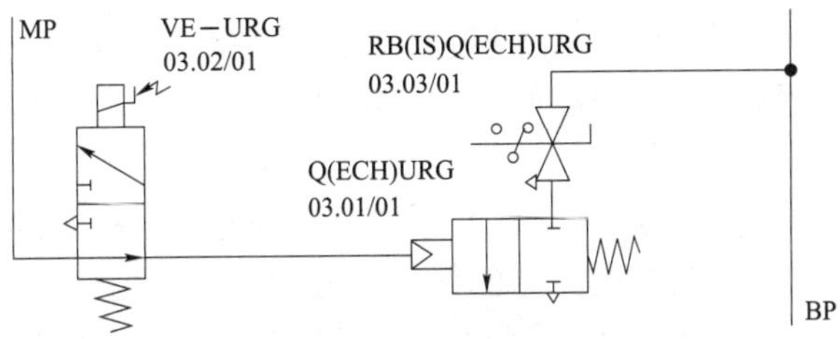

图 7-9　紧急排风阀模块气动原理图

紧急制动可以通过以下方式启动：

- 紧急制动按钮 BP（URG）。
- 自动控制手柄 MP-F。
- 安全设备。

7.2.3　转向架中继阀模块

该模块主要为两台转向架的制动装置由于列车管减压而产生的机车制动提供风源。转向架中继阀模块气动原理图，如图 7-10 所示。

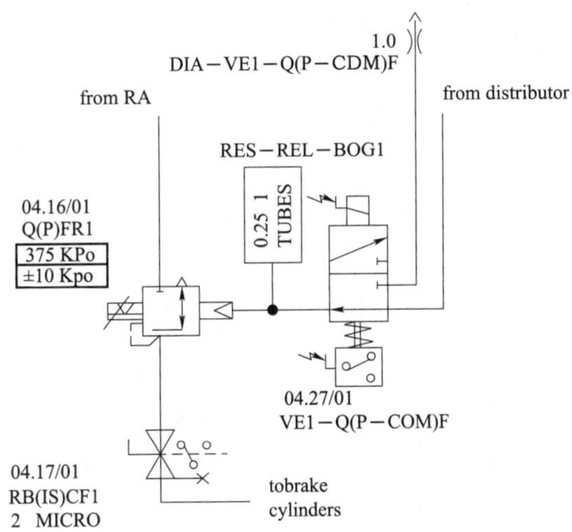

图 7-10　转向架中继阀模块气动原理图

Q（P）FR1/2 转向架中继阀直接接收来自分配阀的控制压力（经由空气制动/电制动转换电磁阀 VE-Q（P-COM）F1/2）。

中继阀的输出压力通过双向止回阀（VV1/2）传输到转向架制动缸，双向止回阀也接收来自直接制动装置的压力，两者取大值，制动缸压力为（375±10）kPa。

空气制动/电制动转换电磁阀 VE-Q（P-COM）F1/2 控制分配阀的输出压力，该阀的控制和监控由 MPU 电子装置完成。当该阀得电，空气制动被禁止，转向架中继阀的先导压力通过 DIA-VE1/2-Q（P-COM）F 节流阀的缩孔在 4～5 s 内排出。

7.2.4　分配阀组成

每节机车使用一套分配阀。该分配阀符合 UIC 标准的自动空气制动装置要求，并且必须对副风缸和停放在制动气路里的空气进行分配，这是对列车管安全制动的要求。

每台转向架模块有下列零部件：法维莱的 SW4 分配阀；可向副风缸 RA 充气的设备；分配阀截断塞门；停放制动排气阀；分配阀一次缓解功能。

1. SW4 分配阀

法维莱的 SW4 分配阀符合 UIC 540 标准。该分配阀通过 RB（IS）CP/CG 联动塞门可与总风管和列车管隔离，并受到两个过滤器的保护。分配阀的作用模式 M/V 转换杆（G 或 M=货车位，P 或 V=客车位）连接到一个微动开关，其触点能向制动控制单元 BCU 发送信息。

2. 辅助风缸及隔离设备

由总风管通过总风隔离阀过滤器 FI−RB（IS）CP 和总风隔离阀 FI−RB（IS）CP 持续地为副风缸供风。

副风缸的风供给分配阀、转向架中继阀、停放制动装置。

一套 PR（PRN）x 检测点可检测自动制动装置的几个压力（制动缸，列车管，先导压力，副风缸、控制风缸）。

3. 分配阀一次缓解模块

分配阀缓解有两种模式：阶段缓解和一次缓解。一次缓解模式原理图如图 7−11 所示。

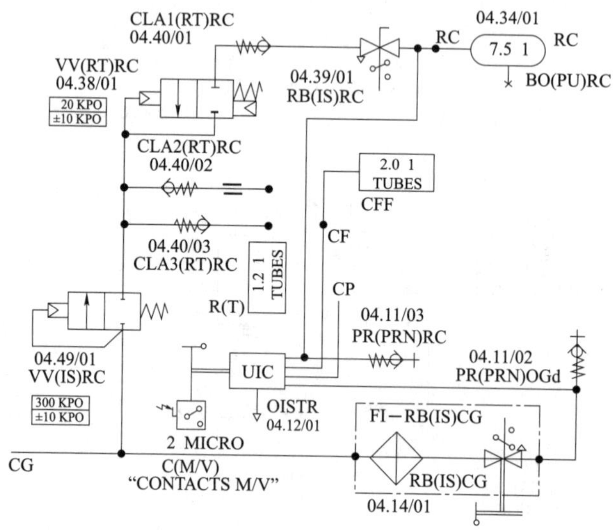

图 7−11　一次缓解模式原理图

通过能隔离该功能的控制风缸隔离塞门 RB（IS）RC 的电接点，向 BCU 提供缓解模式：

- 塞门关闭=阶段缓解；
- 塞门打开=一次缓解。

通过将制动控制器置于快速缓解（GD）位（一次缓解期间，BCU 不读取快速缓解位信号），以大流量实施一次缓解。一次缓解仅出现在列车管处于缓解状态、压力超过 300 kPa 时，控制风缸隔离阀 VV（IS）RC 气动阀确保该项功能。

在列车管路中的控制风缸 RC，通常由分配阀充气，当制动缓解被启动时，被快速排气。当 VV（RT）RC 气动阀检测到列车管和缓充风缸 R（T）的压差超过 20 kPa，控制风缸 RC 开始通过 VV（RT）RC 阀将其内部的压缩空气排入列车管。在这种方式下，分配阀能更快速地缓解机车制动。当制动缸完全缓解，列车管经分配阀开始向控制风缸 RC 充气。

7.2.5 制动控制单元

制动控制单元是控制司机制动阀的气动装置专门的电子单元，根据机车制动控制器的制动指令来操纵列车管。制动控制单元通过 FIP 总线连接，由机车通过网络进行控制。根据自动制动控制器手柄位置由时间决定的输入信号或来自 LOCOTROL 系统的制动指令，制动控制单元计算均衡风缸 RE 压力，然后通过控制闭环回路中的各阀以得到需求的控制均衡风缸 RE 压力。

1. BCU 上电

当 BCU 上电，而驾驶室没有激活时，所有电磁阀都不得电。由于安全电磁阀 VE（SEC）通大气使均衡风缸 RE 压力为 0 kPa。

启动司机制动阀，必须满足下列所有条件：LKJ 运器（CAB1 或 CAB2）=1；无紧急制动需求；非中立位；UM 模式禁止；安全电磁阀 VE（SEC）工作正常；总风压力高于：

- 如果列车管定压 500 kPa，则高于 600 kPa；
- 如果列车管定压 600 kPa，则高于 700 kPa。

BCU 将均衡风缸 RE 调整到：

- 如果使用阶段缓解，则为 300±5 kPa；
- 如果使用一次缓解，则为 0 kPa。

在上述条件下，驱动制动控制器来控制列车管。如果上述其中一个条件没有得到确认，则压力保持为零，不可能控制列车管。只能激活一个司机室。一旦两个司机室同时激活，则显示相关的故障代码。一旦司机室被锁闭，均衡风缸 RE 压力被设定为 0 kPa，BP 自动排气。

2. 均衡风缸操纵

通过 BCU 驱动 Eurotrol 的电磁阀起作用来控制均衡风缸。BCU 闭环控制原理图，如图 7-12 所示。

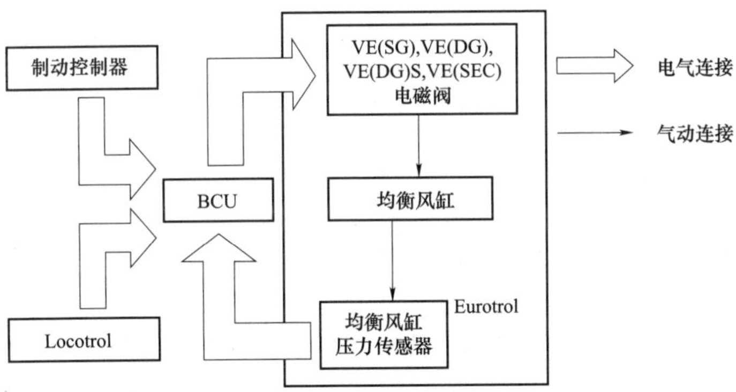

图 7-12 BCU 闭环控制原理图

均衡风缸定压的选择，通过 BCU 根据分配阀 M/V 转换杆的位置来控制：均衡风缸的定压等于（500±5）kPa 或者（600±5）kPa。通过分配阀 M/V 转换杆来选择定压：

- M（货车）位置=（500±5）kPa；
- V（客车）位置=（600±5）kPa。

BCU 接收到制动指令，通过 Eurotrol 的电磁阀将其转换成气动压力。压力传感器 CA（PRN）RE 读取均衡风缸内的压力，以模拟量信号的形式发送给 BCU。BCU 根据该信号，使制动和缓解阀得电或失电。

课后讨论与复习题

1. 简述司机制动阀的组成部分。
2. 简述紧急排风阀模块的气动原理。
3. 简述转向架中继阀模块的气动原理。

项目 8　法维莱 Eurotrol 制动系统的操作

项目导读

法维莱 Eurotrol 制动系统的操作包括两部分内容，制动系统作用原理和制动功能试验。制动系统作用原理主要包括控制关系，自动作用，单独作用，备份功能；制动功能试验主要包括制动系统试验，无动力回送操作，机车换端操纵，制动系统操作注意事项，等等。

思维导图：

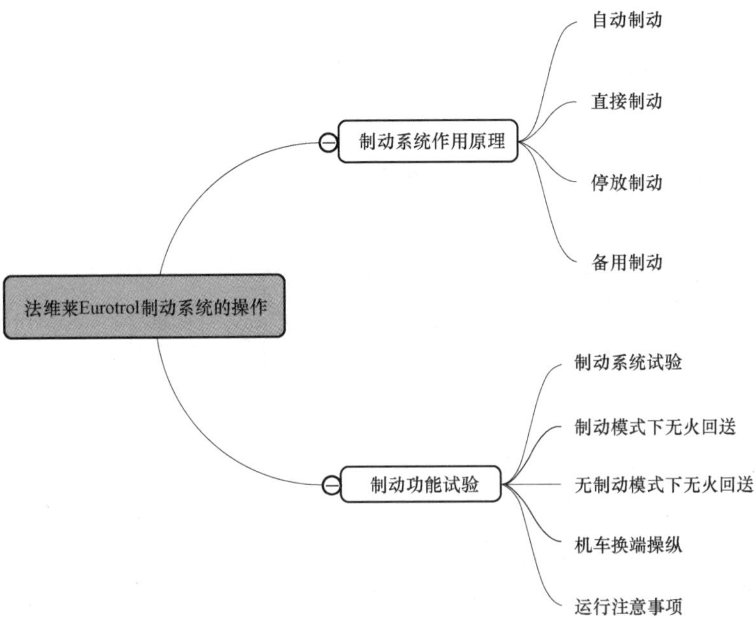

任务 8.1　制动系统作用原理

任务说明

制动系统作用原理主要包括自动制动作用原理、直接制动作用原理、停放制动作用原理。

任务目标

1. 了解自动制动作用原理；
2. 了解直接制动作用原理；
3. 了解停放制动作用原理。

内容讲解

8.1.1　自动制动

自动制动控制器的电气部件发出必要的信号通过制动控制单元（BCU）来控制均衡风缸的压力在一定的时间内变化。自动制动控制原理如图 8-1 所示。

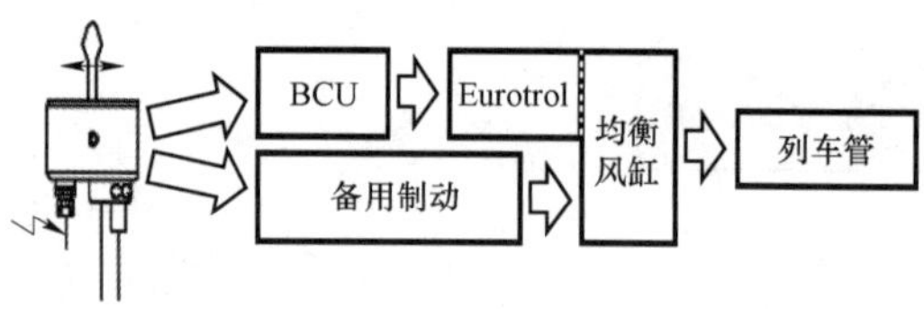

图 8-1　自动制动控制原理

1. 初制动

初制动，只有在列车管缓解状态，自动制动控制器给定一个 70 ms 制动脉冲电信号，通过制动电磁阀 VE（SG）和安全电磁阀 VE（SEC）的作用来实现。

初制动用时间和压力大小（BP=25 L 储气缸）来表示，这个过程的主要特征是：在 $T \leqslant 2$ s 的时间内，ΔP=（50±5）kPa。

该过程安全电磁阀 VE（SEC）先失电，300 ms 后制动电磁阀 VE（SG）得电。当均衡风缸压降达到 35 kPa 时，安全电磁阀 VE（SEC）再次得电，并且仅使用制动电磁阀 VE（SG）来完成初制动减压量。

即便该过程被缓解要求所中断，也能实现初制动作用。

只有 BP 压力在 450 kPa 和 550 kPa（定压为 500 kPa）或在 550 kPa 和 650 kPa（定压为 600 kPa）之间时，初制动才是可行的。

2. 制动

在初制动之后，可以利用由自动制动控制器所产生的 T＞70 ms 的制动脉冲来实现 ΔP=5 kPa 的制动级。

制动控制器手柄在制动位向 BCU 发送制动信号，使制动电磁阀 VE（SG）得电，均衡风缸 RE 压力根据制动控制器在制动位的停留时间成比例排大气，控制中继阀排掉列车管的压力。当达到所需减压量时，制动控制器置保压位，BCU 使制动电磁阀 VE（SG）失电，停止均衡风缸 RE 减压。

在常用全制动时，在 T=（6±1）s 内压力从定压（500 kPa）下降，ΔP=140 kPa。在常用全制动时，在 T=（7±1）s 内压力从定压（600 kPa）下降，ΔP=170 kPa。在常用全制动时，通过不到 10 s 的时间，将相当于列车管容积的 400 L 风缸内的压力减排至 120 kPa，来确定司机制动阀 DBV 的排气能力。

在制动作用期间，RE 最小压力如下。

- 如果定压是 500 kPa，RE 最小压力不低于 300 kPa；
- 如果定压是 600 kPa，RE 最小压力不低于 400 kPa。

3. 来自 BP 的制动指令

如果列车管压力 BP 持续超过 5 s 下降≥150 kPa，并且不是由均衡风缸 RE 压降引起的，则均衡风缸 RE 压力降到 0 kPa。当引起制动管压降的原因消失，没有制动缓解需求时，均衡风缸 RE 压力不应增加。

4. 来自 LKJ2000 系统的指令

通过驱动紧急制动电磁阀 VE-URG 或均衡风缸 RE 减压要求的制动作用，LKJ2000 安全装置能实施紧急制动。

当 BCU 从 LKJ2000 系统接收到制动指令，均衡风缸 RE 压力下降 110 kPa。LKJ2000 制动指令持续 6 s 而压降跟随司机制动阀 DBV 压力下降。制动命令被重复执行直到到达最大制动压力 300 kPa。

5. 缓解

如果控制风缸隔离阀 RB（IS）RC 置一次缓解位，则一次缓解被激活。通过将自动制动控制器置于快速缓解位（在一次缓解模式下，BCU 不读取快速缓解位信号），60 s 后以大流量完成一次缓解。

制动控制器手柄在快速缓解位向 BCU 发出快速缓解信号，使快速缓解电磁阀 VE（GD）阀得电（60±2）s，将均衡风缸 RE 压力充至定压，控制中继阀将总风充至列车管。当该模式激活缓解时，在相同容积的风缸上，按下列方法检查：

- 如果定压是 500 kPa：从 0 kPa 升至 480 kPa 的时间少于 9 s；
- 如果定压是 600 kPa：从 0 kPa 升至 580 kPa 的时间少于 11 s；
- 如果列车管压力设定为 500 kPa 或 600 kPa，当 MP 压力低于 600 kPa 或 700 kPa 时，不能操纵制动缓解。

6. 制动或缓解后的保压

当自动制动控制器置于缓解位或制动位时，BCU 从均衡风缸压力传感器 CA（PRN）RE 获得均衡风缸 RE 压力值，同时控制制动电磁阀 VE（SG）和缓解电磁阀 VE1（DG），以将列车管 BP 与均衡风缸 RE 压力维持在同一值。

7. 过充及其消除过程

在完全缓解且非中立或重联时，司机一经按下操纵台上的“过充”按钮，BCU 立即启动过充过程，均衡风缸的压力在 15～25 s 内ΔP=(40±5)kPa，根据选定的压力最大可达到 540 kPa 或者 640 kPa。操纵台上的“过充”指示灯在整个过充过程中保持打开（过充请求激活）。

过充期间，快速缓解电磁阀 VE（GD）保持失电状态。

如果在制动没有完全被缓解时（RE 压力＜再充气压力），发出过充请求，过充不会被启动，制动也不会被缓解。

由司机再次按动过充按钮，过充过程被中断，从而启动过充消除，指示灯关闭。过充压力由 540 kPa 到 500 kPa 或 640 kPa 到 600 kPa 的总消除时间范围为 160～200 s。

如果在过充过程中出现一个制动请求或紧急制动请求，过充将停止，并且信号灯关闭。所降低的压力与选定的定压 500 kPa 或 600 kPa 有关(例如初始制动时，BP 从最大压力 540 kPa 降到 450 kPa 而不是 490 kPa)。在下一次全缓解时将使列车管压力升至上一次的列车管压力值，并且如果过充请求仍然存在，正常过充自动再启动。

如果一个制动请求或紧急制动请求在过充消除过程中发生，过充消除将停止。所降低的压力与选择的定压 500 kPa 或 600 kPa 有关（例如初始制动时，BP 从最大压力 540 kPa 降到 450 kPa 而不是 490 kPa)，下一次全缓解时将使列车管压力升至上一次的列车管压力值。60 s 后，过充消除过程自动再启动。

如果在过冲过程中出现一个隔离请求，则过充立刻终止，压力值被设定为 500 kPa 或 600 kPa，并且过充指示灯关闭。如果过充指令仍然存在，当隔离指令消除时，过充过程重新开始。如果在过充消除过程中出现一个隔离请求，则消除过程立刻终止，压力值被设定为 500 kPa 或 600 kPa，并且过充指示灯关闭。

如果在过冲过程中出现一个中立请求，则过充立刻终止且消除过程启动。如果过充指令仍然存在，当中立命令消除时，过充过程从当前压力值重新开始。如果在过充消除过程中出现一个中立请求，则过充立刻终止且压力值保持在当前值。当中立指令消除时，中继阀使 BP 压力恢复到适当值，随着压力泄漏而降低，并从当前值重新开始过充消除。

8. 中立位

该功能用于实现列车管的密封性测试，以及在紧急制动期间避免不适当的列车管再充气。BCU 接收到中立电磁阀 VE（N）的状态（由机车控制单元控制），当该阀得电时，任何缓解都会被禁止，但仍然可以制动。当该阀失电时，均衡风缸 RE 压力控制列车管压力达到的相同值。2 个微动开关监控中立阀 VV（N)。第一个触点控制司机室的一个指示灯，第二个触点用于 BCU 诊断该功能（阀的状态和反馈信号之间的不一致)。一旦失效，将会显示专门的故障代码。

9. 紧急制动

操纵司机室的紧急制动设备（按钮或自动制动控制器紧急位）动作之后，列车管压力空气通过一个 25 mm 的大孔迅速排大气。另外，通过使安全电磁阀 VE（SEC）阀失电，300 ms 后制动电磁阀 VE（SG）得电，均衡风缸 RE 压力排至 0 kPa，从而中继阀使得列车管排大气。同时，中立电磁阀 VE（N）得电，阻止列车管再充气。

通过在 $T \leqslant 4$ s 时间内，使相当于列车管容积的 400 L 风缸排气后压力降低 $\Delta P \geqslant 150$ kPa，来测定每个单独执行装置的排气能力。在小于 3 s 时间内，使压力从定压排至 0 kPa，来测定 25 L 风缸的排气能力。

安全装置也能产生紧急制动。安全装置系统用电来控制紧急制动电磁阀 VE-URG，以便使 BP 通过紧急排风阀 Q（ECH）URG 排气。

10. 总风管 MP 压力过低

如果定压是 500 kPa，总风管压力 MP≤600 kPa；如果定压是 600 kPa，总风管压力 MP≤700 kPa。则制动缓解过程被抑制。

在一次缓解期间，如果定压是 500 kPa，总风管压力 MP≤550 kPa；如果定压是 600 kPa，总风管压力 MP≤650 kPa，则快速缓解电磁阀 VE（GD）失电，继续以小流量进行缓解。快速缓解电磁阀的作用时间（60 s）不再重新设定。

在一次缓解期间，如果定压是 500 kPa，总风管压力 MP＞600 kPa；如果定压是 600 kPa，总风管压力 MP＞700 kPa，则快速缓解电磁阀 VE（GD）再次得电，并维持阀的作用时间，重新开始大流量的快速缓解。

如果定压是 500 kPa，总风管压力 MP≤500 kPa；如果定压是 600 kPa，总风管压力 MP≤600 kPa。则 BCU 通过使均衡风缸 RE 压力降低（50±10）kPa，来产生制动作用。

8.1.2　直接制动

直接制动是一种直接向两个转向架制动缸供风的控制。主要用于机车单独驾驶时使用。直接制动的气动原理图如图 8-2 所示。

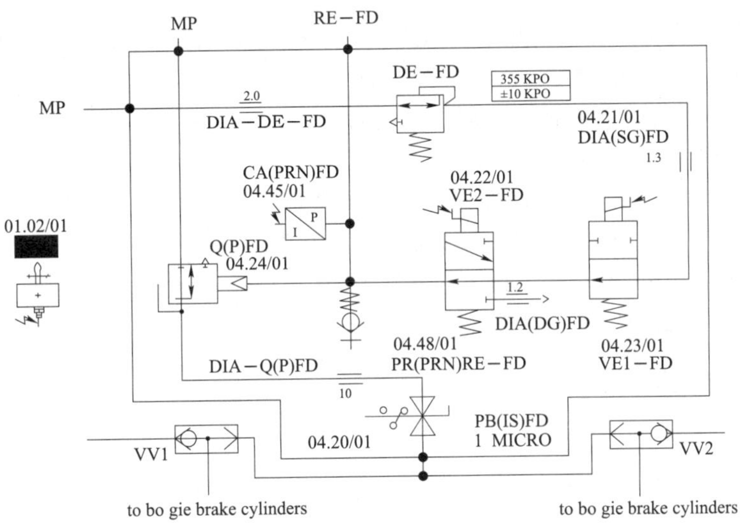

图 8-2　直接制动的气动原理图

直接制动电磁阀 VE1-FD 和 VE2-FD 由直接制动控制器（小闸）直接控制。在失电状态下，向制动缸提供最高压力。故障时，直接制动的输出可由直接制动隔离阀 RB（IS）FD 塞门进行隔离。

先导气路中的最大压力值被直接制动减压阀 DE-FD 限制在 325 kPa。

当直接制动控制器（小闸）移到制动位时，VE1-FD 和 VE2-FD 电磁阀均失电，直接制动中继阀 Q（P）FD 的先导室利用（355±10）kPa 的风源压力进行充气。因此，制动缸接收到同样的压力并实施制动。该方式为失电制动。

当直接制动控制器（小闸）移到缓解位时，VE2-FD 阀得电，通过 DIA（DG）FD 孔排出直接制动中继阀 Q（P）FD 先导室的压力，该方式下制动缸压力降低，制动装置缓解。

直接制动控制器（小闸）置于中立位时，可使制动缸保持一定压力，VE1-FD 阀得电，VE2-FD 阀失电。因此，直接制动中继阀 Q（P）FD 先导室的压力保持为定值。

由于有 VV1/2 双向止回阀，直接制动和自动制动装置不会相互干扰，两者取大值。在遥控机车上，直接制动装置由 BCU 根据 LOCOTROL 系统的要求进行控制。

8.1.3 停放制动

弹簧停放制动的施加和缓解由副风缸压力控制。

机车停车时，通过列车管排气来实施自动空气制动。制动缸内的压力在分配阀的控制下由副风缸供风。

经过长时间的停放后，副风缸的压力也许会因为泄漏而降低。此情况下弹簧制动逐步起作用以保证制动作用。一旦副风缸内的压力以低于 250 kPa/min 的速度降至 300 kPa 以下，停放制动开始起作用；如果停放制动装置充气通路中的压降速度高于 100 kPa/s，停放制动不会起作用。

此外，通过停放制动隔离阀 RB（IS）FS1/2 塞门或 RB（PU）RA1/2 副风缸上的排水阀来排空停放制动装置，会使停放制动装置失去作用。

8.1.4 备用制动

如果 A 端制动系统出现重大故障（BCU 或 Eurotrol 问题），转由 B 端制动装置进行制动控制。司机的操纵界面仍维持在 A 端的操纵台上。

以下情况之一出现时就要转入备用制动模式：

① 安全电磁阀 VE（SEC）失效；

② 缓解电磁阀 VE（DG）和 VE（DG）S 两者都失效；

③ 制动电磁阀 VE（SG）和 VE（SEC）两者都失效；

④ 中立电磁阀 VE（N）在遮断状态下被锁闭；

⑤ BCU 上的主要硬件出现问题。

课后讨论与复习题

1. 简述自动制动作用原理。
2. 简述直接制动作用原理。
3. 简述停放制动作用原理。

任务 8.2 制动功能试验

任务说明

制动功能试验主要包括制动系统试验，无火回送操作，机车换端操纵，操作注意事项，等等。

任务目标

1. 掌握制动系统试验；
2. 掌握无火回送操作；
3. 掌握机车换端操纵；
4. 掌握制动系统操作注意事项。

内容讲解

8.2.1　制动系统试验

确认抑制自动制动缓解开关 Z（N）置于下方位，抑制自动制动缓解指示灯 LS（N）蓝灯灭。

（1）自动制动手柄（大闸）置快速缓解位，将总风、列车管充至定压；小闸置于制动位，制动缸压力 300 kPa。

（2）泄漏测试（在辅助显示屏菜单依次按下下列按钮）：

“制动” | “泄漏测试” |抑制自动制动缓解开关 Z（N）置于上方位，确认抑制自动制动缓解指示灯 LS（N）蓝灯亮|开始泄漏试验（60 s 后，可显示总风管 CP、列车管 CG 泄漏量，列车管泄漏量不大于 10 kPa/min）|均衡风缸 RE 泄漏试验|抑制自动制动缓解开关 Z（N）置于下方位，确认抑制自动制动缓解指示灯 LS（N）蓝灯灭|开始泄漏试验（60 s 后，可显示均衡风缸 RE 泄漏量，其泄漏量不大于 5 kPa/min）|结束。

（3）直接制动手柄（小闸）置缓解位，制动缸压力缓解至 0 kPa，直接制动手柄（小闸）置保持位。

（4）自动制动手柄（大闸）置紧急制动位，主断断开。列车管从定压降至 0 kPa 的时间不大于 3 s，制动缸压力从 0 kPa 至 380 kPa 的时间不大于 5 s，小闸置于缓解位，制动缸压力保持不变；保持 65 s 后，闭合主断，进行缓解。

（5）自动制动手柄向后拉到快速缓解位，列车管压力从 0 kPa 升至 580 kPa 的时间不超过 11 s，充风至 600 kPa；制动缸压力从 380 kPa 降至 40 kPa 的时间不超过 7 s，缓解至 0 kPa。

（6）直接制动手柄（小闸）置制动位，制动缸压力从 0 kPa 至 280 kPa 的时间不大于 3 s，最终为 300 kPa；保持位时压力不变，回缓解位，制动缸压力从 300 kPa 至 40 kPa 的时间不大于 5 s，缓解至 0 kPa。

（7）自动制动手柄（大闸）置制动位，均衡风缸 RE 最大有效减压量 170 kPa 的时间为 6～8 s，制动缸压力从 0 kPa 升至 380 kPa 的时间为 6～8 s；自动制动手柄（大闸）拉至快速缓解位，列车管充风至 600 kPa，制动缸压力缓解至 0 kPa。

（8）过充试验。按下过充发光按钮 BPL-SUR，确认过充指示灯黄灯亮，均衡风缸的压力在 15～25 s 内 $\Delta P=$（40±5）kPa；再次按动过充按钮，确认过充指示灯黄灯灭，过充压力消除时间为 160～200 s。

（9）自动制动手柄（大闸）置制动位，均衡风缸 RE 初制动减压（50±5 ）kPa 的时间在 $\Delta T\leqslant 2$ s 的范围内；追加减压至最大减压量，均衡风缸减压至 400 kPa 停止，制动缸压力为 380 kPa；自动制动手柄（大闸）拉至快速缓解位，列车管充风至 600 kPa，制动缸压力缓解至 0 kPa。

（10）备用制动试验。使用紧急制动，将操纵端制动柜的备用制动阀 RB-FSE 塞门置“切除”位，进行快速缓解及制动、缓解及过充、紧急制动。

8.2.2　制动模式下无火回送

（1）将车上系统柜蓄电池隔离开关 Z-BA 置左侧隔离（见图 8-3），断开车下蓄电池闸刀 H-BA（见图 8-4）。

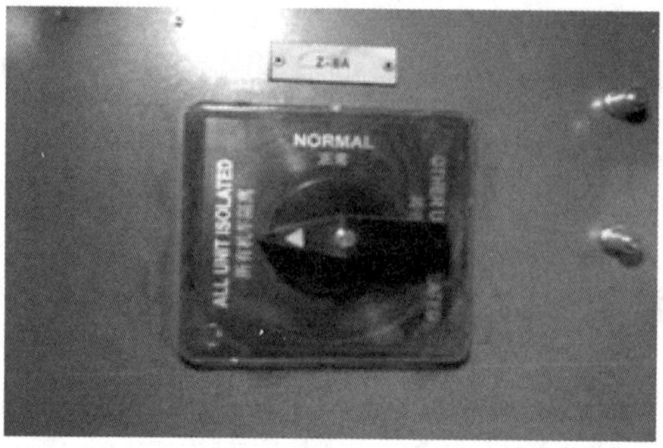

图 8-3　蓄电池隔离开关 Z-BA

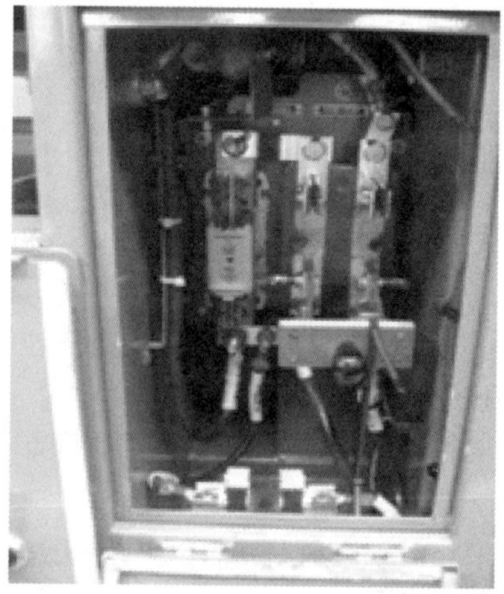

图 8-4　蓄电池闸刀 H-BA

（2）通过直接制动隔离阀 RB（IS）FD，直接制动隔离（见图 8-5）。

（3）使用紧急制动隔离阀 RB（IS）Q（ECH）URG，将紧急制动阀切除（见图 8-6）。

（4）将无火塞门 RB-MV 置“无火”位（见图 8-6）。

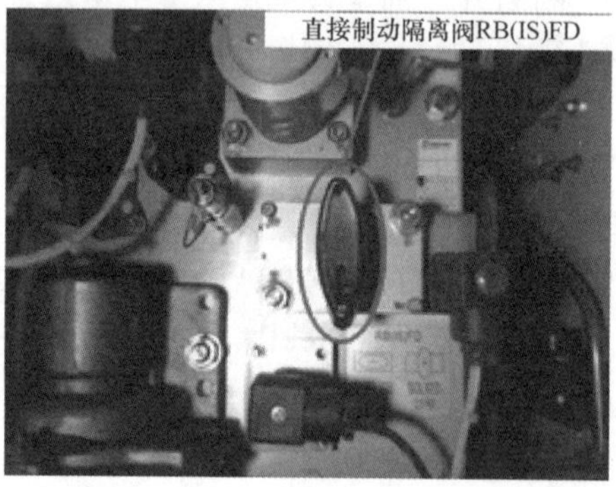

图 8-5　直接制动隔离阀 RB（IS）FD

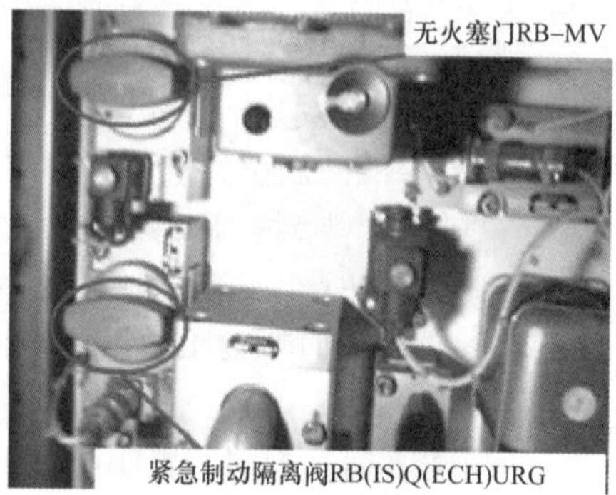

图 8-6　紧急制动隔离阀

（5）检查闸瓦间隙，如果停车制动已用，用停车制动缓解拉环来缓解停车制动（见图 8-7）。每个转向架配 1 个停车制动缓解拉环，共 4 个。

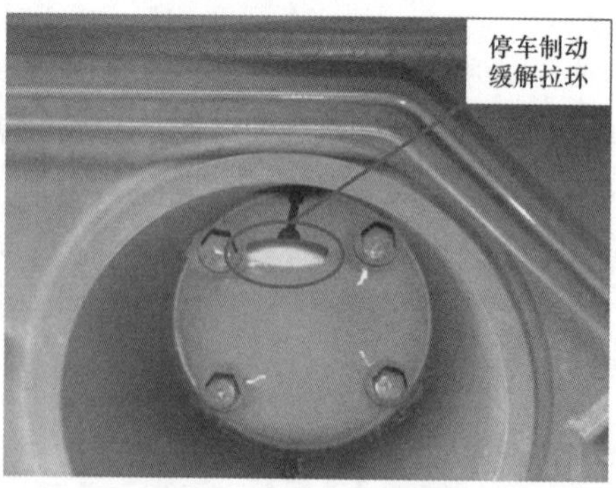

图 8-7　停车制动缓解拉环

（6）开放总风折角塞门排空总风后关闭，连接列车管，确认机车制动缓解作用良好。

8.2.3 无制动模式下无火回送

（1）将车上蓄电池隔离开关 Z-BA 置左侧隔离位，断开车下蓄电池闸刀 H-BA。

（2）通过接地开关 HOM 和通用柜 BVR 操作，将机车接地。

（3）将制动柜上的隔离阀 RB（IS）CG-CP 置于隔离位。

（4）打开辅助风缸 RB（PU）RA1 和 2，排空辅助风缸压力。

（5）使用分配阀上的红色 DIST（UIC）手柄，排空分配阀内的压力空气。

（6）将无火塞门 RB-MV 置“无火”位。

（7）使用紧急制动隔离阀 RB（IS）Q（ECH）URG 将紧急制动阀切除。

（8）通过直接制动隔离阀 RB（IS）FD，隔离直接制动。

（9）开放总风折角塞门排空总风，连接列车管。

（10）确认机车缓解，机车单独停放注意采取防溜措施。

8.2.4 机车换端操纵

（1）换端时小闸制动保持 300 kPa，主断置“分”位，降下受电弓，方向选择“零位”，断开电钥匙开关 Z（MES），机车产生紧急制动。

（2）换端后，闭合电钥匙开关 Z（MES），升弓合主断，列车管压力自动上升至 300 kPa，将自动制动手柄拉至快速缓解位，先缓慢给牵引力，无异常后缓解直接制动。

（3）因速度为零时无再生制动，所以动车速度力 5 km/h 时就必须试验再生制动，不良则严禁出库。动车之前必须确认铁鞋取出。

8.2.5 运行注意事项

（1）显示屏运行中无法进行故障的隔离与恢复，只可查询故障；进行速度设定、查看各轴牵引力及电制动力；机车重量的输入。

（2）当运行中某一轴被隔离时，使用空电联合制动，该轴无再生制动；当使用空气制动时，该轴进行空气制动补偿，司机可按单缓按钮缓解该轴空气制动（按一次 4 s 内机车缓解，再按一次制动恢复）。

（3）使用自动制动手柄缓解时，必须将手柄拉至快速缓解位，否则无法实现一次缓解。使用自动制动手柄制动停车时，必须将抑制自动制动缓解开关 Z（N）置于上方位，确认抑制自动制动缓解指示灯 LS（N）蓝灯亮，防止列车溜逸；缓解列车制动前，必须将抑制自动制动缓解开关 Z（N）置于下方位，确认抑制自动制动缓解指示灯 LS（N）蓝灯灭，方可缓解。

（4）当司机操纵台上的主断或受电弓扳钮故障时，可使用辅屏上的备用升弓或合主断模式。使用紧急制动后保持 65 s 缓解；使用放风按钮后，必须等停车后恢复，否则列车管自动缓解至 300 kPa；使用电动紧急按钮及自动制动手柄置紧急位后，断主断，必须等停车后方可闭合主断，否则列车管自动缓解至 300 kPa。

（5）机车下部每个闸缸后有一螺母用于调整闸瓦间隙，可用专用扳手顺时针旋转螺母，将间隙调大，逆时针旋转螺母，将间隙调小。

（6）列车管减压产生的空气制动，只能由缓解列车管来缓解制动缸压力，小闸缓解位只能单缓小闸产生的压力。共同使用时 MPU 确认二者中较大值。机车在雨雪雾霜轨面黏着不好的条件下，要适当撒砂，防止发生滑行和空转。发生空转时，千万不要来回拉动手柄，应适当点动撒砂，以便增加机车的黏着力。

（7）如果是在机车停车后再次起动，起动前应在各轮下及前方轨面上进行撒砂，以增加黏着力。

课后讨论与复习题

1. 简述制动模式下无火回送操作。
2. 简述机车换端操纵。
3. 简述制动系统操作注意事项。

项目 9　法维莱 Eurotrol 制动系统的故障处理

项目导读

司机室显示模块的显示故障可分为三类，一为主要故障，二为次要故障，三为一般故障。CPU 故障时显示信息为 89××（一个或多个故障出现），××指明错误类型（83=主要故障；84=中级故障；87=次要故障）。运行途中故障主要包括：司机制动阀故障，备用制动故障，紧急阀故障，等等。

思维导图：

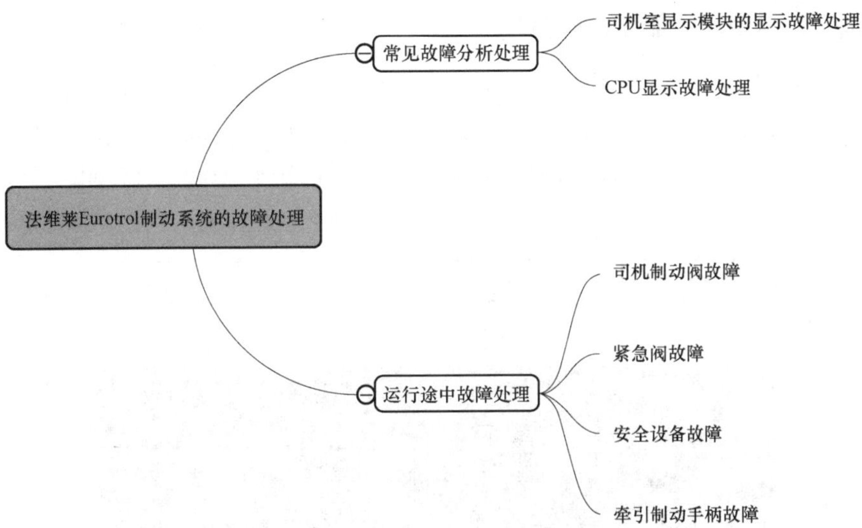

任务 9.1　常见故障分析处理

任务说明

通过对常见故障的认知学习，掌握常见故障的分类和处理方法，主要包括司机室显示模块的显示故障处理和 CPU 显示故障处理。

任务目标

1. 掌握常见故障的分类；
2. 掌握常见故障的处理方法。

内容讲解

9.1.1　司机室显示模块的显示故障处理

故障分三类，一为主要故障，此时机车引发制动停车，司机必须操作解除故障。二为次要故障，司机可维持运行，待停车后按显示屏要求进行操作。三为一般故障，不影响运行，只能待回段后由检修人员用笔记本电脑读取后处理。司机显示屏故障信息如图 9–1 所示。

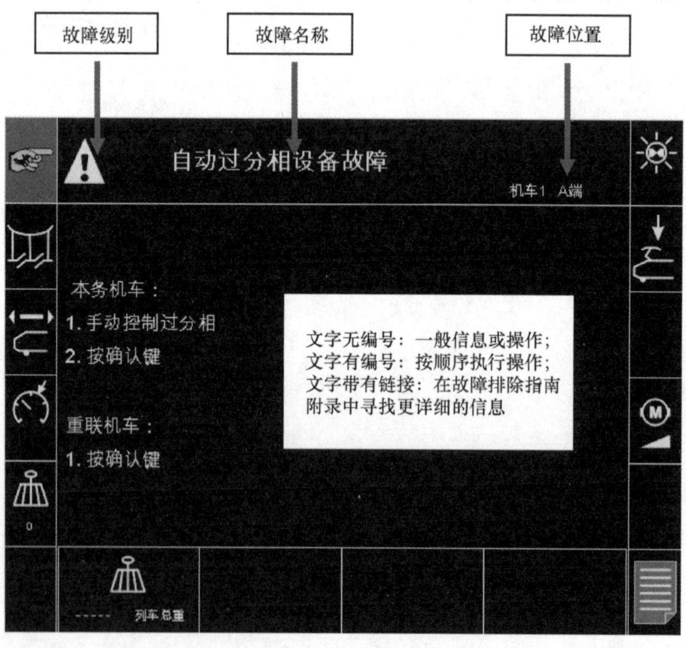

图 9–1　司机显示屏故障信息

（1）司机显示屏主要故障信息如图 9–2 所示。

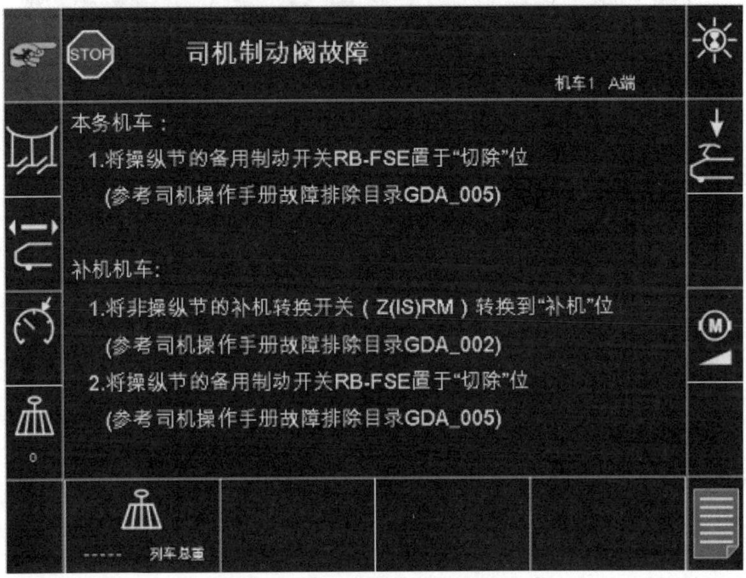

图 9–2　司机显示屏主要故障信息

（2）司机显示屏次要故障信息如图 9–3 所示。

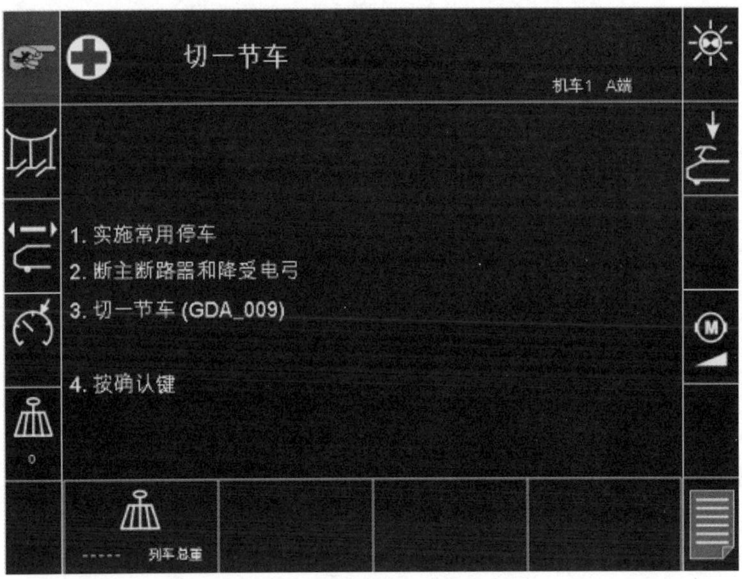

图 9–3　司机显示屏次要故障信息

（3）司机显示屏一般故障信息如图 9–4 所示。

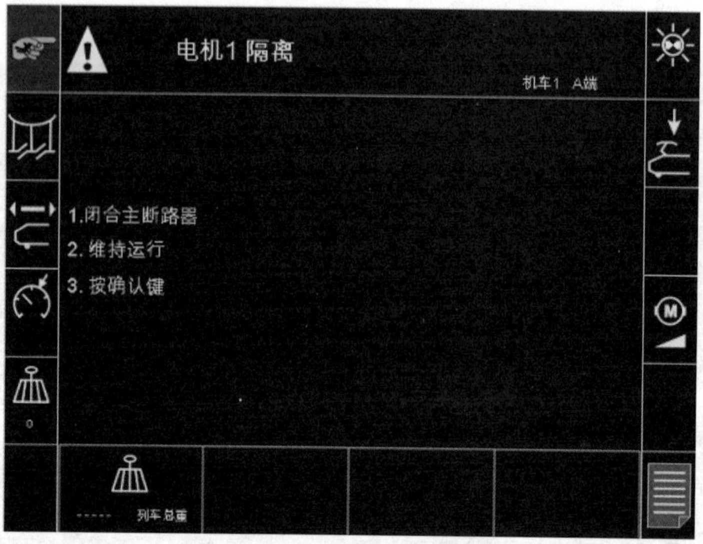

图 9-4　司机显示屏一般故障信息

9.1.2　CPU 显示管理

CPU 显示允许用户进入 CPU 内部信息区，从而执行特殊操作，例如软件版本的更新、错误代码的重置和压力传感器的设置。此功能只有 BCU 在调试状态下才能进行。CPU 按钮如图 9-5 所示。

图 9-5　CPU 按钮

正常状态下显示信息为 9999（无故障出现）；故障时显示信息为 89××（一个或多个故障出现），××指明错误类型（83=主要故障；84=中级故障；87=次要故障）。故障代码分为三类，描述如下：

1. 类型 83

在运行期间向驾驶员发送故障处理信息（该信息在 CPU 显示器上显示为 8983）的主要故障代码（DM）为类型 83；故障代码类型 83 与 B_BCUDF 信息有关。这个故障代码要求驾驶员将系统切换到备用模式。故障代码类型 83、时间、日期（由 MP 发来的 FIP 值）一起存储于 BCU 内存中。这些故障能够通过对 Eurotrol 先导室 RE 完全排气引起制动。它们通过 FIP 网被送到 MPU。

2. 类型 84

在运行结束时向驾驶员发送故障处理信息（该信息在 CPU 显示器上显示为 8984）的主要故障补充代码（DMC）为类型 84；故障代码类型 84 与 B_BCU 信息有关。这个故障代码不要求驾驶员进行任何操作，仅请求在运行结束时进行维护方面的干预。故障代码类型 84、时间、日期（由 MP 发来的 FIP 值）一起存储于 BCU 内存中。它们通过 FIP 网被送到 MPU。

3. 类型 87

类型 87 是仅用于维护的低级故障代码（该信息在 CPU 显示器上显示为 8987）。故障代码类型 87、时间、日期（由 MP 发来的 FIP 值）一起存储于 BCU 内存中。它们通过 FIP 网被送到 MPU。表 9-1 为错误代码列表。

表 9-1　错误代码列表

序号	描述	FIP 名	类型
01	BCU 启动错误	DA_01BCUF	83
02	CA（PRN）CPF 故障	DA_02CACP	84
03	CA（PRN）RE 主故障	DA_03CARE	83
04	CA（PRN）CG 故障	DA_04CACG	84
09	过充灯短路故障	DA_09LSCC	83
10	过充灯开路故障	DA_10LSCO	83
11	VE2（DG）阀短路故障	DA_11DG2C	83
12	VE2（DG）阀开路故障	DA_12DG2O	84
13	VE（SEC）阀短路故障	DA_13ESCC	83
14	VE（SEC）阀开路故障	DA_14ESCO	83
16	VE（SG）阀短路故障	DA_16SGCC	84
17	制动作用阀 VE（SG）被切断	DA_17SGCO	84
19	VE1（DG）阀短路故障	DA_19DGCC	84
20	VE1（DG）阀开路故障	DA_20DGCO	84
25	快速缓解阀 VE（GD）短路故障	DA_25GDCC	84
26	快速缓解阀 VE（GD）开路故障	DA_26GDCO	84
27	两驾驶室同时有效	DA_27CABS	83
32	Eurotrol 阀电源错误	DA_32ALRM	83
33	VE（GD）和 VV（GD）状态不一致（阀处于小流量状态）	DA_33DVPD	84
34	VE（GD）和 VV（GD）状态不一致（阀处于大流量状态）	DA_34DVGD	83
35	制动缓解阀状态错误	DA_35D2DG	83
40	VE（N）和 VV（N）状态不一致（非中立位）	DA_40DNRM	84
41	VE（N）和 VV（N）状态不一致（中立位）	DA_41NRM	83
42	遮断阀 VE（IS）RM 开路故障	DA_42ISCO	84

续表

序号	描述	FIP 名	类型
43	VE（IS）RM 和 VV（IS）RM 状态不一致（非隔离状态）	DA_43DIS	83
44	VE（IS）RM 和 VV（IS）RM 状态不一致（隔离状态）	DA_44DISI	83
47	遮断阀 VE（IS）RM 短路故障	DA_47ISCC	84
48	VE1–FD 阀短路故障	DA_48FD1C	84
49	VE1–FD 阀开路故障	DA_49FD1O	84
50	VE2–FD 阀短路故障	DA_50FD2C	84
51	VE2–FD 阀开路故障	DA_51FD2O	84
52	CA（PRN）FD 故障	DA_52CAFD	84
53	CA（PRN）DEB 故障	DA_53CAFM	84
54	RS 422 故障	DA_54RS422	83

课后讨论与复习题

1. 简述司机室显示模块显示故障的分类。
2. 简述 CPU 显示屏显示故障的分类。
3. 根据 CPU 故障代码说明故障部件。

任务 9.2　运行途中故障处理

任务说明

通过对运行途中故障的认知学习，掌握运行途中故障的处理方法。

任务目标

掌握运行途中故障的处理方法。

内容讲解

1. 司机制动阀故障

（1）本务机车。将操纵节的备用制动开关 RB–FSE 置于“切除”位（参考司机操作手册故障排除目录 GDA_005）。

（2）补机机车。① 将非操纵节的司机制动阀隔离开关［Z（IS）RM］转换到“补机”位（参考司机操作手册故障排除目录 GDA_002）。② 将操纵节的备用制动开关 RB–FSE 置于“切除”位（参考司机操作手册故障排除目录 GDA_005）。

2. 备用制动故障

（1）本务机车。① 请求救援。② 将本务机车转“无火”状态（参考司机操作手册故障排除目录 GDA_006）。

（2）补机机车。将补机机车转“无火”状态（参考司机操作手册故障排除目录 GDA_006）。

3. 紧急阀故障

（1）重新闭合紧急继电器电路断路器 CC-Q-URG。如果失败，将紧急制动隔离阀 RB（IS）Q（ECH）URG 置于“切除”位，维持运行。

（2）如需紧急制动，可以使用紧急制动按钮 BP-URG。

4. LKJ 引起紧急制动

（1）遵守 LKJ 说明。

（2）按确认键。

5. VACMA 继电器故障

（1）将无人警惕隔离开关 Z-VA 置于隔离位，则通过 VACMA 控制的紧急制动失效。

（2）执行运营规章。

6. LOCOTROL 引起紧急制动

（1）遵守 LOCOTROL 说明。

（2）执行运营规章。

7. 安全设备故障

（1）重新闭合信号柜，投入电流断路器 CC（MES）EQS1。

（2）如果失败，使用备用无线电（GDA_001），请求帮助。

8. LOCOTROL 系统供电保护故障

（1）重新闭合信号柜，投入电流断路器 CC（MES）EQS2。

（2）如果失败，执行运营规章（将 Locotrol 开关 Z-LOCO 转换正常位）。

9. 补机自动制动隔离阀故障

（1）将非操纵节置于补机位（GDA_002）。

（2）使用备用制动（GDA_005）。

10. 补机备用制动隔离阀故障

（1）本务机车：① 请求救援；② 将本务机车两节车转“无火”状态（参考司机操作手册故障排除目录 GDA_006）；③ 按“确认”键。

（2）补机机车：① 将补机机车两节车转“无火”状态（参考司机操作手册故障排除目录 GDA_006）；② 按“确认”键。

11. 绝缘阀故障

（1）维持运行。

（2）按“确认”键。

12. 切一节车（GDA_009）

（1）在故障单元内将牵引隔离开关 Z（IS）LOC 置于隔离位。

（2）在从控单元打开高压隔离开关 H（HT）（GDA_003）。

13. LOCOTROL 系统继电器保护故障

（1）重新闭合 LOCOTROL 断路器 CC-LOCO。

（2）如无效，执行运营规章（将 Locotrol 开关 Z-LOCO 转换正常位）。

14. 辅助变流柜隔离

（1）断开主断路器并等待 1 min 以上。

（2）闭合主断路器并等待 1 min 以上。

（3）如果无效，实施常用停车，断主断路器和降受电弓，切一节车（GDA_009），维持运行。

15. 带电重联

要求网络初始化。

（1）断开操纵节司机室启动钥匙开关 Z（MES），然后重新启动。

（2）断开蓄电池 BP（A）BA，然后重新启动蓄电池 BPL-BA。

16. 转向架 1 不缓解

（1）按过充按钮。

（2）如果无效，实施常用停车，隔离转向架制动（GDA_010），检查缓解，按“确认”键。

17. 转向架 2 不缓解

（1）按“过充”按钮。

（2）如果无效，实施常用停车，隔离转向架制动（GDA_010），检查缓解，按“确认”键。

18. 均衡缸调节感应器故障

（1）实施常用停车。

（2）使用备用制动（GDA_005）。

19. 备用制动均衡缸调节感应器故障

（1）如果列车管充风正常，维持运行，按“确认”键。

（2）如果列车管压力降到 0 kPa，请求救援，按“确认”键。

20. MPU 与制动控制单元通信故障

制动—缓解控制保持可用，BCU 故障代码不再可用，均衡风缸（RE）值不再显示。

（1）通过压力计观察列车管压力。

（2）选择停车点，确认故障。

21. 备用模式下 MPU 与制动控制单元通信故障

（1）确认列车管的风表压力显示正常。

（2）维持运行，按“确认”键。

22. 自动制动缓解控制故障

（1）实施常用停车。

（2）使用备用制动（GDA_005）。

23. 备用制动缓解控制故障

（1）实施常用停车。

（2）请求救援，按“确认”键。

24. 快速缓解故障

（1）实施常用停车。

（2）使用备用制动（GDA_005）。

25. 备用制动快速缓解故障

（1）维持运行。

（2）按“确认”键。

26. 充风遮断阀故障

（1）实施常用停车。

（2）使用备用制动（GDA_005）。

27. 备用模式下充风遮断阀故障

（1）实施常用停车。

（2）请求救援，按“确认”键。

28. 自动制动隔离阀故障

（1）使用紧急制动停车。

（2）使用备用制动（GDA_005）。

29. 备用自动制动隔离阀故障

（1）使用紧急制动停车。

（2）请求救援，按“确认”键。

30. 非操纵节制动控制故障

（1）维持运行。

（2）按“确认”键。

31. 备用模式下快速缓解故障

（1）维持运行。

（2）按“确认”键。

32. 分相或绝缘故障

（1）维持运行。

（2）按“确认”键。

33. 蓄电池充电机故障

（1）断开主断路器并等待 1 min 以上，闭合主断路器并等待 1 min 以上。

（2）如果无效，维持运行至前方站停车，请求救援，按“确认”键。

34. 2 个蓄电池电压不足

（1）实施常用停车。

（2）请求救援，按“确认”键。

35. 转向架 1 停车制动故障

（1）实施常用停车。

（2）隔离转向架 1 空气制动（GDA_010）。

（3）检查转向架 1 闸瓦缓解状态，如果闸瓦不缓解，使用转向架 1 拉环缓解停车制动（GDA_008）。

（4）检查闸瓦是否已经缓解，恢复转向架 1 的塞门 RB（IS）CF1 和 RB（IS）FD。

（5）如果闸瓦仍然不缓解，请求救援，按“确认”键。

36. 转向架 2 停车制动故障

（1）实施常用停车。

（2）隔离转向架 2 空气制动（GDA_010）。

（3）检查转向架 2 闸瓦缓解状态，如果闸瓦不缓解，使用转向架 1 拉环缓解停车制动（GDA_008）。

（4）检查闸瓦是否已经缓解，恢复转向架 2 的塞门 RB（IS）CF2 和 RB（IS）FD。

（5）如果闸瓦仍然不缓解，请求救援，按“确认”键。

37. 牵引制动手柄故障

自动制动手柄仍然可以操作。

（1）实施常用停车。

（2）请求救援，按“确认”键。

38. 主司机显示屏故障

（1）将司机室显示模块隔离开关 Z-IS-CONS 转至副屏。

（2）按“确认”键。

39. 副司机显示屏故障

（1）将司机室显示模块隔离开关 Z-IS-CONS 转至主屏。

（2）按“确认”键。

40. 制动监视故障

（1）重新闭合紧急指示控制断路器 CC-VYURG。

（2）如果无效，将停车制动隔离开关 RB（IS）FS1/2 置于隔离位，按“确认”键。

41. 紧急继电器故障

（1）将紧急制动隔离开关 Z-URG 置于隔离位。

（2）如需紧急制动，可以使用紧急制动按钮 BP-URG。

42. 紧急隔离 RB（IS）Q（ECH）URG 处于隔离位

（1）如需紧急制动，可以使用紧急制动按钮 BP-URG。

（2）维持运行，按“确认”键。

43. LKJ 紧急制动隔离

（1）维持运行。

（2）按“确认”键。

44. 紧急阀故障（DM_CC1URG）

（1）当故障发生时，按左侧第一个按键（读取故障按钮）确认故障，看一下故障显示是否消除。

（2）如果未产生紧急停车，继续运行。如果产生紧急停车，则确认系统柜上紧急继电器电路断路器 CC-Q-URG 电源开关是否闭合，可重新断合。

（3）如果无效（仍无法正常回风或回风后制动柜有排风声且总风持续下降），则将制动柜上的紧急制动隔离阀 RB（IS）Q（ECH）URG 置于切除位。

（4）如果要采取紧急措施，则可使用紧急制动按钮 BP-URG，不得用大闸紧急和按电动的紧急开关，以免断钩。

45. 转向架不缓解（DM_NDB01）

（1）当故障发生时，按左侧第一个按键（读取故障按钮）确认故障，看故障显示消除。

（2）按压“单缓”按钮，看故障能否消除。

（3）如果不消除，应实施常用停车，隔离转向架制动（GDA-010）。

（4）常用制动后将转向架的闸缸塞门关闭，下车检查转向架的闸瓦间隙是否释放到位，没有完全释放到位的需要拉转向架的拉环，从而释放停放制动（GDA-008）。

（5）如果关闭转向架的塞门 RB（IS）CF1/2 和 RB（IS）FD 后，闸瓦仍不缓解，则应请求救援。

46. 牵引制动手柄故障（DM_PMP）

（1）当故障发生时，按左侧第一个按键（读取故障按钮）确认故障，看一下故障显示是否消除。

（2）此时自动制动手柄还可用，司机应立即采取常用停车措施，将系统柜上的 6-线路 1/线路 2 测试转换开关放在 1 位或 2 位，重新起动机车（列车会起非常），看故障能否消除。

47. LOCOTROL 引起紧急制动（DM_URGLOC）

（1）当故障发生时，按左侧第一个按键（读取故障按钮）确认故障，看故障显示消除。

（2）首先确认系统柜上的 LOCOTROL 系统的电源断路器 CC−LCDM 是否跳出，如果未跳出，可重新断合一次该开关。

（3）检查 LOCOTROL 系统的显示器上是否有流量显示，并及时查看总风、列车管、均衡风缸的压力值，有不正常的要及时调整到定压。

（4）在 LOCOTROL 系统的显示器上重新进行自检，完成 LOCOTROL 系统各模块的自检。

（5）如果故障仍不消除，则退出 DP 及 LOCOTROL 系统操纵，回到机车的正常操纵上，按大组合或分解继续行车，回段后处理。

48. 司机制动阀故障（DM_FRAUTO_1）

（1）当故障发生时，按左侧第一个按键（读取故障按钮）确认故障，看故障显示消除。

（2）如果故障仍不消除，操纵节转备用制动模式，大闸非常后（大闸紧急制动后），操纵节的备用制动开关 RB−FSE 转到投入状态。

（3）将操纵节系统柜上的 BCU 电源开关 CC−BCU 断路器重新断合一次，如果故障仍不消除，则再断合蓄电池电源开关，让系统重新自检。

49. MPU 与制动控制单元通信故障（DM_REGRM_3）

（1）当故障发生时，按左侧第一个按键（读取故障按钮）确认故障，看故障显示消除。

（2）实施常用停车后确认系统柜上的主处理单元 MPU1/2 的电源断路器 CC−MPU1、CC−MPU2 是否跳出，或重新断合一下该开关。

（3）如果故障消除不了，转备用制动模式维持运行。

（4）如果故障不消除，可断合蓄电池电源开关，让系统重新自检来消除故障。

50. 自动制动缓解控制故障（DM_REGRM_5）

（1）当故障发生时，按左侧第一个按键（读取故障按钮）确认故障，看故障显示消除。

（2）实施常用停车后人为按司机台上的单独缓解按钮，看一看机车的闸缸压力能否缓解。

（3）确认系统柜上的制动控制单元断路器 CC−BCU、自动制动断路器 CC−F（AU）是否跳出，或重新断合一下该开关。

（4）如果故障消除不了，转备用制动模式（GDA−005）维持运行。

（5）如果故障不消除，可断合蓄电池电源开关，让系统重新自检来消除故障。

课后讨论与复习题

1. 简述司机制动阀故障处理方法。
2. 简述备用制动故障处理方法。
3. 简述紧急阀故障处理方法。

模块 4

DK-2 型制动系统

【模块导读】

机车制动系统主要包括电制动系统、空气制动系统、制动指令产生及传输系统等。机车空气制动控制系统主要包括 DK−1 型制动系统、DK−2 型制动系统、法维莱 Eurotrol 制动系统、CCB Ⅱ 制动系统，等等。

DK−2 型制动系统主要应用于 SS_4 改、SS_{4B} 及 HXD_1 等多种型号机车，DK−2 型制动系统模块主要包括三个项目，即 DK−2 型制动系统的组成，DK−2 型制动系统的操作，DK−2 型制动系统的运行模式及故障处理。

思维导图：

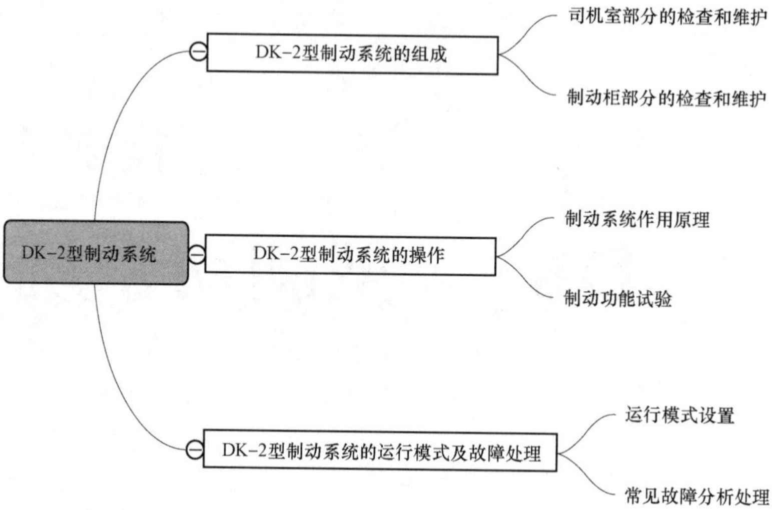

项目 10　DK-2 型制动系统的组成

项目导读

DK–2 型制动系统的组成主要包括司机室部分的检查和维护及制动柜部分的检查和维护。司机室部分的检查和维护包括制动控制器、制动显示屏、后备制动阀等；制动柜部分的检查和维护包括骨架、制动控制单元 BCU、主压缩机启停控制模块，列车/均衡控制模块，停放制动控制模块，制动缸控制模块，升弓控制模块，撒砂控制模块等。

思维导图：

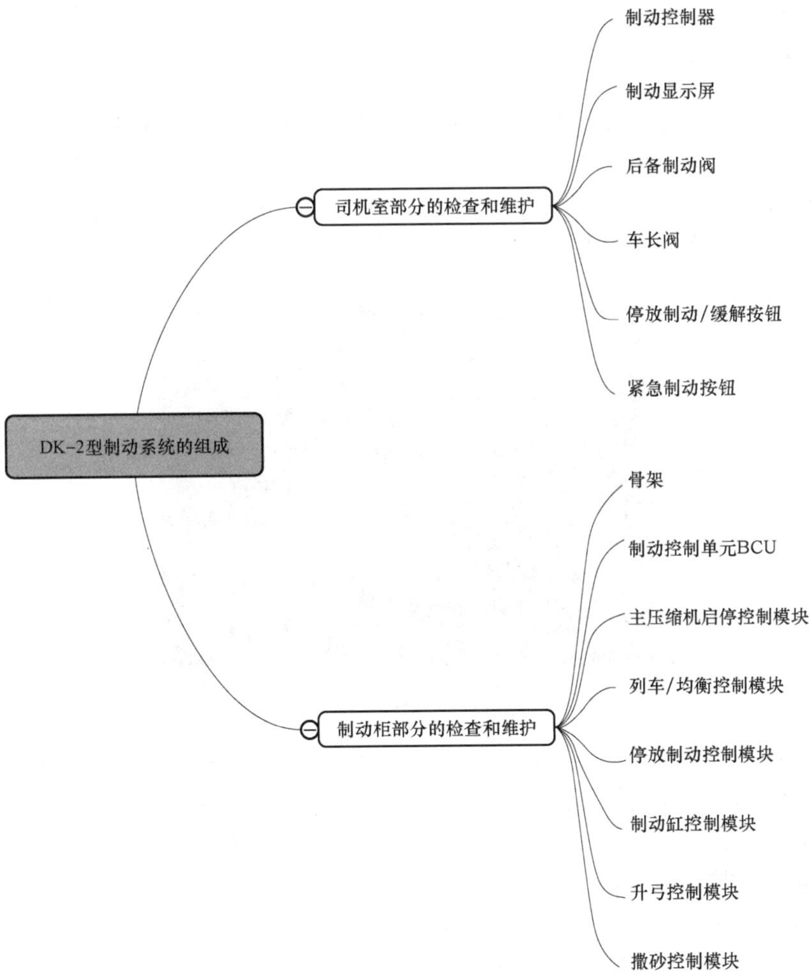

任务 10.1　司机室部分的检查和维护

任务说明

司机室部分主要包括制动控制器、制动显示屏、后备制动阀、车长阀、停放制动/缓解按钮、紧急制动按钮等。

任务目标

1. 了解制动控制器的基本结构；
2. 掌握制动控制器的基本作用；
3. 掌握后备制动阀的基本作用。

内容讲解

10.1.1　制动控制器

制动控制器是 DK−2 型制动机的主要操作部件，制动控制器具有两个操作手柄，自动制动控制手柄（俗称大闸）和单独制动控制手柄（俗称小闸），右侧的为大闸手柄，左侧的为小闸手柄。大闸用来控制全列车的制动、保压与缓解，小闸用来单独控制机车的制动、保压与缓解。制动控制器如图 10−1 所示。

图 10−1　制动控制器

机车运行时，插入钥匙手柄并逆时针转动处于“开”位，大闸手柄、小闸手柄可在各个位置间进行操作，从而控制机车的运行状态，这时钥匙手柄被锁在“开”位；大闸手柄在重联位及小闸手柄在运转位时，钥匙手柄可转到“关”位并可取出。

1. 大闸手柄位置及其功用

大闸手柄共设 6 个工作位置，从后往前依次为：过充位、运转位、中立位、制动位、重联位、紧急位。手柄在各位置功用如下。

（1）过充位。用于迅速向制动管充风，使车辆快速充风缓解。此位置下制动管获得过充压力，车辆快速缓解，而机车仍处于制动后的保压状态。

（2）运转位。使全列车进行正常缓解，该位置是缓解列车制动以及列车正常运用所采用的位置。

（3）中立位。使全列车进行保压，该位置是操纵列车常用制动前的准备和常用制动后保压的工作位置。

（4）制动位。使全列车进行常用制动，该位置是操纵列车常用制动的工作位置。大闸手柄在该位置停留时间的长短，控制着制动管减压量的大小。

（5）重联位。使制动系统接受本务机车控制。

（6）紧急位。使全列车进行紧急制动，大闸手柄移动到此位置后制动管压力迅速降到 0。

2. 小闸手柄位置及功用

小闸手柄共有 4 个工作位置，从后往前依次为：缓解位、运转位、中立位、制动位。小闸手柄在各位置的功用如下。

（1）缓解位。此位置用来在大闸制动后单独缓解机车制动缸压力。

（2）运转位。此位置为机车正常运行时所放位置，用来缓解小闸产生的机车制动缸压力。

（3）中立位。机车单独制动前的准备以及单独制动后的保压所用位置。

（4）制动位。单独操纵机车制动所用位置。

10.1.2　制动显示屏

制动显示屏是 DK-2 制动系统的显示模块，如图 10-2 所示。

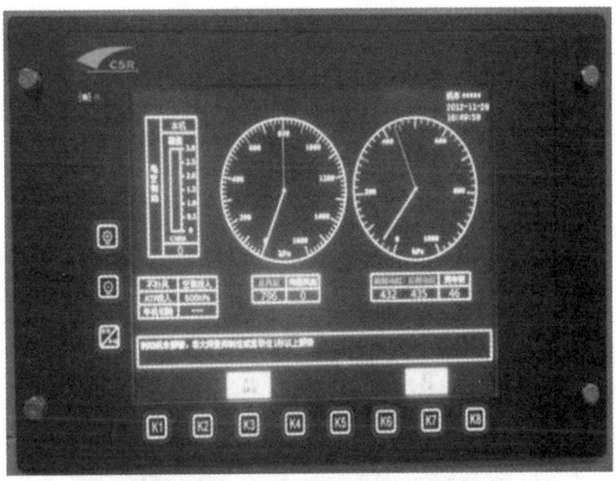

图 10-2　制动显示模块

该显示模块在 DK-2 制动系统中的主要功能：实时显示 BCU 钮子开关及重联阀 93 的状态信息；以风表和数值的形式显示总风压力值、制动管压力值、均衡风缸压力值、前后制动缸压力值；以流量计的形式动态显示制动管的充风流量值；显示制动机操作的提示信息和故障信息；提供机车号、时间日期、软件版本号的显示及设置功能；提供单机自检、事件记录和传感器校准等列车诊断功能。

10.1.3　后备制动阀

后备制动操纵方式是作为“电空位”故障后的一种应急补救操纵措施，以免在区间途停而影响线路正常运行。后备制动阀如图 10-3 所示。

图 10-3　后备制动阀

后备制动具有制动位、中立位、缓解位三个操作位置，在该位操纵时，不具备“电空位”操纵时齐全的功能，只能保证全列车的制动、保压、缓解等基本功能。

10.1.4　车长阀

车长阀相当于列车制动管的手动放风塞门，通过快速放风，使列车产生紧急制动。车长阀如图 10-4 所示。

图 10-4　车长阀

10.1.5　停放制动/缓解按钮

为了保证机车不会出现意外滑动，需施加停放制动。可通过位于操纵端司机室司机台上的两个按钮来实现：红色按钮用于施加停放制动，绿色按钮用于缓解停放制动，如图 10-5 所示。

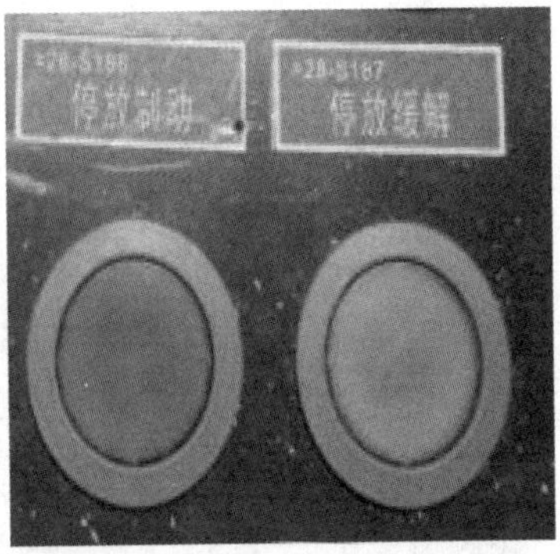

图 10−5 停放制动/缓解按钮

10.1.6 紧急制动按钮

当出现紧急情况时，司机可按下紧急制动按钮，触发列车或机车紧急制动。该按钮一经触发会自锁，需经顺时针旋转解锁后才能复位。

课后讨论与复习题

1. 简述大闸手柄各位置的作用。
2. 简述小闸手柄各位置的作用。
3. 简述后备制动阀的基本作用。

任务 10.2 制动柜部分的检查和维护

任务说明

制动柜部分主要包括骨架、制动控制单元 BCU、主压缩机启停控制模块，列车/均衡控制模块，停放制动控制模块，制动缸控制模块，升弓控制模块，撒砂控制模块，等等。

任务目标

1. 认识制动柜各组成部分；
2. 掌握电空控制单元的组成；
3. 了解 EPCU 各模块的作用。

内容讲解

DK−2 型制动机的制动柜部分主要由骨架、制动控制单元 BCU、主压缩机启停控制模块、列车/均衡控制模块、停放制动控制模块、制动缸控制模块、升弓控制模块、撒砂控制模块等部件组成。DK−2 型制动机的制动控制柜如图 10−6 所示。

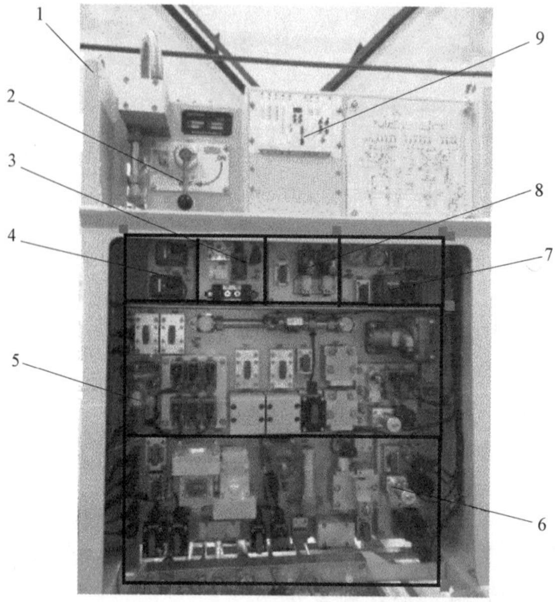

1—骨架；2—安全联锁箱；3—停放制动控制模块；4—主压缩机启停控制模块；5—列车/均衡控制模块；6—制动缸控制模块；7—升弓控制模块；8—撒砂控制模块；9—制动控制单元 BCU。

图 10-6　DK-2 型制动机制动屏柜

10.2.1　骨架

骨架的功能是支撑和固定制动柜上各部件和模块。

10.2.2　制动控制单元 BCU

制动控制单元 BCU 是制动机的核心控制单元，如图 10-7 所示。

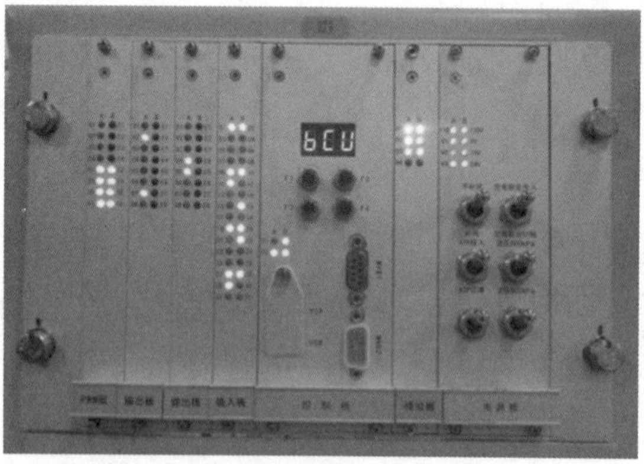

图 10-7　制动控制单元 BCU

制动控制单元 BCU 能实现机车自动制动与机车单独制动等制动基本功能，具备单机自检、故障诊断、数据记录与存储等智能化、信息化功能，具备 MVB、CAN 等网络通信接口，适应现代机车制动系统信息化以及网络控制的发展要求。

10.2.3　主压缩机启停控制模块

主压缩机启停控制模块如图 10-8 所示。

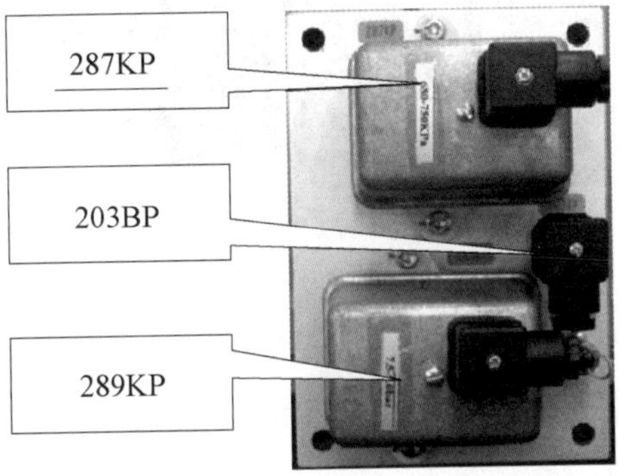

图 10-8　主压缩机启停控制模块

主压缩机启停控制模块的主要功能是根据总风压力为主压缩机启停状态控制提供压力信号。

10.2.4　列车/均衡控制模块

列车/均衡控制模块的主要功能是控制均衡风缸和制动管的压力。列车/均衡控制模块如图 10-9 所示。

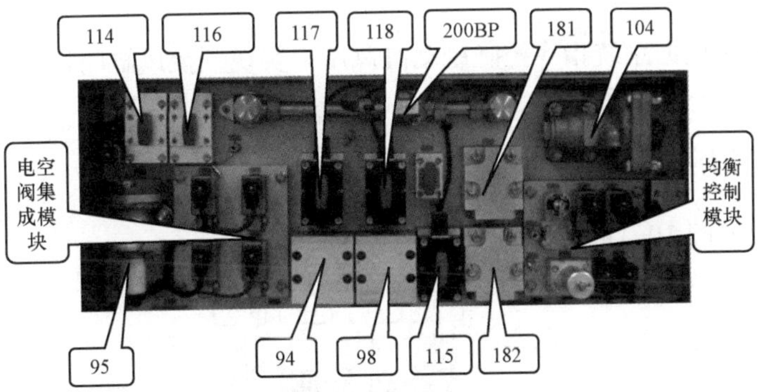

图 10-9　列车/均衡控制模块

列车/均衡控制模块由中继阀、紧急阀、遮断阀、流量计、转换阀、调压阀、电空阀、传感器、塞门及气路板等部件组成。

10.2.5　停放制动控制模块

停放制动控制模块如图 10-10 所示。

停放制动控制模块的主要功能是接收停放制动施加与缓解指令，实现停放制动缸的排气与充气，同时可防止停放制动力和机车制动缸制动力叠加。

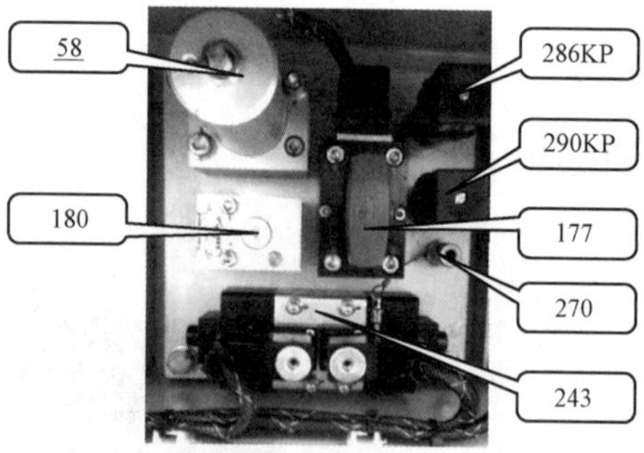

图 10-10 停放制动控制模块

10.2.6 制动缸控制模块

制动缸控制模块如图 10-11 所示。

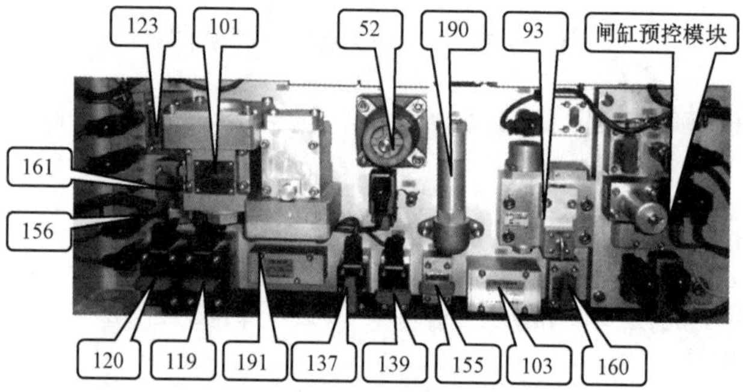

图 10-11 制动缸控制模块

制动缸控制模块根据系统指令控制制动缸风压，实现预控风缸闭环控制、电子分配阀和空气分配阀切换、机车单缓等功能。

10.2.7 升弓控制模块

升弓控制模块如图 10-12 所示。

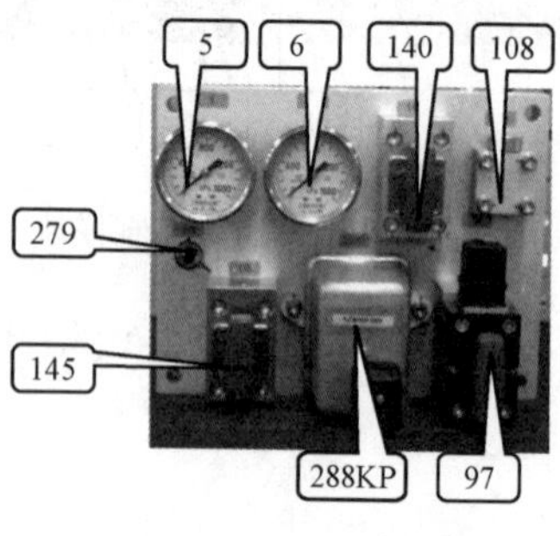

图 10-12 升弓控制模块

升弓控制模块的主要功能是为受电弓和主断路器提供风源，实现升弓风源不同工况的转换。

10.2.8　撒砂控制模块

撒砂控制模块如图 10-13 所示。

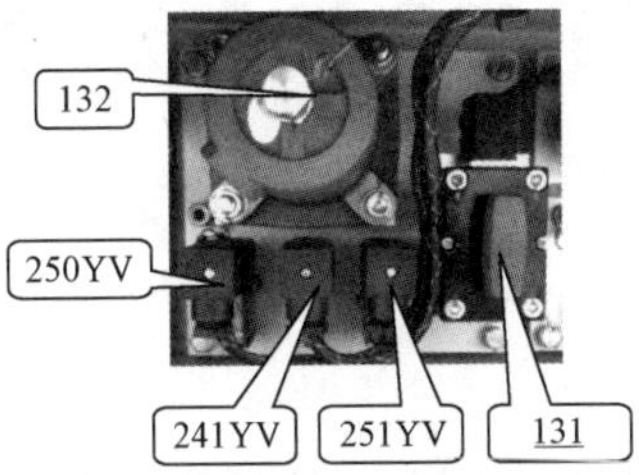

图 10-13　撒砂控制模块

撒砂控制模块的主要功能是接收撒砂控制指令，控制撒砂器撒砂。

课后讨论与复习题

1. 简述制动控制单元 BCU 的作用。
2. 简述列车/均衡控制模块的作用。
3. 简述停放制动控制模块的作用。

项目 11 DK-2 型制动系统的操作

项目导读

DK-2 型制动系统的操作，是电力机车驾驶的基本技能之一，包括使用制动控制器对全列车的操纵和使用后备制动阀对全列车的操纵。DK-2 型制动系统的操作包括两部分内容，制动作用原理和制动功能试验。制动系统作用原理主要包括 DK-2 型机车制动系统主要部件的控制关系，自动制动作用，单独制动作用，后备空气制动；制动功能试验主要包括八步闸试验，叙述了“八步闸”检查试验的准备工作、方法与要求。

思维导图：

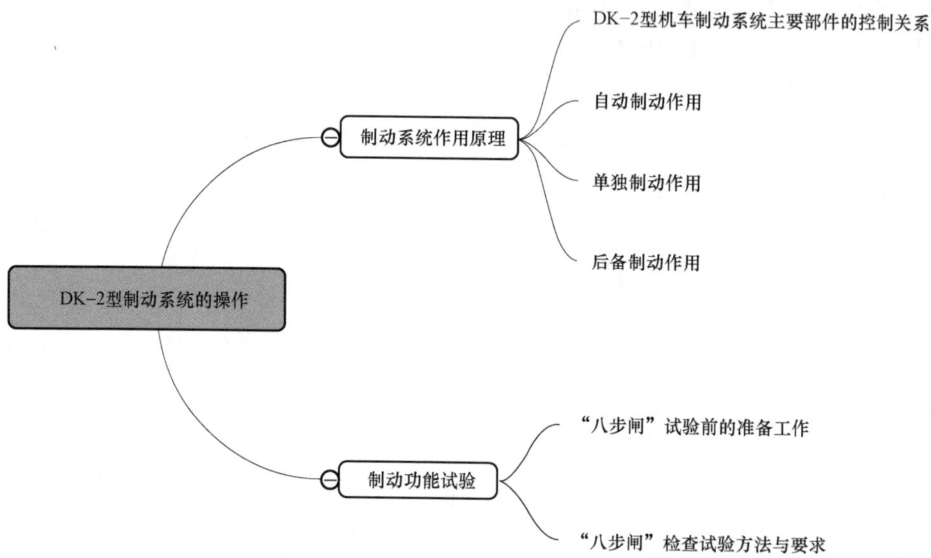

任务 11.1　制动系统作用原理

任务说明

DK–2 型制动系统的制动作用原理主要包括制动机的自动制动作用，制动机的单独制动作用，制动机的后备制动作用。

任务目标

1. 理解 DK–2 型制动系统的自动制动作用；
2. 理解 DK–2 型制动系统的单独制动作用；
3. 理解 DK–2 型制动系统的后备制动作用。

内容讲解

11.1.1　DK–2 型机车制动系统组成

DK–2 型机车制动系统主要包括制动指令产生及传输系统、电制动系统、空气制动系统等。其中空气制动系统主要包括风源系统、DK–2 型机车制动机、基础制动装置（包括停放制动装置）等。DK–2 型机车制动系统如图 11–1 所示。

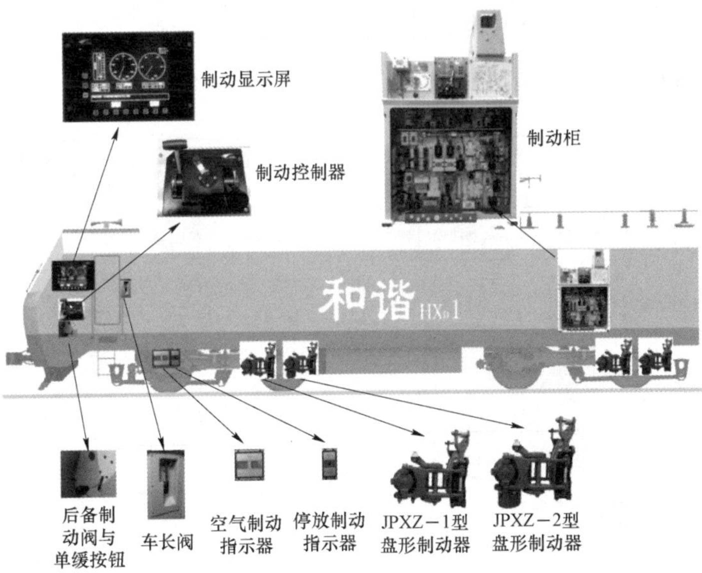

图 11–1　DK–2 型机车制动系统

11.1.2　DK–2 型机车制动机主要技术性能指标

（1）制动机在列车管定压 500 kPa 或 600 kPa 时均能正常工作。

（2）制动机具有制动稳定性：当列车管压力从定压以每分钟小于 40 kPa 的速度下降时，机车制动缸不起制动作用。

（3）制动机具有常用制动灵敏度：当列车管压力从定压以每秒钟下降 10～40 kPa 时，在列车管减压 35 kPa 前机车制动缸产生制动作用。

（4）制动机具有紧急制动灵敏度：当列车管减压速度大于每秒 80 kPa 时，机车制动机产生紧急制动。

（5）制动机在常用全制动后使用运转位充气缓解时，机车制动缸压力从常用全制动最高压力降至 40 kPa 的时间小于 7 s（定压 500 kPa）或 8.5 s（定压 600 kPa）。

（6）列车管最小减压量为（50±5）kPa，机车制动缸压力为（100±10）kPa。

（7）列车管减压（140±5）kPa（定压 500 kPa）或（170±5）kPa（定压 600 kPa）时，机车产生常用全制动最大压力。常用全制动最大压力为（360±15）kPa（定压 500 kPa）或（420±15）kPa（定压 600 kPa）。

（8）常用全制动时机车制动缸压力从零升至常用全制动实际最大压力（符合最大压力规定范围）的时间为 6～8 s（定压 500 kPa）或 7～9.5 s（定压 600 kPa）。

（9）列车管减压 100 kPa，机车制动缸压力为 240～270 kPa。

（10）机车均衡风缸从 500 kPa 降至 360 kPa 或从 600 kPa 降至 430 kPa 的时间为 5～7 s 或 6～8 s。

（11）施行紧急制动时，机车列车管压力从定压降至零的时间小于 3 s，机车制动缸压力从零升至 400 kPa 的时间不大于 5 s，机车制动缸最高压力限制在 440～460 kPa。

（12）机车大闸手柄处于运转位，操纵小闸手柄，全制动时机车制动缸最高压力为（300±10）kPa，机车制动缸压力从零升至 285 kPa 的时间为 2～4 s，运转位缓解时，机车制动缸压力从 300 kPa 降至 40 kPa 的时间为 3～5 s。

11.1.3 DK-2 型机车制动系统主要部件的控制关系

DK-2 型机车制动系统主要部件的控制关系如图 11-2 所示。

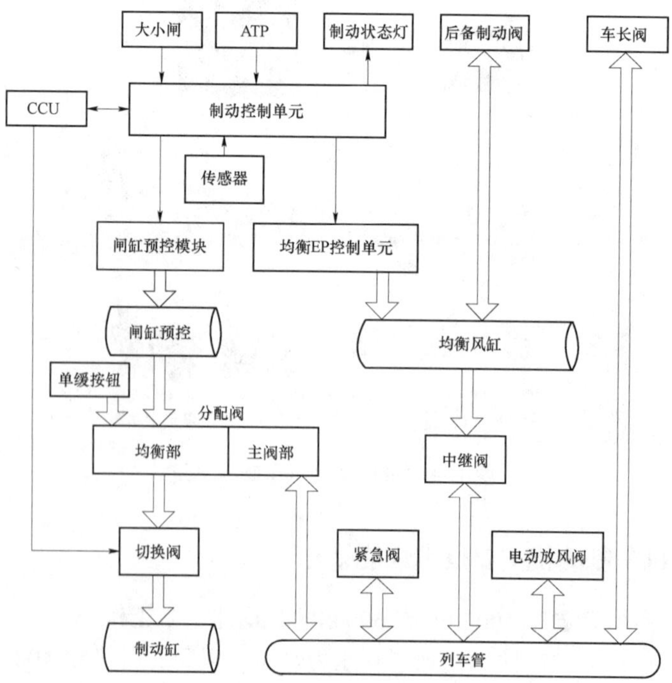

图 11-2 DK-2 型机车制动系统主要部件的控制关系

11.1.4　自动制动作用

单独制动手柄在运转位，自动制动手柄在各位的作用。该工况一般称为自动制动作用工况，即通过自动制动手柄来操纵全列车的制动、保压与缓解。

（1）过充位。该操纵可实现车辆制动机快速缓解，而机车制动机保压，用于列车初充风或再充风。

（2）运转位。该操纵可实现全列车的缓解，用于制动管正常充风及列车正常运行状态。

（3）中立位。该操纵可实现列车常用制动前的准备和制动后保压。

（4）制动位。该位置是操纵列车常用制动时的工作位置，自动制动手柄在制动位的时间，控制着列车制动管的减压量的多少。

（5）重联位。该操纵使制动控制器失去对全列车制动系统的控制作用，全列车制动系统由本务机车操纵端进行控制。因此，用于重联机车、补机、无动力回送机车及本务机车非操纵端。

（6）紧急位。该位置是列车运行中紧急停车时所用的位置，全列车产生紧急制动。

11.1.5　单独制动作用

单独制动手柄在各位的作用，该工况一般称为单独制动作用工况，即通过单独制动手柄来操纵机车的制动、保压与缓解。

（1）缓解位。该操纵可实现机车的单独缓解，此位置用来在大闸制动后单独缓解机车制动缸压力。

（2）运转位。此位置为机车正常运行时所放位置，用来缓解小闸产生的机车制动缸压力。

（3）中立位。为机车单独制动前的准备以及单独制动后的保压所用位置。

（4）制动位。该操纵可实现机车的单独制动。

11.1.6　后备制动作用

后备制动阀用来控制全列车的制动与缓解。作为 DK-2 型电空制动机电气线路部分发生故障后的一种应急补救操纵措施。

（1）缓解位。该操纵可实现车辆缓解。随着均衡风缸压力的升高，制动管压力升高，车辆制动机进行缓解。

（2）中立位。该操纵可实现列车保压。

（3）制动位。该操纵可实现列车的常用制动，用于列车减速或停车。随着均衡风缸压力的降低，制动管压力降低，机车产生制动，车辆制动机也进行制动。

（4）单缓按钮。该按钮可实现机车的单独缓解。

课后讨论与复习题

1. 简述 DK-2 型制动系统的自动制动作用。
2. 简述 DK-2 型制动系统的单独制动作用。
3. 简述 DK-2 型制动系统的后备制动作用。

任务 11.2　制动功能试验

任务说明

DK-2 型制动系统主要采用“八步闸”试验来检查制动机的工作性能是否正常。

任务目标

1. 能完成电空位试验前的准备工作；
2. 能完成空气位试验前的准备工作；
3. 会进行制动机“八步闸”试验。

内容讲解

11.2.1 “八步闸”试验前的准备工作

1. 电空位实验前的准备

（1）将制动机的功能选择开关分别设置在“不补风”“空电联合切除”“定压 600 kPa”“ATP 投入”。

（2）将制动机的电-空转换阀打向“正常位”。

（3）调整单独制动调压阀 51，使其输出压力为 480 kPa。

（4）调整紧急增压调压阀 52，使其输出压力为 450 kPa。

（5）调整均衡风缸调压阀 55，使其输出压力为 650 kPa。

（6）开通除无火塞门 155、无火安全阀塞门 139、制动缸切换阀总风塞门 161 与非操纵节塞门 156 外的其余各塞门。

（7）闭合电空制动电源，待操纵台的制动机状态指示灯长亮后（闭合电源后约 40 s 左右），再将电空制动控制器手把置于重联位 3 s 后返回运转位，传感器及电空阀无故障，制动机将被激活。

调整完毕后，即可利用大、小闸进行电空位性能试验检查。

2. 空气位试验前的准备

（1）断开操纵节制动机电源，将操纵节制动柜中电-空转换阀 153 塞门置于“空气位”。

（2）将操纵节后备制动阀处均衡风缸管 127 塞门置于打开位。

（3）调整后备制动调压阀，使其输出压力为制动管定压 600 kPa。

调整完毕后，将后备制动阀手把置于缓解位，总风缸压力为 750～900 kPa，制动管压力为 600 kPa，制动缸压力为零，均衡风缸压力为 600 kPa（允许与制动管压力差不大于 10 kPa）。

11.2.2 DK-2 型电空制动机“八步闸”检查试验方法与要求

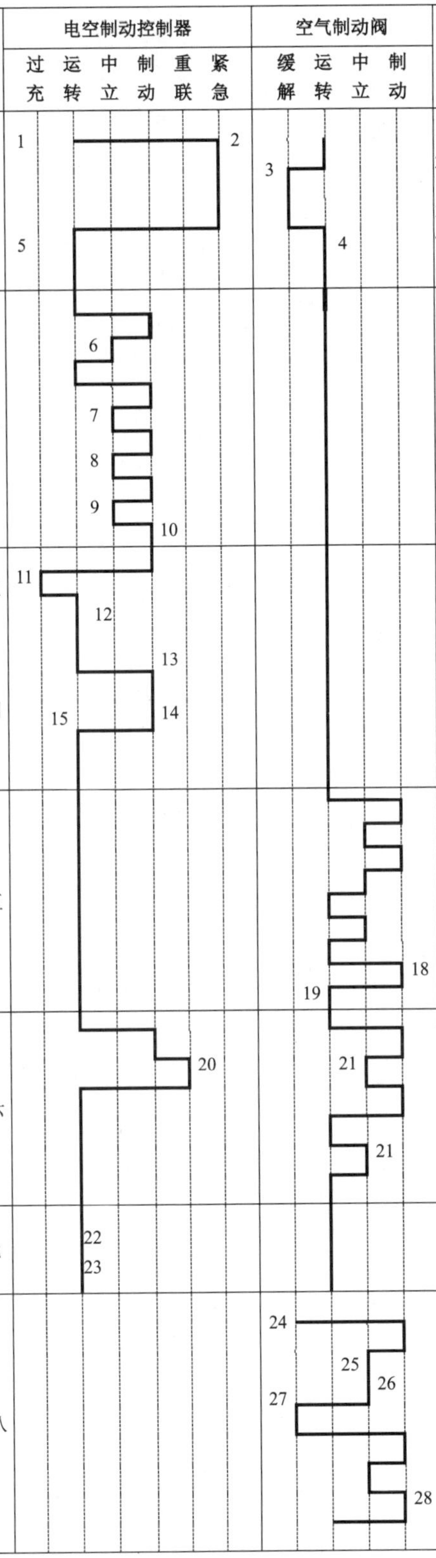

程序	检查方法及要求（制动管定压 600 kPa）
一	1. 制动管、均衡风缸为定压，制动压力为零。 2. 制动管在 3 s 内降至零，制动缸压力在 5 s 内升至 400 kPa，最高压力（450±10）kPa，分配阀上的安全阀喷气，自动撒砂，有级位时自动切除主断路器。 3. 空气制动阀移缓解位，并下压手把，制动缸压力应缓解至零。 4. 制动缸压力不得回升。 5. 制动管压力由零升至 580 kPa 的时间小于 22 s。
二	6. 制动管减压 40～60 kPa 后保压。均衡风缸泄漏量每分钟不大于 5 kPa；制动管泄漏量每分钟不大于 10 kPa。 7. 制动管减压 40～50 kPa，制动缸压力为 90～130 kPa。 8. 制动管减压 100 kPa，制动缸压力为 240～270 kPa。 9. 制动管减压 170 kPa，制动缸压力为 400～435 kPa。 10. 制动管最大减压量 210～290 kPa，制动缸压力变化每分钟不大于 10 kPa。
三 四	11. 均衡风缸为定压，制动管超过定压 30～40 kPa。制动缸压力不得缓解。 12. 120～180 s 过充压力消除，制动管恢复定压；制动缸压力应缓解到零。 13. 均衡风缸减压 170 kPa 的时间为 6～8 s；制动缸压力升至 400～435 kPa 的时间为 7～9.5 s。 14. 制动缸泄漏量每分钟不大于 10 kPa（关分配阀供给塞门）。 15. 制动缸压力由 400～435 kPa 降至 40 kPa 的时间不大于 8.5 s；均衡风缸、制动管恢复定压。
五	16. 阶段制动作用应稳定正常。 17. 阶段缓解作用应稳定正常。 18. 制动缸压力由零升至 280 kPa 的时间小于或等于 4 s。 19. 制动缸压力由 300 kPa 降至 40 kPa 的时间小于或等于 5 s。
六	20. 制动管、均衡风缸应减压保压。 21. 本务节机车制动缸压力为 250 kPa 时，重联节机车制动缸压力应为 225～275 kPa。 注：1～20 检查中，重联节机车制动机的制动与缓解应与本务节机车一致。
七	22. 拉手动紧急放风阀，应产生紧急制动，并不得自动缓解。 23. 断开电空制动电源，应产生常用制动，闭合电源，制动机恢复正常。
八	24. 制动管、均衡风缸、总风缸均为规定压力，制动缸压力为零（同时下压手把）。 25. 均衡风缸减压 170 kPa 的时间为 6～8 s，制动缸压力升至 400～435 kPa 的时间为 7～9.5 s。 26. 下压单缓按钮，制动缸压力应能缓解；停止下压，制动缸压力停止下降。 27. 均衡风缸、制动管恢复定压。 28. 阶段制动作用应稳定。 注：24～28 空气位操作，应按操作规程由电空位转至空气位，试完后，应恢复电空位。

课后讨论与复习题

1. 简述电空位试验前的准备工作。
2. 简述空气位试验前的准备工作。
3. 简述制动机“八步闸”试验。

项目 12　DK-2 型制动系统的运行模式及故障处理

项目导读

DK-2 型制动系统运行模式包括内重联模式、外重联模式、后备制动模式和无火回送四种。DK-2 型制动系统的故障处理包括均衡风缸不充风，列车管不充风，机车制动缸不上闸，等等。

重点掌握：

1. 制动系统运行模式设置；
2. 常见故障的分析处理。

思维导图：

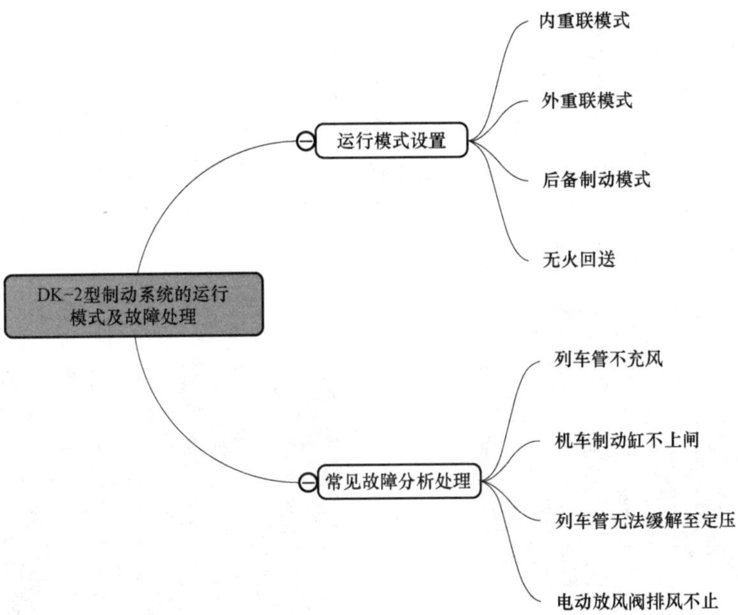

任务 12.1 运行模式设置

任务说明

本任务主要叙述了 DK-2 型制动系统内重联模式、外重联模式、后备制动模式和无火回送 4 种运行模式的设置方法及操作注意事项。

任务目标

1. 会进行内重联模式设置；
2. 会进行外重联模式设置；
3. 会进行后备制动模式设置。

内容讲解

12.1.1 内重联模式

1. 内重联模式的设置方法

（1）非操纵节大闸置重联位，小闸置运转位，并拔出制动控制器的钥匙。

（2）操纵节制动柜上的重联阀转换按钮置于“本机位”，如图 12-1 所示。

（3）操纵节制动柜上的分配阀缓解塞门 156 置“打开”位，转换阀 153 置于“正常位”，无火塞门 155、无火安全阀塞门 139 处于“关闭”位，其他所有塞门都应开通。制动控制单元 BCU 数码管显示“bCU”，如图 12-2 所示。

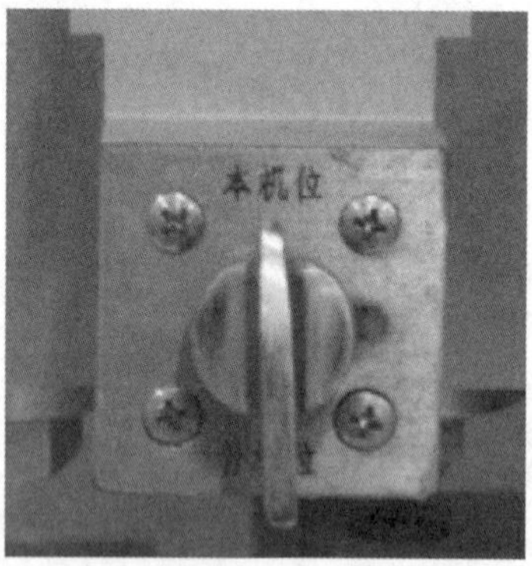

图 12-1 重联阀转换按钮置于“本机位”

图 12-2 内重联模式操纵节 bCU 状态

2. 内重联模式下换端操作时的设置

当机车以内重联模式运行时，操纵节制动显示屏上钮子开关信息栏显示：93#转换阀“本机”位、不补风、空联投入、ATP 投入、定压 600 kPa，同时显示屏流量表上方显示“本机”字样。

非操纵节制动显示屏上钮子开关信息栏的状态显示：93#转换阀“补机”位、不补风、空联投入、ATP 投入、定压 600 kPa，同时显示屏流量表上方显示“补机”字样。

12.1.2　外重联模式

（1）当机车以外重联模式运行作重联补机时（本机车和前部机车连接制动管、平均管及总风联管），需在本机车上进行以下操作：制动柜重联阀上的转换按钮打到“补机位”，分配阀 156 塞门置于关闭位，大闸置重联位，小闸置运转位，闸位锁定后将钥匙取出。

（2）操纵节制动显示屏上钮子开关信息栏显示：不补风、空联投入、ATP 投入、定压 600 kPa、单机切除，同时显示屏流量表上方显示“补机”字样。

（3）外重联模式下需要注意以下几点。

① 如果重联补机的某节机车制动机处于空气位或处于电空位但无电空制动电源时，还应将某节机车中继阀座下方的中继阀制动管塞门 115 关闭。

② 钮子开关的状态改变会引起机车惩罚制动。

③ 转换定压前，让制动管减压到 260 kPa 以下再转换钮子开关。

12.1.3　后备制动模式

1. 司机室设置

将操纵节司机室后备制动模块上的后备塞门打开。

2. 制动柜塞门设置

将操纵节制动柜上的转换阀 153 由“正常位”转到“空气位”。

3. 低压柜设置

将操纵节低压柜“DK2、BCU”自动开关“=28-F01”置“断开”位，如图 12-3 所示。

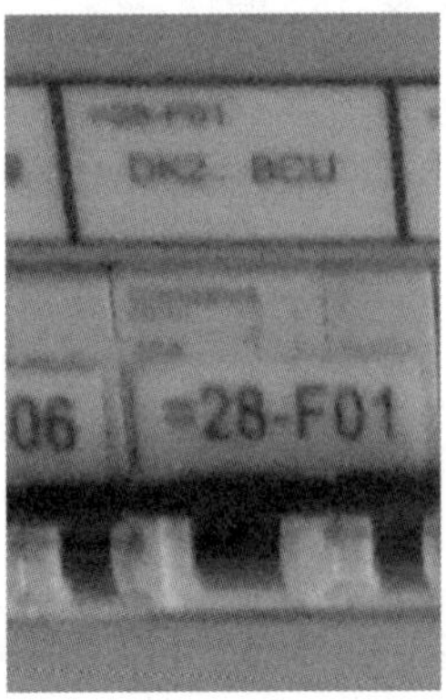

图 12-3　自动开关“=28-F01”

4. 试闸

操作后备制动控制手柄，对机车进行制动（将手柄往上推）和缓解（将手柄往下压），调节后备制动调压阀 53（调整压力为 600 kPa），使其输出压力为制动管定压，按压后备制动单缓按钮可以单缓机车。

后备制动模式运行时的注意事项。

（1）操纵空气后备制动阀可对全列车进行制动、保压和缓解，单缓机车则要按单缓按钮。

（2）应将自动制动控制器和单独制动控制器手把放运转位。

（3）需紧急制动时，可按压紧急按钮或者拉车长阀，并同时将后备制动阀手把移放制动位。

（4）因制动管具有补风作用，后备制动阀减压后放中立位保压时，要注意监视列车速度的变化，防止长时间保压而造成车辆制动机自然缓解。

（5）如果非操纵节机车制动机处于空气位或处于电空位但无电空制动电源时，还应将非操纵节机车中继阀座下方的中继阀制动管塞门 115 关闭。

空气位的制动机性能不齐全，不能长期使用，但可作为制动机电空位故障时的一种维持运行的补救操作措施，因此在操作时必须格外注意，做到正副司机密切协调，方能确保行车安全。

12.1.4 无火回送

无火回送时，无火回送机车制动、缓解由牵引机车控制，制动缸最高压力不超过 250 kPa。无火回送操作步骤如下。

（1）将总风充至 600 kPa 以上，按司机室停放缓解按钮，确认停放制动完全缓解（停放制动指示器完全变绿即为完全缓解）。

（2）机车打好铁鞋，将大、小闸都置运转位缓解机车，关闭停放制动塞门 177，待单元制动器停放缸风压降为 0 kPa，观察停放指示器完全变红后，手动缓解停放制动，检查制动器闸片和制动盘已分离，确认手动缓解成功。

（3）关闭中继阀制动管塞门 115、紧急增压塞门 137、制动柜总风塞门，打开无火安全阀塞门 139、无火塞门 155、分配阀缓解塞门 156。

（4）制动系统断电，并将大闸置重联位，小闸置运转位。

（5）联接牵引机车将无火机车制动管充至定压，观察闸缸压力是否为 0 kPa。

（6）牵引机车实施制动、缓解至少 3 次循环，观察无火机车闸缸压力变化是否正常。

（7）测试完成后可以联挂走车。

课后讨论与复习题

1. 简述内重联模式设置。
2. 简述外重联模式设置。
3. 简述后备制动模式设置。

任务 12.2 常见故障分析处理

任务说明

本任务主要介绍 DK−2 型制动系统常见故障的现象，针对故障现象对故障原因进行分析，并给出相应的故障处理方法。

任务目标

1. 能根据故障现象分析故障原因；
2. 能根据故障原因进行故障处理。

内容讲解

DK−2 型制动机常见故障及处理方法如下：

12.2.1　故障现象：操作大、小闸，制动机没有反应

1. 故障原因

（1）大小闸电源开关未闭合。

（2）制动机未解锁。

2. 处理方法

（1）闭合大小闸电源开关。

（2）确保非操作端大闸置重联位，小闸置运转位，制动器钥匙被拔出。将操作节大闸置重联位 2 s 解锁。

12.2.2　制动机解锁成功后，大闸置运转位，但列车管不充风

1. 故障原因

（1）电空制动总风塞门 157 处于关闭位。

（2）中继阀列车管塞门 115 处于关闭位。

（3）机车紧急制动按钮按下后，未手动复位。

2. 处理方法

（1）将电空制动总风塞门 157 置开通位。

（2）将中继阀列车管塞门 115 置开通位。

（3）将机车紧急制动按钮手动复位。

12.2.3　制动机解锁成功后，大闸置运转位，均衡风缸不充风

1. 故障原因

电空转换阀 153 置于空气位。

2. 处理方法

将 153 置于正常位。

12.2.4　将大闸置于制动位，机车制动缸不上闸

1. 故障原因

制动缸塞门 119、120 处于关闭位。

2. 处理方法

将制动缸塞门 119、120 置打开位。

12.2.5　大闸紧急制动后，操作大闸放运转位，列车管不能充风

1. 故障原因

制动机紧急锁未解除。

2. 处理方法

机车紧急制动而且机车速度为零时，制动显示屏将提示紧急解锁倒计时，倒计时 60 s 后，需将大闸手柄置重联位 2 s 解锁（注意制动显示屏上提示），由其他原因引起机车紧急制动也

需上述同样操作来解锁。

12.2.6 ATP 或 CCU 发出惩罚制动，制动机施加惩罚制动后，列车管无法缓解至定压

1. 故障原因

（1）惩罚源没有消除。

（2）制动机惩罚锁未解除。

2. 处理方法

（1）确保惩罚源消除，如果惩罚源一直存在而且机车需要临时动车，可以临时将 ATP 钮子开关拨至“ATP 切除”，切除惩罚源。

（2）若需解除惩罚制动，首先惩罚源必须消除，同时需要将自动制动手柄置于重联位 1 s，制动机才能完成解锁。

12.2.7 制动柜中电动放风阀 94 或电动放风阀 98 排风不止

1. 故障原因

（1）机车紧急制动按钮按下后，未手动复位。

（2）电动放风阀 94 或电动放风阀 98 故障。

2. 处理方法

① 将机车紧急制动按钮手动复位。

② 电动放风阀 94 故障可通过关闭塞门 117 隔离，电动放风阀 98 故障可通过关闭塞门 118 隔离。塞门 117 或 118 关闭，显示屏会有相应提示。

12.2.8 制动显示屏提示“请确认钮子开关状态”消息

1. 故障原因

人为改变 BCU 钮子开关状态。

2. 处理方法

当制动显示屏出现“请确认钮子开关状态”消息提示时，应确认钮子开关状态，在操作端按 K6 键确认。如未按下确认键，制动显示屏将不会出现其他消息提示，影响制动机正常操作。

课后讨论与复习题

1. 简述均衡不充风的原因和处理办法。
2. 简述列车管不充风的原因和处理办法。
3. 简述机车制动缸不上闸的原因和处理办法。

模块 5

DK-1 型制动系统

【模块导读】

机车制动系统主要包括电制动系统、空气制动系统、制动指令产生及传输系统等。机车空气制动系统主要包括 DK–1 型制动系统、DK–2 型制动系统、法维莱 Eurotrol 制动系统、CCB Ⅱ 制动系统，等等。

DK–1 型制动系统具有减压量准确、充风和排风快、手柄操作轻快、司机室噪声小、结构简单以及多重性的安全措施。本模块主要包括三个项目，即制动系统的组成，制动系统的操作，制动系统的故障处理。

思维导图：

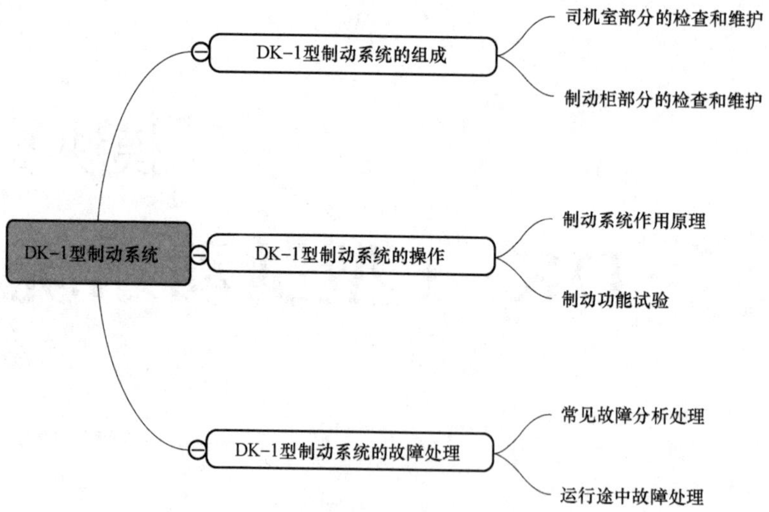

项目 13　DK-1 型制动系统的组成

项目导读

本项目主要介绍 SS_4 型电力机车的 DK−1 型制动系统，DK−1 制动系统的制动控制部分包括司机室部分和制动柜部分，司机室主要有电空制动控制器和空气制动阀，制动柜部分主要有放风阀，紧急阀，中继阀，分配阀，重联阀、电空阀、调压阀、转换阀、压力开关、分水滤气器、管道滤尘器等部件。

思维导图：

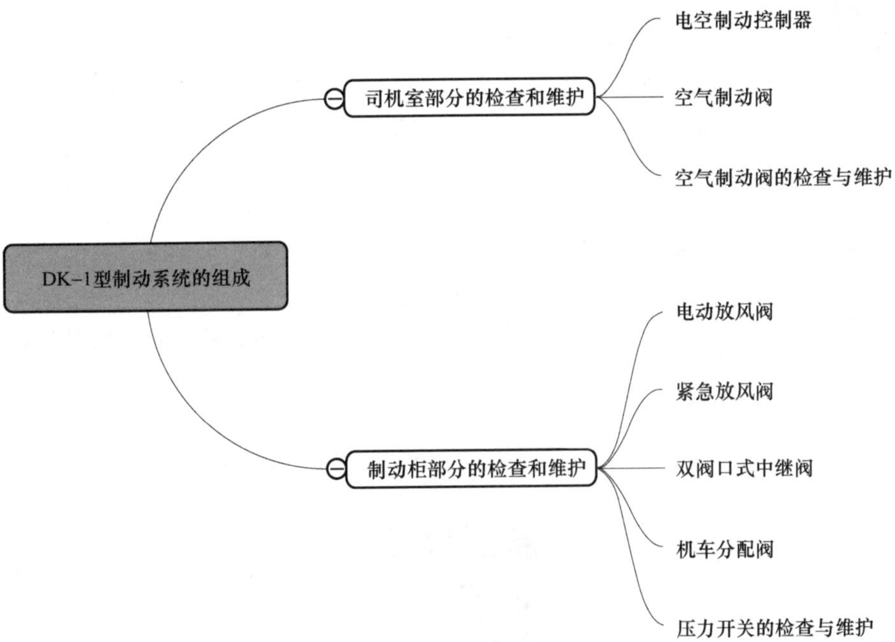

任务 13.1　司机室部分的检查和维护

任务说明

SS_4 型电力机车的 DK–1 型制动系统，司机室部分主要包括电空制动控制器、空气制动阀、风压表、紧急停车按钮、手动放风塞门等。

任务目标

1. 掌握电空制动控制器的作用；
2. 掌握电空制动控制器的组成；
3. 掌握空气制动阀的作用；
4. 掌握空气制动阀的组成。

内容讲解

SS_4 型电力机车安装的 DK–1 型制动系统，司机室部分主要包括电空制动控制器、空气制动阀、风压表、紧急停车按钮、手动放风塞门等。

13.1.1　电空制动控制器

电空制动控制器，俗称“大闸”。作为 DK–1 型制动系统的操纵部分，当司机操纵电空制动控制器时，通过控制相关电路的闭合与断开，即产生电信号，来控制全列车制动系统进行制动、缓解与保压。电空制动控制器主要由操纵手柄、凸轮轴组装、静触头组及定位机构等组成，如图 13–1 所示。

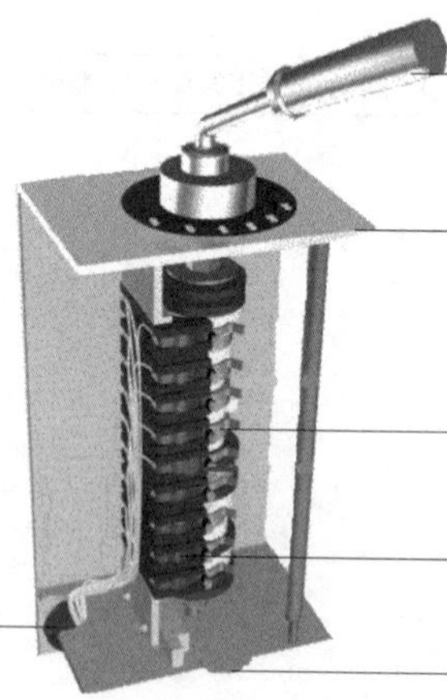

图 13–1　电空制动控制器结构图

1. 操纵手柄

司机操纵手柄共设 6 个工作位置，按逆时针排列顺序为：过充位、运转位、中立位、制动位、重联位及紧急位，并且唯“重联位”方可取出或装入手柄。对于双端操纵的机车，两个电空制动控制器只配备一个操纵手柄，以确保行车安全。手柄各位置的作用如下。

（1）过充位。使车列以高出制动管定压 30～40 kPa 的充风压力快速充风缓解，并使机车保压。

（2）运转位。使全列车进行正常缓解。

（3）中立位。使全列车进行保压。

（4）制动位。使全列车进行常用制动。

（5）重联位。使制动系统接受操纵端或本务机车控制。

（6）紧急位。使全列车进行紧急制动，并切断牵引工况机车的动力源（即总电源）。

2. 凸轮轴组装

凸轮轴组装用于随操纵手柄进行同步转动，以控制和实现相应电路的闭合与断开。凸轮轴组装主要由转轴、轴承、调速垫圈、隔板、动触头等组成，其中动触头分为圆形和凸轮状动触头。电空制动控制器凸轮轴组装如图 13-2 所示。

图 13-2　电空制动控制器凸轮轴组装

3. 静触头组

静触头组包括 18 个静触头，每个静触头均由触头座、触指、出线座及辅助连接片等组成，电空制动控制器静触头组如图 13-3 所示。

当操纵电空制动控制器手柄在不同工作位置时，凸轮动触头分别与相关静触头接触或分离，从而使相应的电路闭合或开断。通常，用触头闭合表来表示不同手柄位置下相应电路的闭合与断开情况。电空制动控制器触头闭合表如图 13-4 所示。

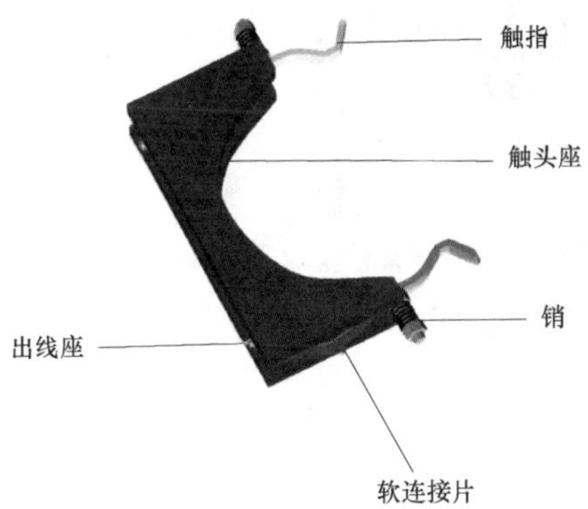

图 13-3　电空制动控制器静触头组

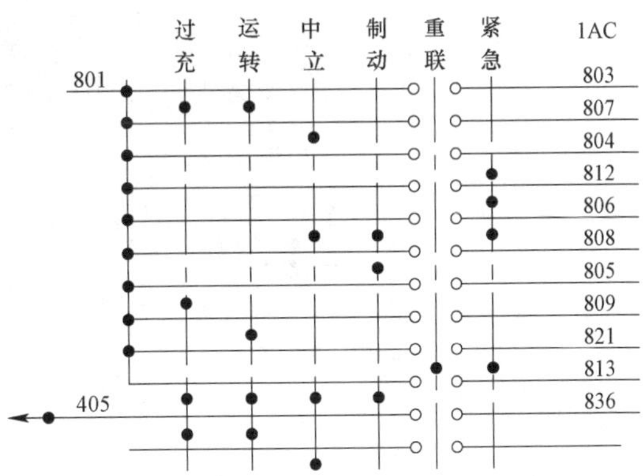

图 13-4　电空制动控制器触头闭合表

当电空制动控制器手柄在不同位置时，相应的触头组闭合，电路工作情况如表 13-1 所示。

表 13-1 电空制动控制器手柄在不同位置时电路工作情况

手柄位置	得电导线
	SS_4改型机车
过充位	803、805、813、836（经 405）
运转位	803、809、813、836（经 405）
中立位	807、806、813
制动位	806、808、813
重联位	821
紧急位	804、812、806、821

4. 定位机构

定位机构用来固定电空制动控制器手柄在某一手柄位置上，使其不能轻易滑动而改变手柄的工作位置，避免造成误动作，定位机构主要由棘轮、杠杆、滚轮和弹簧组成。

13.1.2 空气制动阀

空气制动阀俗称“小闸”，是 DK-1 型制动系统的操纵部件，空气制动阀实物图如图 13-5 所示。

1—操纵手柄；2—阀体；3—凸轮盒；4—电空转换扳钮；5—阀座（管座）；6—联锁微动开关。

图 13-5 空气制动阀实物图

空气制动阀的作用是在“电空位”下，单独控制机车的制动、保压与缓解；在“空气位”下，控制全列车的制动、保压与缓解。

空气制动阀由阀座、阀体及凸轮盒部分等组成。

空气制动阀的结构如图 13-6 所示。

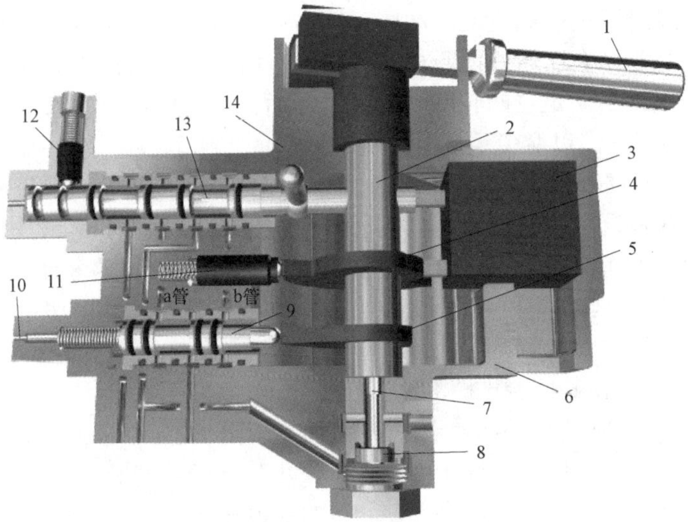

1—操纵手柄；2—联锁微动开关组；3—定位凸轮；4—作用凸轮；5—凸轮盒；6—单缓阀；7—管座；8—作用柱塞；9—定位柱塞；10—排风堵；11—阀体；12—电空转换柱塞；13—转轴；14—顶杆。

图 13-6　空气制动阀结构图

阀座，既是空气制动阀的安装基座，又是空气制动阀与制动系统中经调压阀 53（或 54）通过来的总风管（简称调压阀管）、作用管、均衡风缸管等三条管路的连接基座。

1. 阀体部分

阀体部分主要包括电空转换阀、作用柱塞阀及定位柱塞等。

（1）电空转换阀。电空转换阀用于控制“电空位”与“空气位”之间的转换，以实现 DK-1 型制动系统“正常运行”|“故障运行”的转换。电空转换阀属于柱塞式空气阀，主要由电空转换柱塞、电空转换柱塞阀套、定位机构及 O 形圈等组成。其中电空转换柱塞上设有电空转换扳钮，由司机单独操纵以实现“电空位”与“空气位”的转换；定位机构主要由定位柱塞、弹簧等组成，用于电空转换阀转换柱塞的定位；电空转换柱塞阀套，简称阀套，其轴向 4 个位置上设径向通孔，从左向右依次与均衡风缸管、a 管、作用管和 b 管等四条气路连通。

电空转换阀由司机扳动电空转换扳钮而使其转换柱塞左右移动，并通过柱塞凹槽连通或切断相应气路，同时联动微动开关 3SA1 切换电路。两个工作位置的作用如下。

① 电空位。当司机扳动电空转换扳钮置于“电空位”时，转换柱塞左移到左端，由柱塞凹槽连通作用管与 b 管之间的气路；同时，转换柱塞右端不压缩微动开关 3SA1，使其闭合电路 899—801，并断开电路 899—800。

② 空气位。当司机扳动电空转换扳钮置于“空气位”时，转换柱塞右移至右端，由柱塞凹槽连通均衡风缸与 a 管之间的气路；同时，转换柱塞右端压缩微动开关 3SA1，使其闭合电路 899—800，并断开电路 899—801。

（2）作用柱塞阀。作用柱塞阀用于通过控制 a 管或 b 管的充风、排风，来间接控制均衡风缸或作用管的充风、排风，以实现空气制动阀在空气位下控制全列车（或在电空位下单独控制机车）的缓解、制动与保压。

作用柱塞阀属于柱塞式空气阀。主要由作用柱塞、作用柱塞阀套、作用柱塞弹簧及 O 形圈等组成。其中，作用柱塞阀套，简称阀套，其轴向三个位置上设径向通孔，从左向右依次与 a 管、调压阀管、b 管三条气路连通，并且作用柱塞两端与大气连通。

作用柱塞阀是通过司机操纵空气制动阀手柄，由作用凸轮工作曲面半径的变化使作用柱塞左右移动，经柱塞凹槽来连通或切断相应气路的。由于作用凸轮和定位凸轮的转动是同步的，并且微动开关 3SA2 由定位凸轮联动，所以，通常在分析作用柱塞阀工作时，应同时分析微动开关 3SA2 的工作，以避免遗漏。作用柱塞阀的工作取决于空气制动阀手柄位置。

① 缓解位。当空气制动阀手柄置于缓解位时，作用凸轮工作曲面半径最大，所以推动作用柱塞压缩作用柱塞弹簧左移至左端，由柱塞凹槽连通调压阀管与 a 管、b 管和大气的气路；同时，定位凸轮相应工作曲面不压缩微动开关 3SA2，使其闭合电路 809—818。

② 运转位。当空气制动阀手柄置于运转位时，作用凸轮工作曲面居中，在作用柱塞弹簧作用下，作用柱塞处于中间位置，由柱塞凹槽切断所有气路；同时，定位凸轮相应工作曲面不压缩微动开关 3SA2，使其闭合电路 809—818。

③ 中立位。当空气制动阀手柄置于中立位时，作用凸轮工作曲面半径与运转位时相同，在作用柱塞弹簧作用下，作用柱塞处于中间位置，由柱塞凹槽切断所有气路；同时，定位凸轮相应工作曲面压缩微动开关 3SA2，使其断开电路 809—818。

④ 制动位。当空气制动阀手柄置于制动位时，作用凸轮工作曲面半径最小，在作用柱塞弹簧作用下，作用柱塞右移至右端，由柱塞凹槽连通调压阀管与 b 管、a 管和大气的气路；同时，定位凸轮相应工作曲面压缩微动开关 3SA2，使其断开电路 809—818。

（3）定位柱塞。定位柱塞工作端设有钢珠，并嵌在阀体内的定位柱塞端部；定位柱塞与定位凸轮的定位工作曲面相配合，实现空气制动阀手柄的定位作用。

2. 凸轮盒部分

凸轮盒部分主要由操纵手柄、凸轮机构、单独缓解阀及微动开关、接线座等部分组成。空气制动阀凸轮机构，如图 13-7 所示。

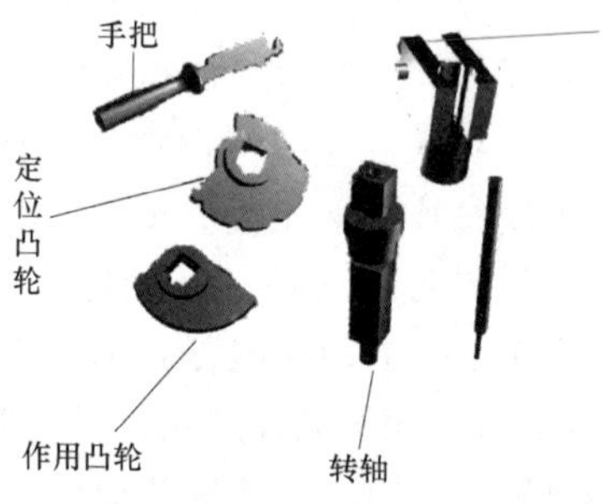

图 13-7　空气制动阀凸轮机构

（1）操纵手柄。操纵手柄，简称手柄或小闸手柄。司机通过操纵其手柄在不同的工作位置，实现对机车（或全列车）制动、保压与缓解的控制。手柄设有 4 个工作位置，按逆时针排列顺序为：缓解位、运转位、中立位和制动位，并且唯“运转位”方可取出或装入手柄。工作中，手柄须插入手柄座内，并通过手柄座与凸轮机构的转轴连接，以便在转动手柄时通过转轴带动凸轮一起转动。

（2）凸轮机构。凸轮机构用于随手柄转动而转动，以实现对作用柱塞阀和单断点微动开关的控制，并完成定位功能；此外，当下压手柄时，推动顶杆下移，以顶开单独缓解阀阀口。凸轮机构主要由转轴、顶杆、定位凸轮和作用凸轮等组成，如图 13-7 所示。其中，转轴为空心轴，使顶杆贯穿其中。定位凸轮一方面利用定位工作曲面与定位柱塞配合，实现手柄定位；

另一方面根据定位凸轮与单断点微动开关配合的工作曲面，联动该单断点微动开关，以闭合或断开相应电路。作用凸轮用于根据其工作曲面的变化来控制作用柱塞阀的工作。

（3）单独缓解阀，简称单缓阀。主要由单独缓解阀、单独缓解阀座套及单独缓解阀弹簧等组成，其中，单独缓解阀与其座套构成该阀的阀口。当下压手柄时，推动顶杆下移并顶开单缓阀阀口，从而连通作用管向大气排风的气路，以实现机车的单独缓解；当不下压手柄时，在单缓阀弹簧作用下，关闭单缓阀口，从而切断作用管向大气排风的气路。

（4）微动开关，包括双断点微动开关和单断点微动开关两个微动开关。其中，双断点微动开关用来控制电空制动控制器电源电路 899—801 与制动电空阀 257YV 单独得电电路 899—800 的转换，其电器代号为 3SA1。双断点微动开关的工作由电空转换阀转换柱塞联动，当电空转换阀处于“电空位”时，转换柱塞脱离与微动开关 3SA1 的接触，使其闭合电路 899—801，并断开电路 899—800；当电空转换阀处于“空气位”时，转换柱塞压缩微动开关 3SA1，使其闭合电路 899—800，并断开电路 899—801。单断点微动开关作为串联联锁用来控制排风 1 电空阀 254YV 得电电路 809—818 的闭合与断开，其电器代号为 3SA2。单断点微动开关由定位凸轮的相应工作曲面联动，当空气制动阀手柄处于“缓解位”或“运转位”时，定位凸轮相应工作曲面较低且不压缩微动开关 3SA2，使其闭合电路 809—818；当空气制动阀手柄处于“中立位”或“制动位”时，定位凸轮相应工作曲面较高且压缩微动开关 3SA2，使其断开电路 809—818。

（5）接线座。接线座是空气制动阀与 DK-1 型电空制动机电气线路的联锁部件。司机操纵空气制动阀时，联动微动开关并改变 DK-1 型电空制动机的工作电路，使其满足不同工况的需要。接线座主要由接线底板和接线端子等组成，其中，接线端子分别与导线 818、899、801、800 连接。

13.1.3 空气制动阀的检查与维护

1. 工具

DK-1 型制动机试验台、检修平台、扳手、螺丝刀、钢针、取装柱塞阀套专用工具、钢板尺、秒表、游标卡尺、塞尺。

2. 材料

水砂纸、油盘、凡士林、绸布、专用清洗剂等。

3. 技术及工作要求

（1）技术参数。

① 各凸轮表面无明显凸起、凹沟等缺陷。

② 柱塞阀与套无严重拉伤、偏磨及段磨，配合间隙不大于 0.12 mm。

③ 手压缓解阀口无台阶、麻坑等缺陷，接触面 100%。

④ 各弹簧无裂损、腐蚀、自由高符合要求，作用弹簧自由高 45 mm，定位弹簧自由高 43 mm，转换柱位簧自由高 24.3 mm。

⑤ 橡胶件无老化、破损、麻坑等缺陷（中修更新）。

⑥ 暗道 ϕ 1.0 mm 缩堵及风眼畅通，无堵塞。

（2）安全要求。工作场所保持清洁，禁止烟火。

4. 检修步骤

（1）分解。

① 外观检查空气制动阀无裂损，用压缩空气吹扫干净。

② 将空气制动阀放于平台上。

③ 取下手把。

④ 拆下接线盒螺栓、取下盒盖、接线端子板及微动开关组装。

⑤ 拆下凸轮盒紧固螺栓，取下凸轮盒组成，用十字螺丝刀卸下上盖，松下凸轮盒上盖螺丝，取出凸轮轴、凸轮。

⑥ 取出作用柱塞、弹簧、拆下转换定位销，抽出转换柱塞。

⑦ 松开作用柱塞后盖螺栓，取下后盖，拧下缩堵。

⑧ 用专用扳手松开单独缓解阀，取出阀及弹簧。

（2）检修。

① 全部橡胶件符合要求，否则更换，严禁用汽油清洗。

② 检查凸轮和凸轮轴的方孔间隙，应不大于 0.2 mm，轴与套的间隙不大于 0.5 mm。

③ 凸轮工作表面磨耗符合要求，否则补修或更换。

④ 柱塞阀与套的配合间隙符合技术要求，阀体不许有严重拉伤及明显偏磨、段磨，打磨不能修复时更换柱塞或套。

⑤ 各弹簧检查符合要求。

⑥ 单缓阀顶杆无弯曲，阀口接触面符合要求。

⑦ 微动开关动作灵活可靠，支架弹簧片无断裂，否则更换。

⑧ 各接线紧固可靠，线端不散乱，线号标记清晰。

⑨ 用压缩空气吹扫ϕ1.0 mm 缩堵、暗道、检查各螺纹合格。

（3）组装。

① 用压缩空气吹扫各零部件，用绸布擦干净。

② 在凸轮、柱塞及套等相对运动摩擦表面涂适量凡士林。

③ 与分解时相反顺序组装各零部件，手按各柱塞无卡滞。

④ 组装好后，转动闸把，灵活，各位置定位可靠，下压手把可压下并能可靠弹起，手把在运转位与中立位间往复移动，可听到微动开关动作声，扳动转换阀，定位可靠，并可听到微动开关动作声。

（4）试验。

① 将检修完毕的空气制动阀安装于 DK-1 制动机综合试验台上，按 DK-1 型机车各单阀在试验台上的试验方法进行试验。

② 试验标准：按照《DK-1 型机车电空制动机　第 2 部分：单阀试验规范》（TB/T 3146.2—2007）执行。

5. 记录与标识

填写记录，并做好合格标识。

课后讨论与复习题

1. 简述大闸的作用和主要组成部分。
2. 简述大闸手柄各位置导线得电情况。
3. 简述小闸的作用和主要组成部分。

任务 13.2　制动柜部分的检查和维护

任务说明

通过对制动柜部分的认知学习，对 DK-1 制动系统的组成有进一步的认识，识别制动柜各组成部分。

任务目标

1. 认识制动柜各组成部分；
2. 掌握各组成部分的作用；
3. 掌握各组成部分的组成。

内容讲解

SS_4 型电力机车安装的 DK-1 型制动系统，制动柜部分主要包括电动放风阀，紧急阀，中继阀，分配阀，重联阀，电空阀、调压阀、转换阀、压力开关、分水滤气器、管道滤尘器等。

13.2.1　电动放风阀

电动放风阀，简称“放风阀”，用来接受紧急电空阀 94YV 得电或失电的控制，经其动作后，连通或关断制动管的放风气路，从而控制紧急制动的实施。电动放风阀的结构，如图 13-8 所示。

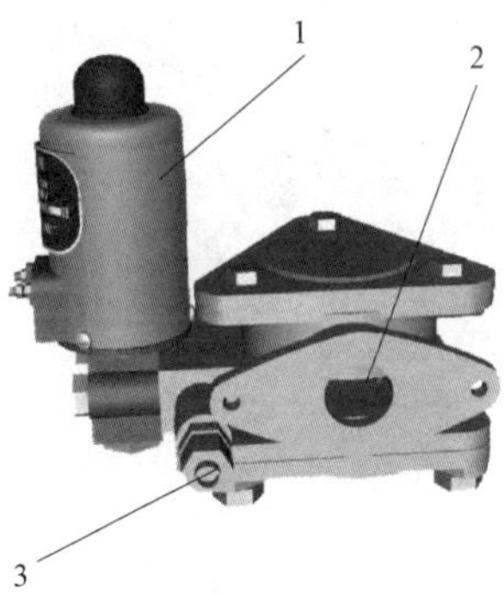

1—紧急电空阀 94YV；2—制动管接管孔；3—总风缸接管孔。

图 13-8　电动放风阀的结构

电动放风阀属于阀口式空气阀，主要由橡胶膜板（简称膜板）、铜碗、芯杆、芯杆套、放风阀（简称阀）、放风阀弹簧、阀座等组成。电动放风阀的紧急制动状态，如图 13-9 所示。

为防止紧急制动初期由于紧急电空阀 94YV 突然失电而造成断钩事故，一部分 SS 机车在电动放风阀上增设延时风缸。当紧急制动时，即使紧急电空阀 94YV 突然失电，也不会立即将电动放风阀铜碗及膜板下侧空间及延时风缸内的压力空气全部排出。即放风阀口不会立即关闭而停止制动管的放风，从而在一定程度上避免了断钩事故的发生。

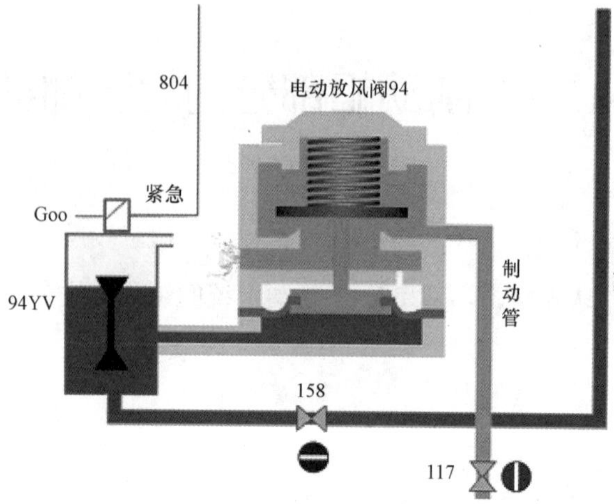

图 13-9　电动放风阀的紧急制动状态

13.2.2　紧急放风阀

紧急放风阀，简称“紧急阀”。紧急阀用来接受制动管压力迅速下降的控制，经其动作后，连通制动管的另一条放风气路，从而加速制动管的放风，提高制动波速，并且实现 DK-1 型电空制动机与自动停车、列车分离、车长阀制动、121 塞门制动的配合。同时，与电力机车电气线路联锁，用来切除牵引工况机车的动力源，使紧急制动作用更为可靠。紧急阀如图 13-10 所示。

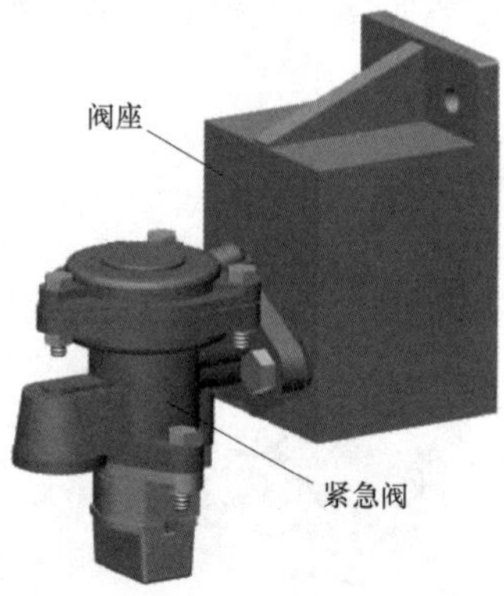

图 13-10　紧急阀

紧急阀由紧急阀阀体与阀座两部分组成，阀座又称管座，其内部设一个空腔—紧急室（1.5 L）。紧急阀属于阀口式空气阀。主要由以下零部件组成。紧急阀的结构，如图 13-11 所示。

1. 活塞膜板

传感部件，用于感应作用在活塞膜板上、下两侧的作用力之差，从而带动活塞杆上、下移动，以关闭或开启放风阀口，切断或连通制动管的放风气路；同时，联动微动开关 95SA 断开或闭合电路 838—839。活塞膜板主要由上活塞、下活塞、橡胶膜板等组成。

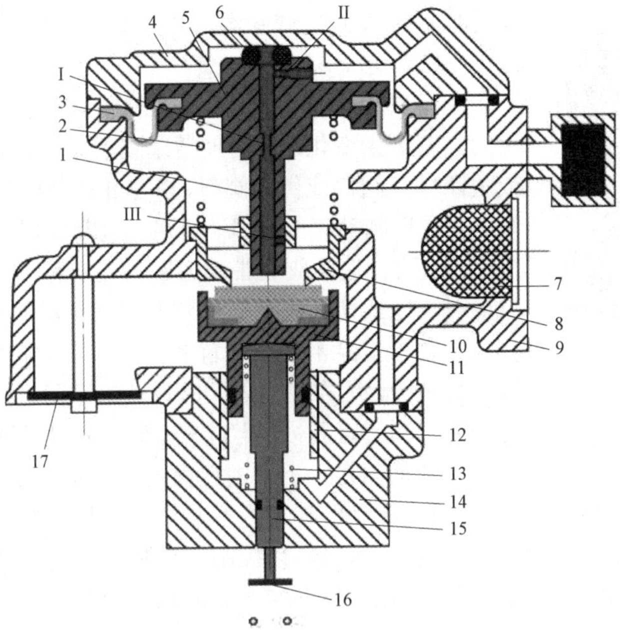

Ⅰ—缩孔ϕ1.8 mm；Ⅱ—缩孔ϕ0.5 mm；Ⅲ—缩孔ϕ1.2 mm；

1—活塞杆；2—安定弹簧；3—膜板；4—阀盖；5—活塞；6—密封圈，螺母；7—滤尘罩；8—放风阀座；9—阀上体；10—放风阀；11—放风阀导向杆；12—放风阀套；13—放风阀弹簧；14—阀下体；15—顶杆；16—双断点微动开关；17—排风口罩。

图 13-11　紧急阀的结构

2. 活塞杆

活塞杆随活塞膜板上、下移动，关闭或顶开放风阀口。值得注意的是，活塞杆轴向中心开一通孔，并设三个缩孔：缩孔Ⅰ（ϕ1.8）、缩孔Ⅱ（ϕ0.5），微孔Ⅲ（ϕ1.2），用来限制紧急室的充风、排风速度。缩孔Ⅰ是在常用制动时，控制紧急室向制动管逆流速度的；缩孔Ⅱ是在充气缓解时，控制制动管向紧急室充风速度的；缩孔Ⅲ是在紧急制动时，控制紧急室向大气排风速度的。

3. 放风阀机构

放风阀机构是连通或切断制动管放风气路并联动微动开关 95SA 的执行部件。主要由放风阀、放风阀座、放风阀导向杆、放风阀套、放风阀弹簧、顶杆等组成。

4. 微动开关

微动开关为双断点微动开关，电器代号为 95SA，用来控制电路 838—839 的闭合与断开。

5. 其他零部件

其他零部件包括安定弹簧、滤尘罩、排风口罩、密封圈等。

紧急阀各内部空间分别与三条气路连通：

（1）活塞膜板上侧空间与紧急室连通；

（2）活塞膜板下侧及放风阀弹簧侧的空间与制动管连通；

（3）放风阀下侧空间经排气口与大气连通。

13.2.3　双阀口式中继阀与总风遮断阀

双阀口式中继阀，简称“中继阀”，总风遮断阀，简称“遮断阀”。中继阀用来根据均衡风缸的压力变化来控制制动管的压力变化。遮断阀根据总风遮断阀管压力变化，以连通或切

图 13-12　中继阀和遮断阀

断总风通往双阀口式中继阀供气室的气路。中继阀和遮断阀如图 13-12 所示。

中继阀根据均衡风缸压力变化使作用在活塞膜板两侧的作用力之差产生变化，从而使活塞膜板带动顶杆左、右移动，顶开或关闭排气阀口或供气阀口，以连通或切断制动管的排风或供风气路，实现制动管的充风、排风。遮断阀根据总风遮断阀管压力变化，从而使遮断阀套带动遮断阀左右移动，开启或关闭遮断阀口，以连通或切断总风通往双阀口式中继阀供气室的气路。

制动管贯穿于列车的首尾，其充风、排风是由司机在机车上操纵实施的，压力表只能即时反映机车附近的制动管压力，而不是全列车制动管压力的稳定值，如果司机通过直接控制制动管减压量控制制动力大小来进行操纵，那么容易造成失误。在制动机工作过程中，需设一个较易准确、迅速控制的参量为标准量，使制动管压力依照该标准量的变化而变化，从而达到准确控制制动管减压量，以控制列车制动力大小的目的。因此，均衡风缸的设置目的是：以均衡风缸压力变化为标准参量，依此准确地控制制动管减压量，从而达到准确控制列车制动力的目的。

中继阀和遮断阀通过阀座安装于制动屏柜上，并经阀座与总风缸管、制动管、均衡风缸管、过充风缸管、总风遮断阀管等 5 条空气管路连接，因此，阀座既是安装基座，又是管路连接基座（简称管座），中继阀和遮断阀的结构示意图，如图 13-13 所示。

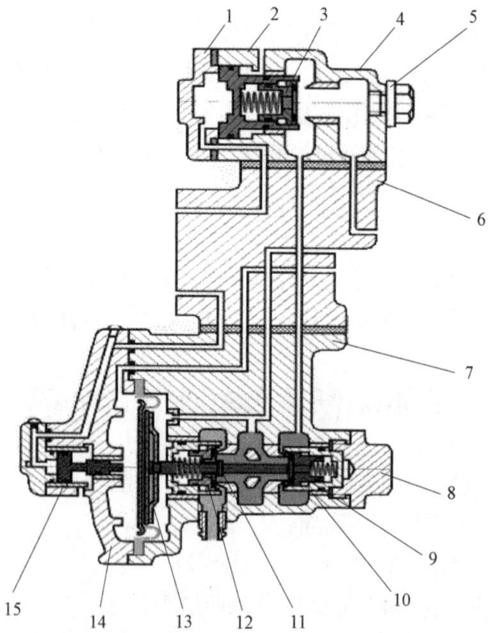

1—遮断阀盖；2—遮断阀阀套；3—遮断阀；4—遮断阀体；5—螺盖；6—管座；7—阀体；8—螺盖；9—供气阀；10—供气阀座；11—顶杆；12—排气阀；13—膜板；14—盖；15—过充柱塞。

图 13-13　中继阀和遮断阀结构示意图

1. 双阀口式中继阀的构造

双阀口式中继阀属于阀口式空气阀。就空气阀的结构特点而言，包括阀口式、柱塞式和滑阀式空气阀三种基本类型，尽管无论哪种结构特点的空气阀都是以连通或切断被控制的气路为动作目的，但其结构特点不同，则其连通或切断气路的方式也不同。

（1）活塞膜板（又称膜板活塞）。传感部件，用于感应不同压力空气间的压力变化，从而带动顶杆左、右移动，以开启或关闭排气阀口或供气阀口，最终实现连通或切断排、供气气路。活塞膜板由内、外活塞和橡胶膜板等组装而成。

（2）供气阀机构。用于连通或切断供气气路的执行部件，主要由供气阀、供气阀套、供气阀弹簧及O形橡胶密封圈等组成。

（3）排气阀机构。用于连通或切断排风气路的执行部件，主要由排气阀、排气阀套、排气阀弹簧及O形圈等组成。

（4）顶杆。用来随活塞膜板移动并顶开供气阀口或排气阀口。阀座为双向阀座结构，分别与供、排气阀形成供、排气阀口。

（5）过充柱塞。“过充位”快速充风时，产生附加作用力并作用在活塞膜板上，以实现制动管的快速充风，并使制动管得到过充压力。其他零部件包括阀体、端盖、缩堵、排气堵及橡胶密封件等。

2. 总风遮断阀的构造

总风遮断阀属于阀口式空气阀，主要由以下零部件组成。

（1）遮断阀机构。用于连通或切断总风通往双阀口式中继阀供气室气路的执行部件，主要由遮断阀、遮断阀套、遮断阀弹簧及O形圈等组成，其中，遮断阀套为传感元件，用于感应其两侧的作用力之差，从而带动遮断阀左、右移动，以开启或关闭遮断阀口。

（2）遮断活塞弹簧。简称作用弹簧，为遮断阀套的动作提供作用力。阀座为单向阀座结构，与遮断阀形成遮断阀口。

（3）其他零部件。包括阀体、端盖、橡胶密封件等。

13.2.4 109型机车分配阀

109型机车分配阀，简称“分配阀”，根据制动管或者作用管的压力变化，来控制机车的制动、保压与缓解。由主阀部、均衡部、紧急增压阀、安全阀及阀座等部分组成，如图13-14所示。

1—主阀部；2—均衡部。

图13-14 109型机车分配阀

分配阀的阀座既是分配阀的三阀组合体和安全阀的安装基座，且内设一个局减室（0.6 L）和一个容积室（1.85 L，并与作用管连通）；又是分配阀与制动管、总风缸管、制动缸管、工作风缸管及作用管等 5 条空气管路的连接基座。安全阀采用低压安全阀，用来限定紧急制动时容积室和作用管的最高压力为（450±10）kPa（机车无动力回送时为 200 kPa）。109 型分配阀结构图（缓解状态），如图 13-15 所示。

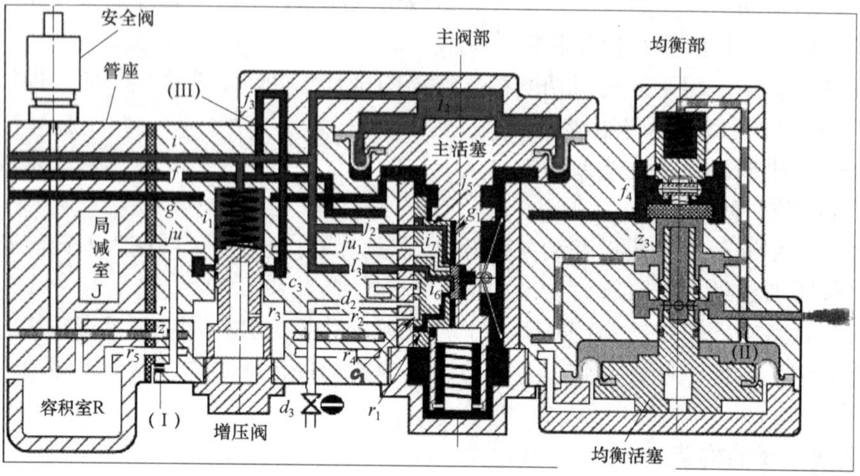

图 13-15　109 型分配阀结构图（缓解状态）

1. 主阀部构造

主阀部属于滑阀式空气阀。滑阀式空气阀的工作是通过滑阀座、滑阀和节制阀之间的相对移动，使它们各自的气孔、气槽相对应或相错位，来连通或切断相应气路的。

（1）主活塞。传感部件，用于感应主活塞上、下两侧的作用力之差，从而通过活塞杆带动滑阀、节制阀上下移动，以连通或切断相应气路。主活塞主要由上活塞、下活塞、橡胶膜板及橡胶密封圈等组成。

（2）主活塞杆。传动零件，用于带动节制阀、滑阀等随主活塞上、下移动。

（3）稳定装置。设在主活塞杆下端，又称递动装置，用于使主活塞具有一定的稳定性，以防止列车在运行中因制动管轻微泄漏或压力波动而引起意外自然制动，从而加强制动机在缓解状态时的稳定性。主要由稳定杆、稳定弹簧、稳定弹簧座及挡圈等组成。

（4）节制阀、滑阀及滑阀座。连通或切断气路的执行零件。节制阀、滑阀和滑阀座上设置相应的气路孔、槽，当主活塞通过主活塞杆带动节制阀相对于滑阀以及带动滑阀相对于滑阀座移动时，分别使对应气路连通或切断。

（5）其他零部件。包括滑阀弹簧、节制阀弹簧等。

2. 均衡部的构造

（1）均衡活塞。传感部件，用于感应均衡活塞上、下两侧的作用力之差，从而带动空心阀杆上、下移动，以开启或关闭供气阀口（或排气阀口），连通或切断机车制动缸的充风、排风气路。均衡活塞主要由上活塞、下活塞、橡胶膜板及橡胶密封圈等组成。

（2）空心阀杆。开启或关闭供、排气阀口的执行部件，主要由空心阀杆、O 形圈等组成。

（3）供、排气阀机构。用于控制机车制动缸的充风、排风气路，主要由供气阀、阀杆套、供气阀弹簧、供气阀导向杆及阀座等组成。

3. 紧急增压阀的构造

紧急增压阀属于柱塞式空气阀。柱塞式空气阀的工作是通过柱塞在柱塞套中轴向移动，由柱塞上的凹槽来连通或切断相应气路。

紧急增压阀主要由增压阀柱塞（简称增压阀）、增压阀柱塞套（又称增压阀套）、增压阀弹簧及密封圈等组成。

13.2.5 重联阀

为适应双机或多机重联牵引的需要，SS_4 型电力机车的 DK-1 型电空制动机中装设了重联阀，重联阀不仅可以使同型号机车制动机重联，还可以使不同类型机车重联使用，以便实现多机牵引。运行中，乘务员只需操纵本务机车制动机，即可保证重联机车制动机的制动、缓解作用与本务机车协调一致；若重联运行中一旦发生机车分离，则重联阀将自动保持制动缸压力，并使重联机车制动机恢复到本务机车制动机的工作状态，以便操纵列车，起到分离后的保护作用。重联阀主要由本—补转换阀部、重联阀部、制动缸遮断阀部及阀体、管座等组成，如图 13-16 所示。

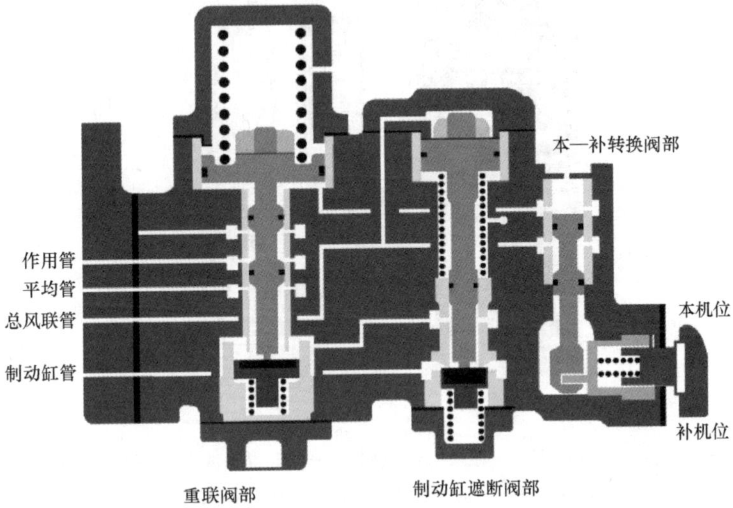

图 13-16 重联阀

1. 重联阀部

重联阀部主要由重联阀活塞、活塞杆、重联阀弹簧、阀套、O 形圈及止回阀、止回阀弹簧等组成。重联阀部的工作受本—补转换阀部作用的控制。

2. 制动缸遮断阀部

制动缸遮断阀部主要由制动缸遮断阀活塞、活塞杆、遮断阀弹簧、遮断阀阀套、O 形圈及止回阀、止回阀弹簧等组成。根据遮断阀活塞上下两侧的作用力之差带动活塞杆上下移动，关闭或顶开止回阀口，以切断或连通制动缸与相应管路之间的气路。

3. 本—补转换阀部

本—补转换阀部为一手动操纵阀，主要由转换按钮、偏心杆、弹簧、阀套、柱塞、O 形圈、标示牌及弹性挡圈、挡盖、定位销等组成。

13.2.6 其他器件

SS$_4$ 型电力机车安装的 DK-1 型制动系统，制动柜部分其他器件包括电空阀、调压阀、转换阀、压力开关、机车无动力装置、分水滤气器、管道滤尘器、转换开关、继电器、压敏电阻等。

1. 电空阀、调压阀、转换阀

（1）电空阀。电空阀是通过电磁力来控制空气管路的连通或切断，从而实现远距离控制气动装置的电器。应用于电力机车上的电空阀种类较多，按电磁铁的形式可分为拍合式和螺管式；按组装方式可分为立式和卧式，按作用原理可分为开式和闭式。目前，国产 SS 系列电力机车上统一装用螺管式电磁铁、立式安装的闭式电空阀。

TFK1B 型电空阀主要由电磁机构部分的励磁线圈、动铁芯、铁芯座、磁轭、接线座及气阀部分的阀座、上阀门、下阀门、弹簧、阀杆等组成，其中上、下阀门与阀座分别构成上、下阀口，如图 13-17 所示。

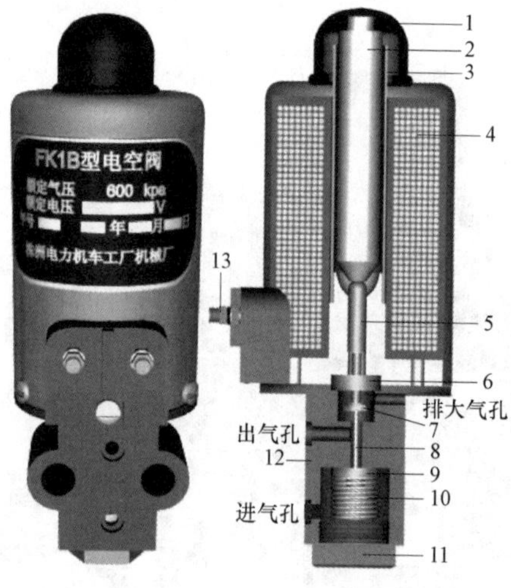

1—橡皮防尘帽；2—动铁芯；3—磁轭；4—线圈；5—阀杆；6—滑块；7—上阀门；8—芯杆；9—下阀门；10—复原弹簧；11—螺母；12—阀座；13—接线柱。

图 13-17 TFK1B 型电空阀

（2）调压阀。调压阀是为满足空气管路系统内不同气路整定压力并保证稳定的供给而设置的。其整定压力及供风能力是根据不同要求进行选择的。SS$_4$ 型电力机车的 DK-1 型电空制动机中共使用两个 QTY 型调压阀，代号分别为 53、55。其中，调压阀 53 设在通往空气制动阀的总风支管上，用来调整通往空气制动阀的总风压力。整定值为：电空位下为 300 kPa；空气位下为定压，即 500 kPa 或 600 kPa。调压阀 55 设在通往制动屏柜 258YV、208、209 的总风支管上，用来调整供给均衡风缸充风的总风压力。整定值为定压，即 500 kPa 或 600 kPa。

QTY 型调压阀系气动部件，主要由调整手轮、一、二级调整弹簧、膜板、溢流阀、阀杆、阀、进气阀、进气阀弹簧等组成，如图 13-18 所示。

（3）转换阀。转换阀用来控制空气管路的开通与关断，并保证良好的气密性和满足屏柜布置的需要。SS$_4$ 型电力机车的 DK-1 型电空制动机中设有两个转换阀，代号为 153、154；其中，转换阀 153 用来控制均衡风缸与电空阀 258YV、255YV、259YV 及压力开关 208、209

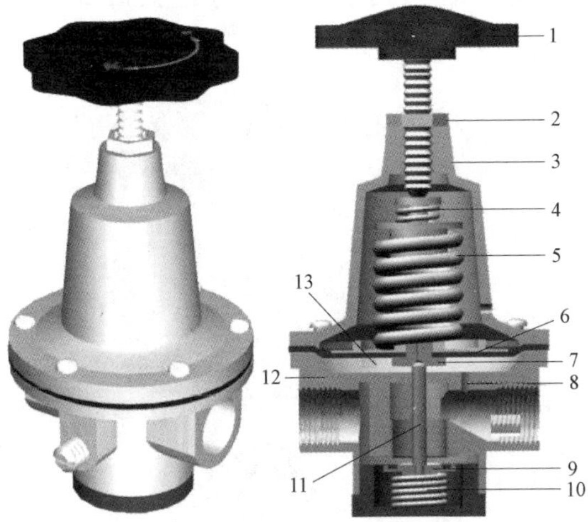

1—调整手轮；2—紧固螺母；3—上体；4—一级调整弹簧；5—二级调整弹簧；6—膜板；7—溢流阀；8—小孔；9—进气阀；10—进气阀弹簧；11—阀杆；12—下体；13—中央气室。

图 13-18　QTY 型调压阀

之间气路的开通与关断。转换阀 154 用来控制两个初制动风缸 58（1）与 58（2）之间气路的开通与关断，以实现在不同工况下达到满意的初制动效果。

转换阀主要由阀体、阀套、转换按钮、偏心杆和柱塞阀等组成，如图 13-19 所示。

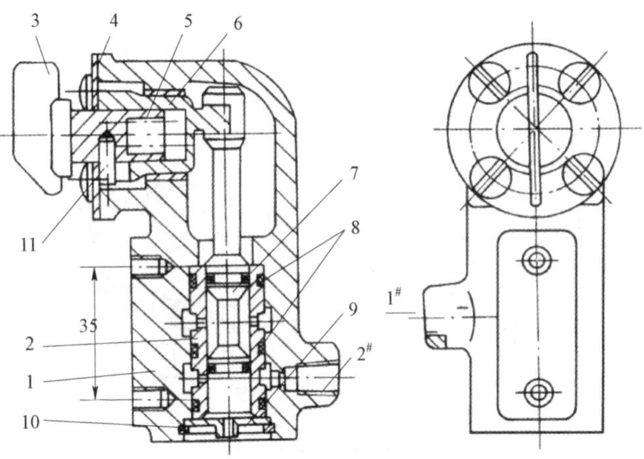

1—阀体；2—阀套；3—转换按钮；4—铭牌；5—弹簧；6—偏心杆；7—柱塞阀；8—O 形圈；9—挡盖；10—弹簧挡圈；11—定位销；1#—输入；2#—输出。

图 13-19　转换阀

2. 压力开关、机车无动力装置

（1）压力开关。压力开关的基本作用过程为：根据膜板上、下两侧的压力差，带动芯杆上下移动，以联动微动开关实现电路控制。

SS_4 型电力机车的 DK-1 型电空制动机中，在制动屏柜上设有两个压力开关，代号分别为 208、209。其中，压力开关 208 用来自动控制均衡风缸或制动管的过量减压量，整定值为 190 kPa～230 kPa，联动微动开关的代号为 208SA；压力开关 209 用于电阻制动与空气制动配合时，自动控制空气初制动减压量的大小，整定值为 20 kPa，联动微动开关的代号为 209SA。压力开关主要由气动部分和微动开关两部分组成。压力开关如图 13-20 所示。

图 13-20　压力开关

（2）机车无动力装置。机车无动力装置用于机车无动力回送时，由本务机车经制动管、机车无动力装置向无动力机车总风缸充风，以备无动力机车制动时使用。机车无动力装置主要由止回阀和截断塞门两部分组成。该止回阀具有滤尘作用，故又称滤尘止回阀。用来控制无动力机车总风缸只能由制动管充风，而不能向制动管逆流。代号为 103。截断塞门用来控制制动管向无动力机车总风缸充风气路的连通与切断。代号为 155。机车无动力装置，如图 13-21 所示。

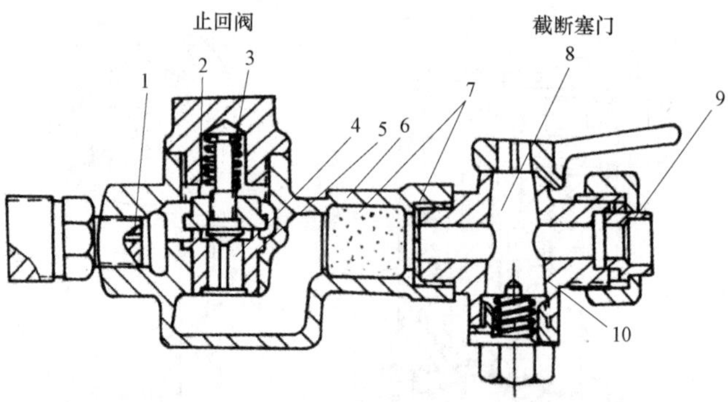

1—阻流塞；2—皮垫座；3—止回阀弹簧；4—止回阀；5—止回阀座；6—止回阀体；7—滤尘网；8—截断塞门芯；9—管接头；10—截断塞门体。

图 13-21　机车无动力装置

3. 分水滤气器、管道滤尘器

（1）分水滤气器。分水滤气器用来过滤压力空气中的油分和水分，以保证压力空气的干燥、清洁。SS_4 型电力机车的 DK-1 型电空制动机中，设置了一个分水滤气器，代号为 205，如图 13-22 所示。

（2）管道滤尘器。管道滤尘器用来过滤压力空气中的灰尘等杂质，防止其进入制动机气动、电动部件中而影响正常工作。SS_4 型电力机车的 DK-1 型电空制动机系统中，设置一个管道滤尘器，代号为 100，如图 13-23 所示。

图 13-22　分水滤气器

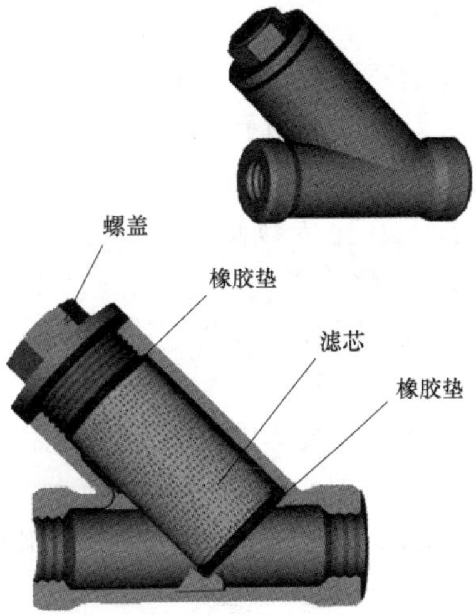

图 13-23　管道滤尘器

13.2.7　压力开关的检查与维护

1. 工具

工具包括压力开关试验台、油盘、毛刷、挡环钳、制动钳工常用工具、内及外径千分表等。

2. 材料

材料有汽油、棉丝、白绸布、中性洗涤剂等。

3. 技术及工作要求

（1）技术要求。配件检修后应经试验台试验方可使用。

（2）安全要求。工作场所保持清洁。

4. 检修步骤

（1）解体。

① 用中性洗涤剂溶液清洗压力开关体外表，然后用清水洗净，再用 200～300 kPa 干燥压缩空气吹干。

② 用螺丝刀拆下微动开关及其连线。

③ 用 10 mm 呆扳手卸下压力开关螺栓，取下开关盖，抽出膜板活塞体。

④ 用专用工具压紧活塞压板，用挡圈钳拆下挡圈，取下压板、膜板。

⑤ 取下活塞杆上的 O 形圈及开关体上的风道密封圈。

（2）检修。

① 用汽油清洗零部件（橡胶件除外），用 200～300 kPa 干燥的压缩空气吹干，用白绸布擦净。

② 更新微动开关。

③ 更新膜板及橡胶密封件。其规格为：

- 膜板：JY11-00-04。
- O 形圈：ϕ30×3.5 丁腈胶（300 kPa），ϕ10×1.9 丁腈胶（480 kPa）。
- 密封圈：JY11-00-11。

④ 用内径千分表测量活塞杆外径、轴承套内径，活塞与轴承套配合间隙，均不得大于

0.12 mm。

⑤ 外观检查活塞压板，不许有裂纹、变形、锈蚀。

⑥ 检查开关及盖的通风孔道应畅通，否则清除堵塞异物。

（3）组装。

① 在活塞杆上，套装 O 形圈，要求不得扭曲，并均匀涂上薄薄一层白凡士林。在开关盖的过风口装上密封垫。

② 在活塞上放上膜板、压板，用专用夹具夹住后装上挡圈，在膜板上均匀涂一层白凡士林，不得过量。

③ 将活塞体装入开关体内，装上开关盖，拧紧螺栓。

④ 安装上微动开关。

（4）检查与试验。将压力开关安装于 DK−1 型电空制动机试验台上，按 DK−1 型机车制动机单阀试验办法进行试验检查。

5. 记录与标识

填写记录，并做好合格标识。

课后讨论与复习题

1. DK−1 制动系统制动柜有哪些部件？
2. 电空阀的作用是什么？
3. 试述机车无动力装置的组成。

项目 14　DK-1 型制动系统的操作

项目导读

DK-1 型制动系统的操作，是电力机车驾驶的基本技能之一，包括使用电空制动控制器对全列车的操纵和使用空气制动阀对机车的操纵。

DK-1 型制动系统的操作包括两部分内容，即制动作用原理和制动功能试验。制动作用原理主要包括自动制动作用，单独制动作用，空电联合制动作用，空气位操作；制动功能试验主要包括五步闸试验，八步闸试验，还包括自动选择切除动力，列车自动停车，电制动与空气制动的配合，补风转换。

思维导图：

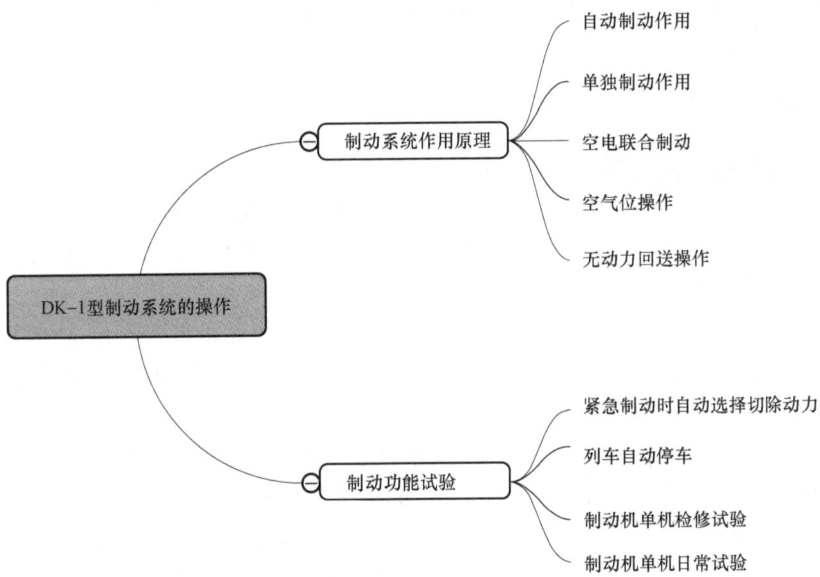

任务 14.1　制动系统作用原理

任务说明

制动作用原理主要包括自动制动作用，单独制动作用，SS_4 型电力机车空电联合制动，空气位操作，本、补机重联操作，退乘操作，无动力回送操作。

任务目标

1. 理解自动制动作用原理；
2. 理解单独制动作用原理；
3. 理解空电联合制动作用原理。

内容讲解

“电空位”工况时，将电空转换扳钮扳到“电空位”，电空制动控制器用来控制全列车的制动与缓解，空气制动阀用来单独控制机车的制动与缓解。主要起自动制动作用，单独制动作用，空电联合制动作用。

14.1.1　自动制动作用

1. 自动制动操纵前的准备工作

（1）检查控制电源屏上的电空制动用自动开关 615QA 扳钮应朝上，处于闭合位。

（2）电空转换扳钮置于“电空位”，127 塞门开通位。空气制动阀下方调压阀 53 调整压力为 300 kPa，调整时以司机操纵台制动缸压力读数为准。

（3）调压阀 55 输出压力调整为制动管定压，调整时以司机操纵台制动管压力表读数为准。转换阀 153 处于正常位，转换阀 154 在制动管定压为 500 kPa 时，置于货车位；在制动管定压为 600 kPa 时，置于客车位。

（4）开关板 502 上的 3 个转换开关 463QS、464QS、465QS 均应朝下，处于闭合位。其中，转换开关 463QS 因目前尚未使用适应补风的车辆制动机，故不宜朝上处补风位。转换开关 464QS、465QS 则在相应的电路有故障或各段另有规定时，可分别朝上处于切除位。

（5）除 155、156、121 塞门外，开通所有与制动机系统有关的塞门。非操纵节机车电空制动控制器手柄在重联位、空气制动阀手柄在运转位。

2. 自动制动作用原理

空气制动阀手柄在运转位，电空制动控制器手柄在各位的作用。该工况一般称为自动制动作用工况，即通过电空制动控制器来操纵全列车的制动、保压与缓解。当空气制动阀手柄在运转位时，则有：① 气路：不连通 a、b 管的充、排风气路；② 电路：微动开关 3SA2 闭合电路 809—818，为排风 1 电空阀 254YV 得电做准备。

（1）过充位。该操纵可实现车辆制动机快速缓解，而机车制动机保压，用于列车初充风或再充风。电空制动控制器使导线 803、805、813 得电。

① 导线 803 得电，经中间继电器 451KA13-14 常闭联锁、中间继电器 452KA9-10 常闭

联锁、455KA9–10 常闭联锁，使缓解电空阀 258YV 得电，连通总风经调压阀 55（输出压力为定压）向均衡风缸充风的气路，均衡风缸压力升高。

② 导线 805 得电，使过充电空阀 252YV 得电，连通总风向过充风缸充风的气路，过充风缸压力升高。随着均衡风缸和过充风缸压力的升高，活塞膜板带动顶杆迅速右移而顶开供气阀口，并且其开度较大，连通总风向制动管及活塞膜板右侧迅速充风的气路，即制动管压力迅速升高；当活塞膜板右侧及制动管的作用力升高至与活塞膜板左侧作用合力平衡时，在供气阀弹簧作用下，关闭供气阀口，且不打开排气阀口，即停止制动管充风。随着制动管压力迅速升高，车辆制动机快速缓解。分配阀主阀部的主活塞通过主活塞杆带动滑阀、节制阀迅速下移，连通制动管向工作风缸充风的气路；同时，尽管连通作用管通往 156 塞门的气路，但由于塞门 156 的关断，故塞门 156 不连通作用管排大气的气路。由于作用管压力不变，所以，均衡部保持不动，即处于其供、排气阀口均不开启的保压状态。可见，机车制动机保压。机车制动缸压力保持不变，均衡风缸压力为 500 kPa 或 600 kPa，制动管压力比 500 kPa 或 600 kPa 高 30～40 kPa。

③ 导线 813 得电，为实现 DK-1 型电空制动机与列车分离、制动管断裂、车长阀（或 121、122 塞门）制动及列车安全运行监控记录装置自动停车功能的配合做准备。

（2）运转位。该操纵可实现全列车的缓解，用于制动管正常充风及列车正常运行状态。电空制动控制器使导线 803、809、813 得电。

① 导线 803 得电，经中间继电器 451KA13–14 常闭联锁、中间继电器 452KA9–10 常闭联锁、455KA9–10 常闭联锁，使缓解电空阀 258YV、排风 2256YV 同时得电，连通总风经调压阀 55（输出压力为定压）向均衡风缸充风的气路，均衡风缸压力升高。

② 导线 809 得电，经微动开关 3SA2 使导线 818 得电，再经中间继电器 451KA15–16 常闭联锁、中间继电器 452KA11–12 常闭联锁、455KA11–12 常闭联锁，使排风 1 电空阀 254YV 得电，连通作用管向大气排风的气路，作用管压力降低。随着制动管压力升高，车辆制动机缓解。由于作用管压力降低，分配阀均衡部动作，机车缓解。机车制动缸压力为 0，均衡风缸压力为 500 kPa 或 600 kPa，制动管压力与均衡风缸压力相同。

③ 导线 813 得电，为实现 DK-1 型电空制动机与列车分离、制动管断裂、车长阀（或 121 塞门）制动及列车安全运行监控记录装置自动停车功能的配合做准备。

当电空制动控制器手柄由过充位移至运转位时，制动管由过充压力降至定压，即产生 30～40 kPa 的减压量，而该减压量足以使列车制动系统产生有效制动作用。那么，这一作用岂不与运转位的作用相矛盾吗？造成运转位和过充位制动管充风速度、大小不同的根本原因在于：过充位时使过充风缸得到充风。所以，当电空制动控制器手柄由过充位移至运转位时，均衡风缸压力保持定压不变，而过充风缸因过充电空阀 252YV 的失电而关断其充风气路，同时，过充风缸内原有的压力空气经风缸小孔 $\phi 0.5$ 向大气缓慢排风，即过充风缸压力缓慢降低。因此，双阀口式中继阀活塞膜板上缓慢形成向左的压力差，使其微微开启排气阀口，制动管缓慢排风，即制动管压力缓慢降低。对于分配阀（以 109 型分配阀为例）而言，随着制动管缓慢减压，在主活塞上产生微小的向上的压力差，但其不足以带动节制阀、滑阀克服阻力上移，即保持制动管与工作风缸连通的气路，因此，工作风缸向制动管逆流，致使主活塞不能产生足够的向上的压力差而使其保持原缓解状态。随着过充风缸压力空气的缓慢排出，当制动管压力缓慢降低到与均衡风缸压力平衡时，双阀口式中继阀关闭排气阀口，使制动管停止减压，而工作风缸也随之停止减压，并且保持在定压。可见，当电空制动控制器手柄由过充位移至运转位时，既消除了制动管的过充压力，使其恢复到定压，又避免了列车制动系统产生制动（称为自然制动）。事实上，当电空制动控制器手柄移至运转位时，由于排风 1 电空阀 254YV 得电，还要使机车进行缓解。

（3）中立位。该操纵可实现列车常用制动前的准备和制动后保压。电空制动控制器使导线 806、807、813 得电。

① 导线 806 得电，经转换开关 463QS 使中立电空阀 253YV 得电，连通总风向总风遮断阀管充风的气路，总风遮断阀管充入总风。总风遮断阀口关闭，切断了列车制动管的风源。

如果在制动前的中立位，由于均衡风缸压力没有下降，活塞膜板两侧压力平衡，列车制动管保压。在保压过程中，列车制动管压力由于泄漏而下降，尽管供风阀口将打开，但由于遮断阀已关闭，列车制动管的泄漏不能补充。

如果在制动后的中立位，由于均衡风缸压力停止下降，当列车制动管压力下降接近均衡风缸压力时，膜板活塞处于平衡状态，排气阀在其弹簧作用下关闭了排气阀口，列车制动管压力将停止下降而保压。同样，在保压过程中，列车制动管的泄漏不能补充。过充风缸内的压力空气将经排 2 电空阀 256YV 排向大气，消除过充柱塞的作用，确保可靠制动。

如果钮子开关 463QS 处于补风位，电空制动控制器在中立位时中立电空阀 253YV 不能得电，总风不能进入总风遮断阀左侧，遮断阀不会切断列车制动管的风源，列车制动管的泄漏可以得到补充。

② 导线 807 得电，经二极管 262V 使制动电空阀 257YV 得电，切断初制风缸或均衡风缸向大气排风的气路。

③ 导线 813 得电，为实现 DK-1 型电空制动机与列车分离、制动管断裂、车长阀（或 121、122 塞门）制动及列车安全运行监控记录装置自动停车功能的配合做准备。

（4）制动位。该位置是操纵列车常用制动时的工作位置，电空制动控制器手柄在该位置停留时间的长短，控制着列车制动管的常用制动减压量的多少。它与电空制动控制器中立位配合使用使列车制动管实现阶段常用准确减压。电空制动控制器使导线 806、808、813 得电。

① 导线 806 得电，经转换开关 463QS 使中立电空阀 253YV 得电，连通总风向总风遮断阀管充风的气路，总风遮断阀管压力升高。由于缓解电空阀 258YV 和制动电空阀 257YV 同时失电，所以连通了均衡风缸向初制风缸 58 降压及向大气排风的气路，即均衡风缸减压。因初制风缸的设置，使得均衡风缸产生一个确保全列车制动系统可靠制动的最小为 45～55 kPa 的较快减压量，以使后部车辆中较迟钝的三通阀或分配阀也能起制动作用。随着均衡风缸压力的降低，双阀口式中继阀的活塞膜板带动顶杆左移并打开排气阀口，连通制动管及活塞膜板右侧向大气排风的气路，即制动管压力降低，车辆制动机制动。分配阀主阀部主活塞通过主活塞杆带动节制阀上移，连通制动管向局减室降压的气路，以实现局部减压作用；随着制动管压力进一步降低，主活塞通过主活塞杆带动节制阀、滑阀继续上移，连通工作风缸向作用管充风的气路，即作用管压力升高。均衡活塞带动空心阀杆上移，顶开供气阀口，连通总风向机车制动缸及均衡活塞上侧充风的气路，即机车制动缸压力升高，机车制动。

② 导线 808 得电，为自动控制过量减压量做准备。若电空制动控制器手柄一直置于制动位，则当均衡风缸减压 190～230 kPa 时，压力开关 208 动作，并联动微动开关 208SA 闭合电路 808—800，使制动电空阀 257YV 得电，切断均衡风缸排大气的气路，即停止均衡风缸减压，使其获得 190～230 kPa 的过量减压量。

③ 导线 813 得电，为实现 DK-1 型电空制动机与列车分离、制动管断裂、车长阀（或 121、122 塞门）制动及列车安全运行监控记录装置自动停车功能的配合做准备。

综上所述，该操纵可实现全列车的常用制动，并能自动控制制动管过量减压量（190～

230 kPa）。因此，用于列车调速或停车。

实际运行中，既可进行“一段制动法”操纵，又可进行“两段制动法”操纵。所谓一段制动法是指施行制动后不再进行缓解，根据列车减速情况追加减压，使列车停于预定地点的操纵方法。而两段制动法则是指进站前施行制动，待列车速度降至所需要的速度时进行缓解，充风后再次施行制动，使列车停于预定地点的操纵方法。

当在制动位实施追加制动时，须待第一次减压排风完成后，再施行追加减压。这是因为减压排风未完成就进行追加减压，相当于施行了一次大减压，列车因制动力过强而增加冲击，也容易使后部车辆产生紧急制动作用。同时，追加减压量不应超过第一次减压量，否则因列车制动力急剧增加，不利于平稳操纵。

制动位下，还可以进行“长波浪式制动”和“短波浪式制动”。所谓长波浪式制动是指减压量小、列车减速慢、制动距离长的制动操纵方法。长波浪式制动的优点是列车在较长的距离内，基本保持匀速减速运行，且用风量小，使空气压缩机工作量小；缺点是闸瓦与轮箍摩擦时间长，易发热，因此在使用时，应注意制动距离不宜过长，以免闸瓦过热而使制动失效，或轮箍过热弛缓。另外，在起伏坡道的线路上，也可用空气制动阀调整机车的制动力。所谓短波浪式制动是指减压量大（一般在 100 kPa 以上）、列车减速快、制动距离短的制动操纵方法。短波浪式制动的优点是闸瓦不易过热，缺点是制动频繁，空气压缩机工作量大，因此使用时，应掌握好缓解时机，防止因缓解过早使列车速度剧增，并且严防充风不足，错过下一次制动时机，而造成超速或放飏事故。

实际运行中，禁止“偷风”操纵。所谓偷风是指列车制动保压时，人为地将大闸手柄由中立位短时间地移至运转位或缓解位，再移回中立位的操纵方法。因为车辆制动机通常为一次缓解型的，不具备阶段缓解性能，即当制动管充风时，不论是否充到定压，一次缓解型制动机均进行完全缓解，所以，偷风操纵会使列车部分或全部车辆完全缓解，而形成列车制动力不足，极易造成人为行车事故，故严禁偷风操纵。

（5）重联位。该操纵使电空制动控制器失去对全列车制动系统的控制作用，全列车制动系统由本务机车操纵端进行控制。因此，用于重联机车、补机、无动力回送机车及本务机车非操纵端。电空制动控制器使导线 821 得电，使三个电空阀得电。

① 经二极管 260V 使中立电空阀 253YV 得电。

② 经二极管 264V 使制动电空阀 257YV 得电，切断初制风缸及均衡风缸的排风气路；同时，因缓解电空阀 258YV 失电，故切断均衡风缸的充风气路。

③ 使重联电空阀 259YV 得电，连通均衡风缸与制动管之间的气路，从而实现双阀口式中继阀的自锁，以保证制动管压力不再受该双阀口式中继阀动作的控制。由于重联电空阀 259YV 的得电使双阀口式中继阀处于自锁状态，再加上排风 2 电空阀 256YV 得电而排放过充风缸内的压力空气，所以使中继阀失去对制动管压力变化的控制作用。

（6）紧急位。该位置是列车运行中紧急停车时所用的位置。电空制动控制器使导线 812、806、821、804 得电。

① 导线 812 得电，经 107QPF 使撒砂 I 电空阀 251YV、241YV 得电，连通总风向撒砂器充风的气路，完成自动撒砂作用，以防止制动滑行。

② 导线 806 得电，经转换开关 463QS 使中立电空阀 253YV 得电，连通总风向总风遮断阀管充风的气路。

③ 导线 821 得电，使三个电空阀得电，经二极管 260V 使中立电空阀 253YV 得电，经二极管 264V 使制动电空阀 257YV 得电，切断初制风缸及均衡风缸的排风气路，使重联电空

阀 259YV 得电，连通均衡风缸与制动管之间的气路，从而实现双阀口式中继阀的自锁，以保证制动管压力不再受该双阀口式中继阀动作的控制。

④ 导线 804 得电，此时有两方面作用：一方面，若机车有级位，即机车处于牵引工况，零位继电器 558KA 联锁闭合，则导线 804 经闭合的零位继电器联锁 558KA，最终引起控制电路工作，使主断路器跳闸，切除机车牵引动力，保证机车由牵引工况转变为制动工况。另一方面，由导线 804 得电，使紧急电空阀 94YV 得电，连通总风向电动放风阀铜碗及膜板下侧充风的气路，铜碗及膜板下侧压力升高，膜板、铜碗推动芯杆上移，顶开放风阀口，连通制动管向大气放风的气路，即制动管压力迅速降低。随着制动管压力的迅速降低，紧急阀活塞膜板带动活塞杆迅速下移而顶开放风阀口，连通制动管向大气放风的气路，即加速制动管放风；同时，联动微动开关 95SA 闭合电路 838—839。待 15 s 后，因紧急室压力空气经缩孔Ⅰ、Ⅲ排风使其压力与制动管压力趋于一致时，在安定弹簧作用下，关闭放风阀口，同时，联动微动开关 95SA 断开电路 838—839。

随着制动管压力迅速下降，分配阀主活塞通过主活塞杆带动节制阀、滑阀迅速上移至上端，连通工作风缸向作用管充风的气路，并且气路的开启程度较大，即作用管压力快速升高。紧急增压阀柱塞迅速上移至上端，从而连通总风向作用管充风的气路，即作用管压力进一步迅速升高，并且由低压安全阀将其压力限定在 450 kPa。

分配阀均衡活塞带动空心阀杆迅速上移而顶开供气阀口，并且其开启程度较大，连通总风向机车制动缸及均衡活塞上侧充风的气路，即机车制动缸压力迅速升高；当机车制动缸压力及均衡活塞上侧压力迅速升高至与作用管压力（即 450 kPa）平衡时，在供气阀弹簧作用下，关闭供气阀口，且不打开排气阀口，停止机车制动缸的充风。机车制动缸压力为 450 kPa。机车制动机实现紧急制动作用。同时，随着制动管压力迅速下降，车辆制动机也进行紧急制动。

综上所述，该操纵可实现全列车的紧急制动（又称非常制动），并伴随自动撒砂及切除牵引工况机车的机车动力源，以确保列车的运行安全。因此，用于列车运行过程中产生危及行车安全或人身安全的紧急情况。

3. 自动制动操纵的注意事项

（1）操纵电空制动控制器可对全列车进行制动与缓解。

（2）电空制动控制器紧急制动后，若需要缓解全列车时，须在紧急位停留 15 s 以上才能返回运转位进行缓解。

（3）电空制动控制器手柄在过充位、运转位、中立位和制动位时，由于其他原因引起紧急制动作用，需经 15 s 以后，电空制动控制器手柄先置重联位或紧急位，再回运转位才能缓解列车。

（4）在运行中施行紧急制动时，车未停稳，严禁移动单阀手柄、自阀手柄；无自动撒砂装置或自动撒砂装置失效时，停车前应适当撒砂。

14.1.2 单独制动作用

电空制动控制器手柄在运转位，空气制动阀手柄在各位置的作用。当电空制动控制器手柄在运转位时，则有：导线 803 和导线 809 得电，使机车、车辆制动机保持缓解；此时，通过空气制动阀来单独操纵机车的制动、缓解与保压，该工况一般称为单独制动作用。

1. 单独制动作用原理

电空转换扳钮位于“电空位”，则有：① 气路：作用管与 b 管连通。② 电路：微动开关 3SA1 闭合电路 899—801，并断开电路 899—800。即，闭合为电空制动控制器送电的电路。

（1）缓解位。该操纵可实现机车的单独缓解，并且其缓解速度较空气制动阀在运转位的缓解速度快。空气制动阀作用柱塞在其凸轮和弹簧作用下左移至左端，开通 b 管与大气、总风经调压阀 53 与 a 管的气路，则连通作用管向大气排风的气路（作用管—电空转换阀—b 管—作用柱塞阀—大气）；同时，微动开关 3SA2 闭合电路 809—818，使排风 1 电空阀 254YV 得电，从而连通另一条作用管向大气排风的气路。所以，作用管压力降低。

随着作用管压力降低，分配阀均衡部均衡活塞带动空心阀杆下移，打开排气阀口，连通机车制动缸及均衡活塞上侧向大气排风的气路，即机车制动缸压力降低。当机车制动缸及均衡活塞上侧压力降低至与作用管压力平衡时，均衡活塞带动空心阀杆上移，关闭排气阀口，且不顶开供气阀口，停止机车制动缸的排风。

（2）运转位。该操纵可实现机车的单独缓解。空气制动阀作用柱塞在其凸轮和弹簧作用下处于中间位置，切断 a 管、b 管、调压阀管及大气间的气路。同时，微动开关 3SA2 闭合电路 809—818，使排风 1 电空阀 254YV 得电，从而连通作用管向大气排风的气路，所以，作用管压力下降，机车单独缓解。

事实上，空气制动阀运转位实现机车的单独缓解是在电空制动控制器运转位的前提下进行的。若电空制动控制器手柄不在运转位，则导线 809 失电，致使排风 1 电空阀 254YV 失电，因此，即使空气制动阀手柄在运转位，也不能实现机车的单独缓解。这一点，与空气制动阀在缓解位有根本的区别。

（3）中立位。该操纵可实现机车的单独保压。用于机车单独制动前的准备及制动后的保压。空气制动阀作用柱塞在其凸轮和弹簧作用下处于中间位置，切断 a 管、b 管、调压阀管及大气间的气路，使作用管既不通大气，也不与调压阀管连通；同时，微动开关 3SA2 断开电路 809—818，使排风 1 电空阀 254YV 失电，从而切断作用管向大气排风的气路。所以，作用管压力不变。分配阀均衡部保持不动而维持原状态，所以，机车制动缸压力不变。

（4）制动位。该操纵可实现机车的单独制动。空气制动阀作用柱塞在其凸轮和弹簧作用下右移至右端，开通 a 管与大气、总风经调压阀 53 与 b 管的气路，则连通总风向作用管充风的气路（总风—53—作用柱塞阀—b 管—电空转换阀—作用管）；同时，微动开关 3SA2 断开电路 809—818，使排风 1 电空阀 254YV 失电，从而切断作用管向大气排风的气路。所以，作用管压力升高。

随着作用管压力的升高，分配阀均衡部均衡活塞带动空心阀杆上移，并顶开供气阀口，连通总风向机车制动缸及均衡活塞上侧充风的气路，即机车制动缸压力升高。当机车制动缸及均衡活塞上侧压力升高至与作用管压力平衡时，在供气阀弹簧作用下，关闭供气阀口，且不打开排气阀口，停止机车制动缸的充风。

（5）下压手柄。该操纵可实现机车的单独缓解。当下压空气制动阀手柄时，推动转轴内的顶杆下移，从而顶开单缓阀口，连通作用管向大气排风的气路，即作用管压力降低，机车制动缸压力降低，实现机车的单独缓解。下压手柄操纵，通常是在空气制动阀中立位下进行。

2. 单独缓解作用

电空制动控制器手柄在制动位或制动后的中立位，空气制动阀手柄在缓解位或下压手柄的作用。该工况一般称为电空制动控制器制动，空气制动阀单独缓解作用，即在全列车制动系统制动时，由空气制动阀单独缓解机车制动。

通过前面的讨论可以知道，若电空制动控制器手柄在制动位或制动后的中立位，则使制动管获得一定的减压量，即全列车制动系统进行常用制动。

当空气制动阀手柄移至缓解位（或下压手柄）时，由作用柱塞阀（或单缓阀）连通作用管向大气排风的气路，即作用管—电空转换阀—b 管—作用柱塞阀—大气（或作用管—单缓阀口—大气），则作用管压力降低，导致分配阀均衡部的均衡活塞带动空心阀杆下移而打开排气阀口，连通机车制动缸向大气排风的气路，即机车制动缸压力降低；待机车制动缸压力与作用管压力平衡时，关闭排气阀口，停止机车制动缸的排风。

3. 单独制动操纵的注意事项

（1）操作空气制动阀可对机车进行单独制动与缓解。

（2）在操纵过程中，应避免“大劈叉制动”。所谓大劈叉制动是指电空制动控制器减压的同时，将空气制动阀手柄移至缓解位（或下压手柄），这种车辆制动而机车不产生制动的操纵方法称为大劈叉制动，也叫“拉弓闸”。“大劈叉制动”使用不当时，极易损伤甚至拉断车钩，同时因机车不制动，会使列车制动力下降。

（3）电空制动控制器手柄在过充位、运转位中立位和制动位时，由于其他原因引起紧急制动作用，需经 15 s 以后，电空制动控制器手柄先置重联位或紧急位，再回运转位才能缓解机车。

14.1.3　SS_4型电力机车空电联合制动

电力机车空电联合制动是以机车准恒速加馈电阻制动以及 DK-1 型电空制动机技术为基础，为适应重载、高速列车的需要而发展起来的一种技术装备。它是通过司机控制器手柄级位、机车速度、加馈电阻制动电流以及联合制动、电制动、DK-1 型电空制动机状态、主断路器闭合状态、分相无电区等模拟或数字信号的输入，经电子柜内单片机硬件、软件处理后，对 DK-1 型电空制动机和加馈电阻制动发出控制指令，并经空电联合制动控制环节，自动对列车制动机、机车制动机实施制动减压、保压或充风缓解，同时对电制动进行必要的干预。在充分利用电制动的前提下，使两种制动方式有机地结合起来，维持列车在给定速度带中安全运行，保证长大重载列车的安全运行。

空电联合制动的切换由制动屏柜内联合制动电器屏上空电联合转换开关 466QS 完成，该开关有三个位置：“0 位”切除；“Ⅰ位”自动缓解空气制动；“Ⅱ位”手动缓解空气制动。

列车运行在长大坡道上时，电空制动控制器手柄置于“运转位”，空气制动阀手柄置于“运转位”。若空电联合转换开关 466QS 在“Ⅰ位”，则司机只需转动司机控制器给定手轮，给定机车运行速度指令，空电联合制动装置将在机车电制动力已达最大，而列车继续加速到超过给定速度 5 km/h 时，发出一级减压指令（制动管减压 50 kPa）；如果速度还继续上升到超过给定速度 15 km/h 时，发出二级减压指令（制动管追加减压 20 kPa，即减压 70 kPa）。为发挥电制动作用，空气制动投入后，电制动将维持最大。当列车速度低于给定速度 15 km/h 时，将自动缓解列车空气制动。若空电联合转换开关 466QS 在“Ⅱ位”，则列车空气制动的缓解只能靠司机将电空制动控制器手柄从运转位移置中立位，再移回运转位来完成。在空气制动缓解后，为延长列车充风时间，电制动还将维持最大制动力达 1 min。空电联合制动过程中，司机根据运行要求可以随时人工干预空气制动，对制动管追加减压或充风缓解。同时，运行中只要机车存在电制动力，机车制动缸压力将自动缓解。

当空电联合转换开关 466QS 处于“Ⅰ位”时，为确保行车安全，在通过分相无电区断电时，空电联合制动将锁定在断电时的状态，只有在合闸以及重新给定司机控制器，司机按动操纵台面上的解锁恢复按钮，空电联合制动将从锁定点开始恢复工作。空电联合制动的锁定和解锁可在司机操纵台空电联合显示灯上显示。

此外，在机车加馈电阻制动故障后，空电联合制动装置将自动实行制动管减压。

若 466QS 处于Ⅰ位，则在通过分相无电区时，应先断主断，再断辅机，并将调速手柄回“0”；分相完毕后，先合主断，再合辅机，给定调速手柄，确认完毕后，按司机台上的空电恢复按钮。

空电联合制动中，若需司机人工干预，可将电空制动控制器手柄置于制动位、中立位追加减压；也可将电空制动控制器手柄置于中立位再回运转位或过充位，以提前缓解。

若 466QS 处于Ⅱ位，只能将电空制动控制器手柄置于中立位再回运转位或过充位缓解空气制动。缓解空气制动后，电制动将维持最长 1 min。

14.1.4 空气位操作

“空气位”工况的操作，也称为空气位操纵，电空制动控制器失去作用，空气制动阀用来控制全列车的制动与缓解。作为 DK-1 型电空制动机电气线路部分故障后的一种应急补救操纵措施，不具备“电空位”操纵时那样齐全的性能。

1. 空气位操纵前的准备工作

（1）将操纵节机车空气制动阀上的电空转换扳钮移至“空气位”，并将手柄移至缓解位。将空气制动阀下方调压阀 53 的输出压力值调整为定压。无论是电空位下操纵，还是空气位下操纵，作用管或均衡风缸都是由调压阀管充风的，但两者的充风压力不同，电空位时，调压阀的调整值为 300 kPa，空气位时，调压阀的调整值为 500 kPa 或 600 kPa。

（2）将电空制动屏柜上的转换阀 153 由“正常位”转换至“空气位”。在一般的机能检查时可以不转换 153 转换阀，但在运行途中，需要转为空气位操作时，必须将 153 由“正常位”转换至“空气位”，以确保空气位的顺利操纵。

（3）电空制动控制器手柄应放运转位，也可从重联位取出。

（4）若非操纵节机车处于空气位，或处于电空位但无电空制动电源，应将非操纵节机车中继阀的制动管塞门 115 关断。

（5）空气位操纵，只允许短时间低速维持故障运行，到达安全地方后，应及时恢复电空制动，以确保运行安全。

2. 空气位操纵

将电空转换扳钮扳至“空气位”。气路：连通均衡风缸与 a 管的气路；电路：微动开关 3SA1 断开电路 899—801，即切断电源电路，并且闭合电路 899—800，使制动电空阀 257YV 单独得电，以保证空气位正常操纵。由于微动开关 3SA1 已切断电源电路，所以，微动开关 3SA2 闭合电路 809—818 与否均不能使排风 1 电空阀 254YV 得电。可见，在其工作过程中，不必考虑微动开关 3SA2 的工作状态。

（1）缓解位。该操纵可实现车辆缓解、机车保压。空气制动阀作用柱塞在其凸轮及弹簧作用下左移至左端，开通总风经调压阀 53 与 a 管、b 管与大气的气路，则连通总风向均衡风缸充风的气路（总风—调压阀 53—作用柱塞阀—a 管—电空转换阀—均衡风缸），即均衡风缸压力升高。

随着均衡风缸压力升高，双阀口式中继阀活塞膜板带动顶杆右移而顶开供气阀口，连通总风向制动管及活塞膜板右侧充风的气路，即制动管压力升高；当活塞膜板右侧及制动管压力升高至与均衡风缸压力平衡时，在供气阀弹簧作用下，关闭供气阀口，且不打开排气阀口，即停止制动管充风。

随着制动管压力升高，车辆制动机进行缓解，由于我国车辆制动机通常采用一次缓解性能的分配阀或三通阀，故车辆制动机产生完全缓解。机车分配阀主阀部主活塞通过主活塞杆带动滑阀、节制阀下移，连通制动管向工作风缸充风的气路；同时，尽管连通作用管通往156塞门的气路；但由于156塞门的关断（空气位下，156塞门关断），故156不开通作用管排大气的气路，即作用管压力不变。均衡部不动作，即机车制动缸压力不变。

（2）中立位或运转位。该操纵可实现全列车保压。对于空气制动阀，作用柱塞在其凸轮及弹簧作用下处于中间位置，切断a管、b管、调压阀及大气间的气路，即均衡风缸压力不变。导致中继阀、分配阀及车辆制动机均不动作而保持原状态，相应的制动管、工作风缸、紧急室、作用管、机车制动缸压力均不变，即全列车制动系统呈保压状态。

（3）制动位。该操纵可实现全列车的常用制动，用于列车减速或停车。空气制动阀作用柱塞在其凸轮及弹簧作用下右移至右端，开通a管与大气、总风经调压阀53与b管的气路，则连通均衡风缸向大气排风的气路（均衡风缸—电空转换阀—a管—作用柱塞阀—大气），即均衡风缸压力降低。

随着均衡风缸压力的降低，制动管压力降低，机车产生制动，车辆制动机也产生进行制动。

空气制动阀手柄如果一直保持在制动位，可使均衡风缸和制动管减压到零，但在实际操纵中，不允许将空气制动阀手柄长时间停放制动位，以免引起制动管过量减压而延误缓解时机。

（4）下压手柄。该操纵可实现机车的单独缓解。当下压空气制动阀手柄时，推动转轴内的顶杆下移，从而顶开单缓阀口，连通作用管向大气排风的气路，即作用管压力降低，可实现机车的单独缓解。

3. 空气位操纵的注意事项

（1）操作空气制动阀可对全列车进行制动与缓解，单缓机车则要下压其手柄。

（2）需紧急制动时，应按压紧急按钮或开放手动放风塞门121，并将空气制动阀手柄置于制动位。

（3）此时因制动管有补风作用，在中立位停留一段时间后，要监视速度的变化，以免因车辆的陆续自然缓解而丧失制动时机。空气制动阀手。

14.1.5 本、补机重联操作

当机车作为本务机车运行时，制动机操作方法与上述的电空位或空气位操作相同。当机车作为补机运行时，该机车制动机受本务机控制，因此补机需做以下处理（此时补机操纵节570QS1应闭合）。

1. 与同型号机车重联，并且两机车间平均管、总风联管、制动管均开通

（1）将两节机车电空制动控制器手柄置重联位或取出；空气制动阀手柄置运转位或取出。

（2）将两节机车重联转换阀93的转换按钮置于“补机位”。

（3）如某节机车无电空制动电源或处于空气位，还应将该节机车中继阀座下方的制动管塞门115关断。

2. 与不同型号机车重联，或者同型号两机车间平均管、总风联管没有开通

（1）将两节机车电空制动控制器手柄置重联位或取出；空气制动阀手柄置运转位或取出。

（2）将重联操纵节机车重联转换阀93的转换按钮置于“本机位”；将重联非操纵节机车重联转换阀93的转换按钮置于“补机位”；将重联操纵节机车的分配阀缓解塞门156开放。

（3）如某节机车无电空制动电源或处于空气位，还应将该节机车中继阀座下方的制动管塞门115关断。

14.1.6　退乘操作

运行后的退乘及机能检查试验完成后的操作要点：

1. 切断电空制动电源。
2. 关闭总风缸塞门 111、113。
3. 确认控制风缸 102 的压力为 900 kPa 时，及时关闭膜板塞门 97。

14.1.7　无动力回送操作

1. 空气制动阀手柄置于运转位或取出。
2. 关断两节机车的制动管塞门 115，并开放分配阀缓解塞门 156 及无动力回送塞门 155。
3. 两节机车分配阀低压安全阀的整定值调整为 180～200 kPa。
4. 两节机车的重联转换阀 93 与本务机车相同。
5. 关断两节机车的总风缸塞门 112。

课后讨论与复习题

1. 简述自动制动操纵的注意事项。
2. 简述单独制动操纵的注意事项。
3. 简述空气位操纵的注意事项。

任务 14.2　制动功能试验

任务说明

制动功能试验主要包括紧急制动时自动选择切除动力，列车自动停车，电制动与空气制动的配合，补风转换，制动机单机检修试验（八步闸试验），制动机单机日常试验（五步闸试验），等等。

任务目标

1. 理解紧急制动时自动选择切除动力；
2. 理解电制动与空气制动的配合；
3. 掌握五步闸试验。

内容讲解

14.2.1　紧急制动时自动选择切除动力

1. 基本知识

当司机将电空制动控制器放紧急位或其他原因产生紧急制动时，为避免不必要的分断主断路器，并方便司机操作，司机控制器在“0”位，即机车无级位时，不断主断路器；而司机控制器离开“0”位，即机车有级位时，自动分断主断路器，如图 14-1 所示。

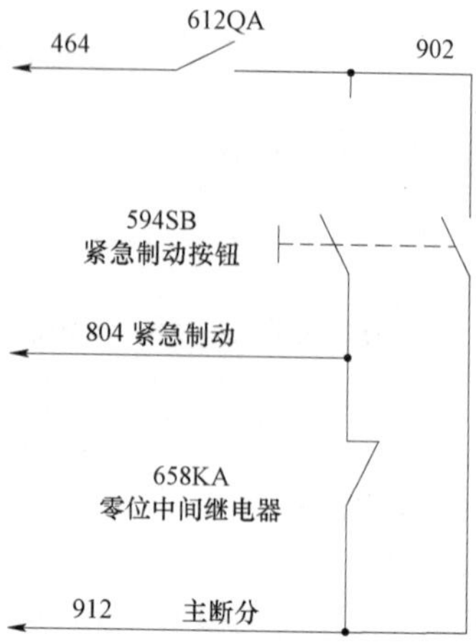

图 14-1　自动分断主断路器原理图

零位中间继电器 568KA 在司机控制器均处于“0”位时得电，其常闭联锁断开，导线 804 与 912 不通，紧急制动时不断主断路器。反之，则导线 804 与 912 连通，紧急制动时，导线 804 将经 568KA 到达导线 912，使主断路器分断。按压司机台上的 594SB 按钮时，由于导线 902 电源不经过 568KA 直接到达导线 912，所以各种条件下均分断主断路器。

2. 检测过程

开放制动管手动放风塞门，产生紧急制动作用，制动机自动选择切除机车牵引动力。

14.2.2　列车自动停车

1. 基本知识

DK-1 制动系统列车自动停车包括运行监控装置动作后自动停车、121 塞门或车长阀放风后自动停车、制动管断裂或列车分离后自动停车，如图 14-2 所示。

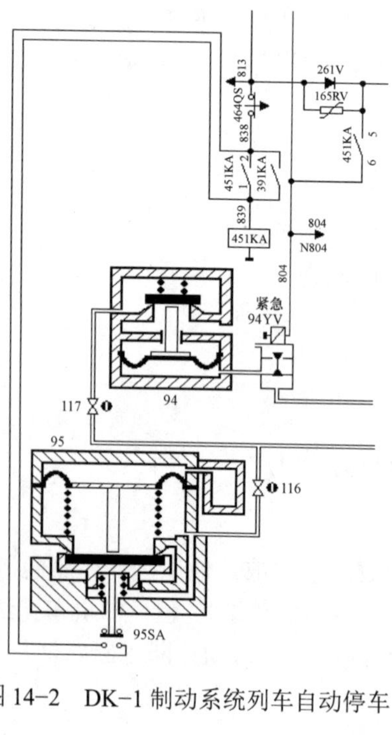

图 14-2　DK-1 制动系统列车自动停车

（1）运行监控装置动作后自动停车。列车安全运行监控记录装置自动停车功能起作用时，自动控制 DK–1 型电空制动机进行紧急制动，以确保行车安全。设电空制动控制器手柄在过充位、运转位、中立位或制动位，即机车处于牵引工况（或惰行工况、制动工况），则有导线 813 得电。当列车安全运行监控记录装置自动停车功能起作用时，使继电器 391KA 得电动作，其常开联锁闭合，则导线 813—464QS—导线 838—391KA 常开联锁（闭合）—导线 839—中间继电器 451KA 得电，其常闭联锁断开而常开联锁闭合。

一方面，若机车有级位，即机车处于牵引工况，引起控制电路工作，使主断路器跳闸，切除机车牵引动力，保证机车由牵引工况转变为制动工况。另一方面，紧急电空阀 94YV 得电，电动放风阀连通制动管向大气放风的气路。随着制动管压力的迅速降低，紧急阀动作，加速制动管放风，微动开关 95SA 闭合电路 838—839。机车分配阀动作，机车制动缸压力迅速升高实现紧急制动作用，车辆制动机也进行紧急制动。

列车安全运行监控记录装置自动停车功能引起紧急制动后，若要继续运行，则须扳动恢复自动停车信号电器屏上的恢复开关，使继电器 391KA 失电，待自停系统和制动系统恢复正常后方能重新发车。当 391KA 或自停系统发生故障时，可用转换开关 464QS 进行切除，以免影响制动机正常工作。

（2）塞门或车长阀放风及制动管断裂或列车分离后自动停车。无论 121 塞门制动、车长阀制动、制动管断裂、还是列车分离，都是直接开通制动管放风气路，从而使制动管压力迅速下降，紧急阀动作，加速制动管的放风，全列车进行紧急制动，同时 95SA 闭合电路 838—839。导线 813—464QS—95SA—中间继电器 451KA 得电，导线 804 经闭合的零位继电器联锁 558KA，使主断路器跳闸，切除机车牵引动力，以保证列车运行的安全。缓解电空阀 258YV 失电，从而切断均衡风缸的充风气路。排风 1 电空阀 254YV 失电，从而切断作用管的排风气路。制动电空阀 257YV 得电，从而切断均衡风缸和初制风缸的排风气路。导线 821 也使 253YV、256YV、259YV 得电，以保证紧急制动可靠实施。

当制动管断裂、列车分离和车长阀、121 塞门制动引起紧急制动后，若要继续运行，则须将电空制动控制器手柄先移至重联位，再移回运转位，使中间继电器 451KA 失电解锁，待制动系统恢复正常后方能重新发车。

2. 检测过程

开放制动管手动放风塞门，产生紧急制动作用：

a. 制动管压力应快速降至零，机车自动撒砂。

b. 制动缸压力升至 450±10 kPa，并不得自动缓解。

14.2.3　电制动与空气制动的配合

1. 基本知识

电制动也称为动力制动，是电传动机车采用的又一种较为可靠的制动形式。电制动与空气制动的配合又称为电空联锁，是为了改善列车在曲线下坡道运行施用动力制动时，防止造成轨道横移的不良影响。在动力制动初始阶段，DK–1 型电空制动机自动产生 40～50 kPa 减压量的空气制动，并保持 25 s 左右后，该空气制动自动消除，如图 14–3 所示。

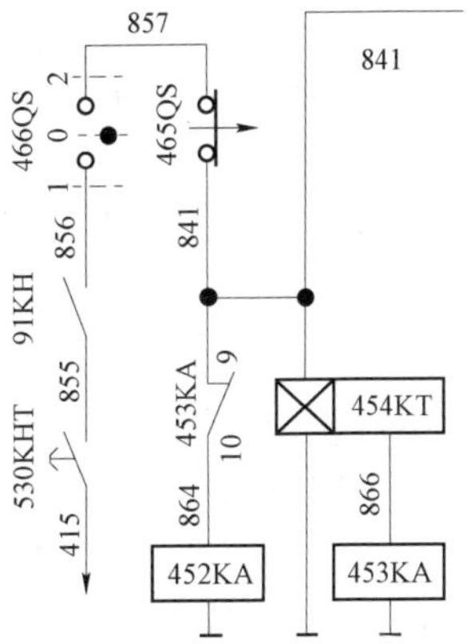

图 14–3　电制动与空气制动的配合

使用电—空联锁时，制动机应工作在电空位下，且操纵节机车电空制动控制器在运转位。电空制动屏开关板上的转换开关 465QS 应朝下（电空联锁位）。一次电空联锁结束，且调速手柄回“0”后，如需再一次实现电空联锁，应将“电空制动控制器”手柄移中立位后再回运转位。电空联锁作用时，空气制动经 25 s 自动缓解后，电阻制动力不足时，可追加空气制动。
机车制动缸压力能自动缓解。

（1）列车空气制动的自动产生。对于 SS_4 型电力机车，当司机将司机控制器换向手柄置于“制动位”时，导线 405 得电。一方面经控制电路使励磁接触器得电，其常开联锁 91KM 闭合；同时使风速继电器 530KT 常开联锁闭合。另一方面经电空制动控制器使导线 836 得电。当司机操纵司机控制器调速手柄离开“0 位”移向“制动区”时，导线 415 得电，导线 415—530KT—导线 855—常开联锁 91KM 闭合—导线 856—466QS—导线 857—465QS—导线 841—电子时间继电器 454KT 得电并开始延时；同时，导线 841—中间继电器 453KA9—10 常闭联锁—中间继电器 452KA 得电。排风 1 电空阀 254YV 失电，从而切断作用管经排风 1 电空阀 254YV 向大气排风的气路。缓解电空阀 258YV 失电，从而切断均衡风缸的充风气路。制动电空阀 257YV 的失电，连通均衡风缸经初制风缸向大气排风的气路，当均衡风缸减压 20 kPa 时，压力开关 209 联动微动开关 209SA 闭合电路 822—800，制动电空阀 257YV 得电，从而切断均衡风缸经初制风缸向大气排风的气路，以控制均衡风缸减压量达到 40～50 kPa。

随着均衡风缸压力的降低，双阀口式中继阀动作，制动管产生 40～50 kPa 减压量，列车实现常用制动作用。

（2）列车空气制动的自动消除。待延时约 25 s 后，电子时间继电器 454KT 接通中间继电器 453KA 的供电电路而使中间继电器 453KA 得电，使中间继电器 452KA 失电复原，均衡风缸压及制动管恢复定压，列车空气制动自动消除。

当司机操纵换向手柄移出“制动位”而停止动力制动时，导线 405 失电，从而使 452KA、453KA、454KT 失电，相关电路复原，为下一次动力制动或空气制动作准备。

（3）动力制动不足时，追加空气制动。SS_4 型电力机车上设有风压继电器 516KF，整定值为 150 kPa。其目的是用于动力制动和空气制动同时施用时，若机车制动缸压力超过 150 kPa，则自动切断动力制动的励磁电源，以避免因制动力过大而造成制动滑行。但是，实际运行中，根据动力制动的性能、特点和列车运行的需要，往往需同时实施动力制动和空气制动，以提高列车制动力，确保行车安全。为了解决这一问题，DK-1 型电空制动机设置了在动力制动的基础上，追加空气制动的功能。下面，简要分析其工作过程。

司机操纵司机控制器实施动力制动 25 s 后，由于中间继电器 453KA 维持得电，因此，导线 415—530KT—导线 855—常开联锁 91KM 闭合—导线 856—466QS—导线 857—465QS—导线 841—270V—453KA3-4—导线 862—451KA15-16—排风 1 电空阀 254YV 得电，从而保持作用管排风气路的开通。当需要追加空气制动时，司机将电空制动控制器手柄移至制动位，缓解电空阀 258YV 和制动电空阀 257YV 同时失电，从而连通均衡风缸排风气路，致使制动管也产生减压量，因此车辆进行制动。而对机车而言，尽管制动管压力下降使分配阀主阀部连通工作风缸向作用管充风的气路，但因排风 1 电空阀 254YV 得电而保持了作用管的排风气路，所以，作用管的压力不可能达到 150 kPa，即机车制动缸压力不会达到 150 kPa 而维持风压继电器 516KF 不动作，从而实现了动力制动和空气制动的同时实施。这样，在动力制动工况下，补充车辆的空气制动，既简化操纵程序，又安全可靠。

值得注意的是：上述作用的实现，须符合先动力制动 25 s 后，再追加空气制动的操纵方法。否则（即同时操纵动力制动和空气制动；或先操纵动力制动，25 s 内再操纵空气制动；或先操纵空气制动，再操纵动力制动），动力制动和空气制动的配合，将受风压继电器 516KF

的限制。

另外，在动力制动工况下，遇有危及行车安全和人身安全的紧急情况时，仍可实施紧急制动。此时，由于作用管的充风较快，而使机车制动缸得到较大的充风，所以，风压继电器516KF动作，从而切除动力制动，以避免造成制动滑行。

转换开关465QS的设置，主要是考虑不同运行区段使用动力制动的要求有所不同，故不作硬性规定，可根据运行需要及效果进行选择。此外，当其相应电路故障而影响正常运行时，可进行切除。

14.2.4 补风转换

1. 基本知识

制动管的泄漏是不可避免的，其泄漏量的标准根据各国的具体情况而制订。我国目前的标准为每分钟泄漏不大于20 kPa。在制动保压过程中，制动管的泄漏量若不能得到及时补充，则随保压时间的延续，制动管的实际减压量会随之增加，制动缸压力也随之增大。可见，列车制动力是变化的，这给操纵带来不便。但我国目前的车辆制动机受其性能的限制，制动管不宜具有补风性能，因一旦制动管补风，有可能会使车辆制动机产生自然缓解现象，这是非常危险的。考虑到制动机性能将随铁路运输事业发展的需要而日臻完善，DK-1型电空制动机增加了补风转换作用。

补风转换作用由转换开关463QS控制实现。在不补风位时，转换开关463QS闭合电路，电空制动控制器制动位或中立位，使导线806经转换开关463QS向中立电空阀253YV供电，从而使总风遮断阀口关闭，以切断制动管的补风风源。而在补风位时，转换开关463QS断开电路，这样，即使电空制动控制器在制动位或中立位，也不能使中立电空阀253YV得电。从而保证总风遮断阀口开启，使制动管具有补风风源，因而当制动管泄漏时也能得到补充。

2. 检测过程

（1）闭合463QS使制动机禁止自动补风。

（2）操作步骤：① 将电空制动控制器手柄置于制动位，减压100 kPa后保压。② 观察制动管压力变化情况。③ 断开463QS使制动机允许自动补风。④ 观察制动管压力变化情况。

（3）判断方法：

由于制动管泄漏使制动管压力低于均衡风缸的压力，表明制动机禁止自动补风。断开463QS后，制动管压力上升到与均衡风缸压力相同，表明制动机允许自动补风。

14.2.5 制动机单机检修试验

DK-1型电空制动机的检查、试验，主要用来检查制动机的各项作用是否正常。它是通过电空制动控制器、空气制动阀手柄在各工作位置间的顺序转换，同时观察压力表指针的变化情况，来分析、判断电空制动及其各部件是否处于良好状态。制动机试验分为装车前试验和装车后试验。其中，装车前试验是在DK-1型电空制动机试验台上进行；而装车后试验通常是在单机上试验，主要包括检修试验（即“八步闸”试验）和日常试验（即“五步闸”试验）。DK-1型电空制动机单机检修试验的验收项目、方法及操作顺序，DK-1型电空制动机“八步闸试验”见表14-1。

表 14–1　DK–1 型电空制动机“八步闸试验”

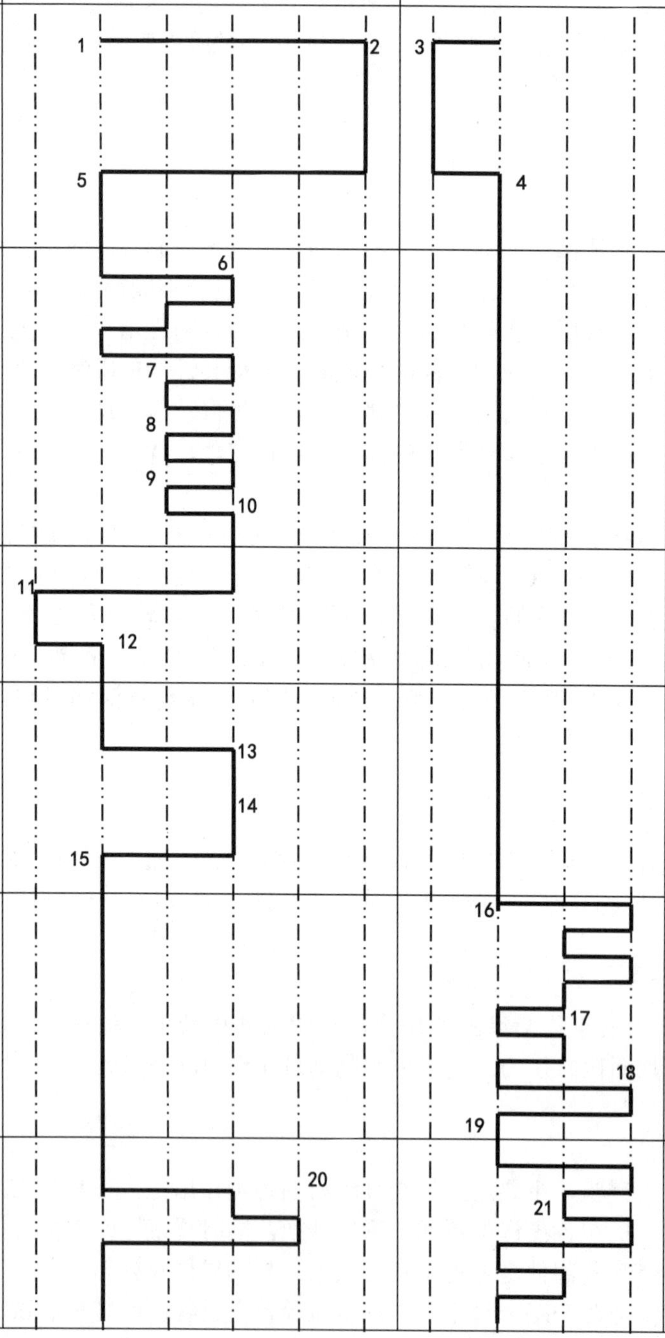

序号	电空制动控制器：过充位、运转位、中立位、制动位、重联位、紧急位	空气制动阀：缓解位、运转位、中立位、制动位	检查要求（制动管定压 500 kPa）
第一步			1．制动管、均衡风缸、总风缸均为规定压力；制动缸压力为 0。 2．制动管压力 3 s 内降为 0；制动缸压力 5 s 内升至 400 kPa，最高压力达到 450 kPa；自动撒砂；有级位时切除主断。 3．同时下压手柄，制动缸压力应能缓解到 0。 4．制动缸压力不得回升。 5．制动管充至 480 kPa 的时间在 9 s 内。
第二步			6．制动管减压 40～60 kPa 后，均衡风缸、制动管的泄漏量分别不大于 5 kPa/min、10 kPa /min。 7．制动管减压 40～60 kPa，制动缸压力为 90～130 kPa。 8．制动管减压 100 kPa，制动缸压力为 240～270 kPa。 9．制动管减压 140 kPa，制动缸压力为 340～380 kPa。 10．制动管减压 190～240 kPa 时，制动缸压力变化不大于 10 kPa/min。
第三步			11．均衡风缸压力为定压，制动管压力为过充压力（定压+30～40 kPa），制动缸不缓解。 12．120～180 s 过充压力消除，制动管恢复定压，制动缸压力应缓解为 0。
第四步			13．均衡风缸减压 140 kPa 的时间为 5～7 s，制动缸压力升至 340～380 kPa 的时间为 6～8 s。 14．关断分配阀供给塞门，制动缸的漏泄量不大于 10 kPa/min。 15．制动缸压力由 340～380 kPa 降至 40 kPa 的时间不大于 7 s，均衡风缸、制动管恢复定压。
第五步			16．阶段制动作用应稳定、正常。 17．阶段缓解作用应稳定、正常。 18．制动缸压力由 0 升至 280 kPa 的时间不大于 4 s。 19．制动缸压力由 300 kPa 降至 40 kPa 的时间不大于 5 s。
第六步			20．均衡风缸、制动管应减压后保压。 21．本务节机车制动缸压力 250 kPa 时，重联节机车制动缸压力应为 225～275 kPa。 注：1～20 项检查中，重联节机车制动机的制动与缓解应与本务节机车制动机协调一致。

续表

序号	电空制动控制器						空气制动阀				检查要求 （制动管定压 500 kPa）
	过充位	运转位	中立位	制动位	重联位	紧急位	缓解位	运转位	中立位	制动位	
第七步		22 23 24 25									22．按压充气按钮，均衡风缸与制动管压力同时上升，并超过定压 100 kPa；松开该按钮，迅速按下消除按钮，均衡风缸与制动管压力停止上升，并略有下降。 23．司机控制器换向手柄置于“制”位，调速手柄离开“0”位，制动管应减压(45±5)kPa,且制动缸升压。延时20～28 s后，制动管应自动恢复定压，制动缸压力自动缓解。 24．开放制动管手动放风塞门，应产生紧急制动，并不得自动缓解。 25．切断电空制动电源，应产生常用制动；闭合电源，制动机恢复正常。
第八步	**空气位操作程序：** 1．将电空转换扳钮扳至“空气位”； 2．将调压阀 53 调至定压； 3．空气位试验完毕后将电空转换扳钮复位至“电空位”。						26 29	27	28	30	26．同时下压手柄，制动管、均衡风缸皆为定压，制动缸压力为 0。 27. 均衡风缸减压 140 kPa 的时间为 5～7 s，制动缸压力升至 340～380 kPa 的时间为 6～8 s。。 28．下压手柄，制动缸压力应能缓解；停止下压手柄，制动缸压力停止下降。 29．均衡风缸、制动管恢复定压。 30．阶段制动作用应稳定。

1. 试验前的检查

（1）确认各管路和电路连接正确。

（2）确认各塞门及有关电路开关处于正常工况。

（3）确认空气压缩机工作正常。

（4）确认非操纵节机车电空制动控制器处于“重联位”，空气制动阀处于“运转位”。操纵节机车两手柄均置“运转位”。

（5）确认两节机车空气制动阀上的电空转换扳钮在“正常位”。

2. 电空位试验

（1）缓解状态下各压力值检查。电空制动控制器、空气制动阀手柄均置“运转位”，检查各压力表针指示应符合下列要求：

① 总风缸。750～900 kPa。

② 均衡风缸。定压。

③ 制动管。定压（允许与均衡风缸压力差不大于 10 kPa）。

④ 制动缸。0 kPa。

（2）紧急制动性能检查。电空制动控制器在“运转位”停放不少于 90 s 后，移至紧急制动位。

① 制动管压力由定压降至零的时间不大于 3 s。

② 制动缸压力升至 400 kPa 的时间不大于 5 s。

③ 制动缸最高压力为（450±10）kPa；安全阀应动作。

④ 机车自动撒砂。

⑤ 机车有级位时，主断路器自动跳闸；否则，主断路器不跳闸。

（3）紧急制动后的单独缓解性能检查。

① 将空气制动阀手柄移至“缓解位”并下压手柄，制动缸压力应即可下降，并能缓解至零。

② 待制动缸压力降至零后，再将空气制动阀手柄移至“运转位”，制动缸压力不回升。

（4）列车充风性能检查。将电空制动控制器手柄置于“运转位”，制动管充风速度如表 14–2 所示。

表 14–2　制动管充风速度

制动管定压 500 kPa	制动管定压 600 kPa
制动管压力由零升至 480 kPa 的时间不大于 9 s	制动管压力由零升至 480 kPa 的时间不大于 11 s

（5）初制动减压和均衡风缸、制动管泄漏检查。

① 将电空制动控制器手柄移至“中立位”，制动管压力下降每分钟应不大于 10 kPa。检查完毕后将电空制动控制器手柄移回运转位。

② 将电空制动控制器手柄移至“制动位”，待制动管减压 40～60 kPa 后置于“中立位”，并保持一分钟，均衡风缸泄漏量每分钟不大于 5 kPa；制动管泄漏量每分钟不大于 10 kPa。检查完毕后将电空制动控制器手柄移回运转位。

（6）阶段制动性能及最大有效减压量、过量减压量的检查。

① 电空制动控制器手柄置于“运转位”20 s 以上后，再将其手柄在“制动位”与“中立位”间移动，施行阶段制动，直至达到全制动最大有效减压量。检查阶段制动是否稳定，制动管减压量与制动缸压力比例应符合表 14–3 的规定。

表 14–3　制动管减压量与制动缸压力比例

	制动管定压 500 kPa			制动管定压 600 kPa		
制动管减压量/kPa	40～50	100	140	40～50	100	170～180
制动缸压力/kPa	90～130	240～270	340～380	90～130	240～270	400～435

② 最后将电空制动控制器手柄移至“制动位”，制动管获得过量减压量（见表 14–4）。待压力稳定后，制动缸压力变化每分钟不应大于 10 kPa。

表 14–4　制动管过量减压量

制动管定压/kPa	500	600
制动管过量减压量/kPa	190～240	210～290

（7）过充性能检查。

① 将电空制动控制器手柄移至“过充位”，制动管压力应超过定压 30～40 kPa，并且制动缸压力不缓解。

② 当电空制动控制器手柄移回“运转位”后，制动缸压力应缓解到零，制动管过充压力在 120～180 s 内自动消除。

（8）常用全制动以及制动缸泄漏量检查。

① 将电空制动控制器手柄移至“制动位”，均衡风缸减压速度与制动缸压力升压速度如表 14–5 所示。

表 14–5　均衡风缸减压速度与制动缸压力升压速度

制动管定压 500 kPa	制动管定压 600 kPa
均衡风缸减压 140 kPa 的时间为 5～7 s	均衡风缸减压 170 kPa 的时间为 6～8 s
制动缸由零升至 340～380 kPa 的时间为 6～8 s	制动缸由零升至 400～435 kPa 的时间为 7～9.5 s

② 关断分配阀供给塞门，检查制动缸泄漏量每分钟不大于 10 kPa。检查完毕后开通供给塞门。

（9）缓解性能检查。将电空制动控制器手柄移回“运转位”，均衡风缸、制动管应恢复定压。制动缸压力下降速度如表 14–6 所示。

表 14–6　制动缸压力下降速度

制动管定压 500 kPa	制动管定压 600 kPa
制动缸压力由 340～380 kPa 下降至 40 kPa 的时间不大于 7 s	制动缸压力由 400～435 kPa 下降至 40 kPa 的时间不大于 8.5 s

（10）单独制动与单独缓解性能检查。

① 将空气制动阀手柄在“中立位”与“制动位”间来回移动，阶段制动作用应稳定。

② 将空气制动阀手柄在“中立位”与“运转位”间来回移动，阶段缓解作用应稳定。

③ 将空气制动阀手柄由“运转位”移至“制动位”，制动缸压力由零升至 280 kPa 的时间不大于 4 s。

④ 当空气制动阀手柄移回“运转位”时，制动缸压力由 300 kPa 下降至 40 kPa 的时间不大于 5 s。

当要进行重联位性能检查时可将电空制动控制器手柄由“运转位”移至“制动位”，待制动管减压后再将手柄移至“重联位”，制动管应保压。

3. 空气位试验

扳动空气制动阀上的电空转换扳钮置于“空气位”，并将其下方的调压阀的输出值调整为定压。

（1）缓解状态下各压力值检查。将空气制动阀手柄置于“缓解位”并下压手柄各压力值应符合下列要求：

① 总风缸。750～900 kPa。

② 均衡风缸。定压。

③ 制动管。定压（允许与均衡风缸压力差不大于 10 kPa）。

④ 制动缸。0 kPa。

（2）常用全制动及单独缓解性能检查。

① 将空气制动阀手柄置于“制动位”，再回“中立位”，均衡风缸减压速度与制动缸压力升压速度应符合表 14–5。

② 下压空气制动阀手柄，制动缸压力应能缓解。停止下压空气制动阀手柄，制动缸压力停止下降。

（3）缓解性能检查。将空气制动阀手柄移回 “运转位”，并下压手柄，均衡风缸与制动管压力应能升至定压，制动缸压力应能缓解至零。

（4）阶段制动性能检查。将空气制动阀手柄在“制动位”与“中立位”间移动，阶段制动作用应稳定。

4. 辅助性能检查（辅助性能检测）

5. 无动力回送性能检查

将电空制动机调整到无动力回送状态，并将电空制动控制器手柄置于“重联位”，空气制动阀手柄置于“运转位”。

（1）当制动管压力为定压时，总风缸压力应在低于制动管定压 140～180 kPa 之间。

（2）当制动管压力下降后，制动缸最高压力应限制在 200～180 kPa 间。

14.2.6 制动机单机日常试验

在日常运用的交接班过程中，通常，只进行单机日常试验，即“五步闸”试验，其试验顺序、检查项目及方法见表 14-7。

表 14-7 DK-1 型电空制动机“五步闸试验”

序号	电空制动控制器（过充位、运转位、中立位、制动位、重联位、紧急位）	空气制动阀（缓解位、运转位、中立位、制动位）	检查要求
第一步	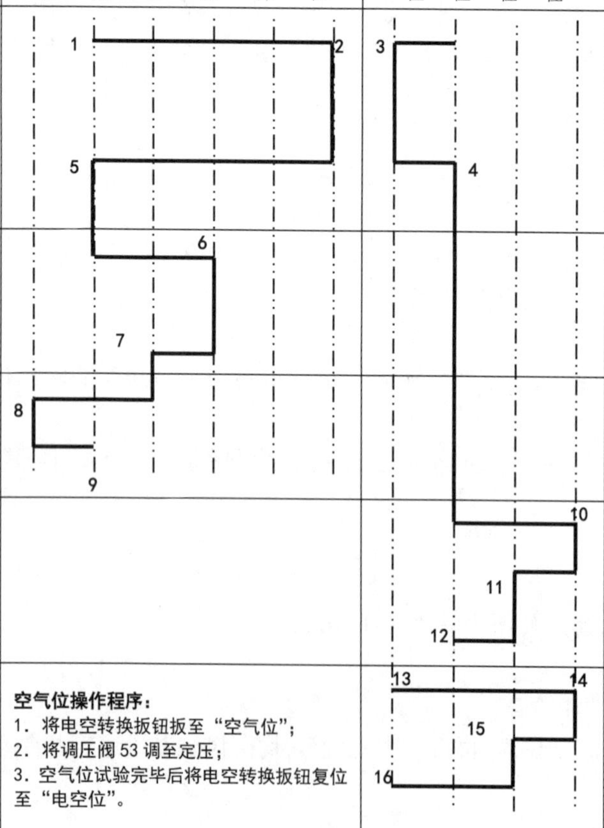		1. 制动管、均衡风缸、总风缸均为规定压力；制动缸压力为 0。 2. 制动管压力 3 s 内降为 0；制动缸压力 5 s 内升至 400 kPa，最高压力达到 450 kPa；自动撒砂；有级位时切除主断。 3. 同时下压空气制动阀手柄，制动缸压力应缓解到 0。 4. 制动缸压力不得回升。 5. 制动管充至 480 kPa 的时间在 9 s 内。
第二步			6. 均衡风缸常用最大有效减压量的时间为 5～7 s；制动缸压力升至 340～380 kPa 的时间为 6～8 s。 7. 均衡风缸、制动管的漏泄量分别不大于 5 kPa/min、10 kPa /min。
第三步			8. 均衡风缸压力为定压，制动管压力为过充压力（定压+30～40 kPa），制动缸压力不变。 9. 120～180 s 左右过充压力消除，制动管恢复定压，制动缸压力应缓解为 0。
第四步			10. 制动缸压力由 0 升至 280 kPa 的时间在 4 s 内，最终达到 300 kPa。 11. 制动缸压力不变。 12. 制动缸压力由 300 kPa 降至 40 kPa 的时间在 5 s 内。
第五步	**空气位操作程序：** 1. 将电空转换扳钮扳至“空气位”； 2. 将调压阀 53 调至定压； 3. 空气位试验完毕后将电空转换扳钮复位至“电空位”。		13. 同时下压空气制动阀手柄，制动管、均衡风缸皆为定压，制动缸压力为 0。 14. 均衡风缸减压 140 kPa 的时间为 5～7 s。 15. 均衡风缸、制动管、制动缸的漏泄量分别不超过 5、10、10 kPa/min。 16. 均衡风缸、制动管恢复定压。

另外，运行中，对列车制动机还要进行相关的简略试验和全部试验，以确保列车运行的安全可靠。其使用时机为：

1. 列车制动机简略试验

（1）区段列检所和一般列检所，对无调车作业的中转列车。

（2）更换机车或更换乘务组时。

（3）无列检作业的始发列车发车前。

（4）列车管有分离情况时。

（5）列车停留超过 20 min 时。

（6）列车摘挂补机，或第一机车的自动制动机损坏交由第二机车操纵时。

2. 列车制动机全部试验

（1）列检所对解体到达后，编组列车发车前；无调车作业的中转列车，可施行一次。

（2）区段列检所和一般列检所对始发和有调车作业的中转列车。

（3）列检所对运行途中自动制动机发生故障的到达列车。

（4）电动车组、内燃车组的列车出段前或返回停留地点后。

3. 列车制动机持续一定时间的全部试验

（1）列车在接近长大下坡道区间的车站，应进行持续一定时间的全部试验，列检应填发制动效能证明书交给司机。具体试验和凉闸的地点、办法，由铁路局规定。

（2）长大下坡道为：长度为 8 km 及其以上，线路坡度超过 6‰；长度为 5 km 及其以上，线路坡度超过 12‰；长度为 2 km 及其以上，线路坡度超过 20‰。

课后讨论与复习题

1. 简述紧急制动时自动选择切除动力。
2. 试述电制动与空气制动的配合。
3. 简述五步闸试验。

项目 15　DK-1 型制动系统的故障处理

项目导读

在制动机出现故障之后的能够采取正确的处理方法是电力机车司机、电力机车学习司机、电力机车检修人员必须掌握的技能。

SS_4 型电力机车 DK-1 型电空制动机经过多年来的装车及运行实践，组装、运用及维修各部门积累了大量的分析和处理故障的经验，主要包括常见故障的分析与处理以及运行途中制动机应急故障处理两个方面。

重点掌握：

1. 根据故障现象分析可能原因；
2. 对故障原因进行试验判断；
3. 进行故障处理。

思维导图：

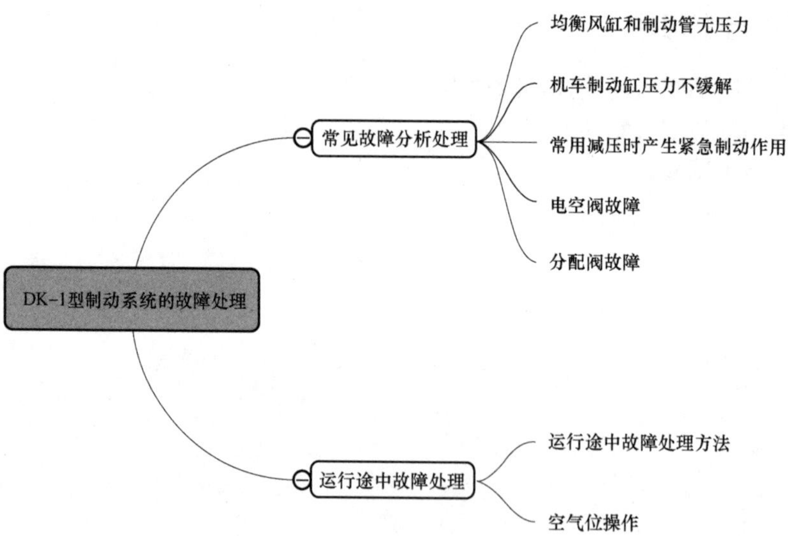

任务 15.1　常见故障分析处理

任务说明

常见故障主要包括均衡风缸无压力，制动管无压力，制动缸压力不缓解，制动管压力上升缓慢，二极管故障，电空阀故障，中继阀故障，分配阀故障，等等。

任务目标

1. 理解常见故障产生的可能原因；
2. 理解常见故障原因的判断方法；
3. 掌握常见故障的处理方法。

内容讲解

15.1.1　常见故障现象：均衡风缸和制动管无压力或达不到定压

1. 故障原因

（1）615QA 跳开或电源线折断开路；

（2）操纵端空气制动阀微动开关 3SA1 接点不良；

（3）操纵端空气制动阀上的电空转换扳扭在空气位；

（4）电空制动控制器 801 线至 803 线间接点不良；

（5）电空制动控制器 803 线至 831 线间的中间继电器 452KA 常闭或中间继电器 451KA 常闭接点不良，缓解电空阀 258YV 本身不良；

（6）中间继电器 451KA 卡在吸合位；

（7）中间继电器 452KA 卡在吸合位；

（8）紧急阀上微动开关 95SA 未断开；

（9）转换阀 153 在空气位；

（10）调压阀 55 无压力输出或输出压力低于定压；

（11）缓解电空阀 258YV 出风口至均衡风缸管通路堵塞；

（12）塞门 157 未开。

2. 判断方法

（1）当听到气阀柜处有大的排风声时，将电空制动控制器手柄移至中立位，排风声停止为故障原因（9）。

（2）若有撒砂电空阀的动作声时，可将转换开关 464QS 置断开（切除）位，仍有撒砂电空阀排风声为故障原因（6），反之为原因（8）。

（3）将空气制动阀置缓解位，若均衡风缸压力上升为故障原因（3）。

（4）人为按压缓解电空阀 258YV 均衡风缸仍不充风时，立即按压充气按钮（或将电空制动控制器置过充位），均衡风缸压力上升为故障原因（10）或故障原因（11），反之为故障原因（12），为故障原因（10）或故障原因（11）时，可确认调压阀 55 压力表显示区分是故障原因（10）或故障原因（11）。

（5）人为按压缓解电空阀 258YV 均衡风缸能充风时，再将电空制动控制器在各位置移动，未听到电空阀的动作声（也可将空气制动阀先置制动位后再回运转位，机车制动缸压力上升后不下降），此时可换端试验，另一端正常的为原因（2），反之为故障原因（1），若有电空阀的动作声（或机车制动缸压力先上升后下降），然后再换端试验，另一端正常的为故障原因（4），反之为故障原因（5）。

（6）换向手柄和调速手柄均在零位，电空制动控制器在运转位（或过充位）时，将空气制动阀的电空转换扳钮置空气位，若能听到两位置转换 107QP、108QP 的转换到制动位的声音（两位置转换开关 107QP、108QP 原工作位是牵引位）或空气制动阀上的电空转换扳钮由空气位转回到电空位时有 107YVB、108YVB 电空阀的排风声（两位置转换开关 107QP、108QP 原工作位置在向前制动位）时，为故障原因（7）。

3. 处理方法

（1）合上自动开关 615QA，使有关的微动开关及电接点接触良好。

（2）将空气制动阀上的电空转换扳钮转换至“电空位”。

（3）若需要还应将气阀柜上的转换阀 153 转换至“正常位”。

（4）打开气阀柜上的塞门 157，并将调压阀 55 的输出压力调到制动管的定压。

（5）若条件不允许对有关的电接点进行处理时，可将系统转换至“空气位”维持运行，待有时间再处理。

15.1.2 故障现象：电空制动控制器在运转位，均衡风缸定压，制动管无压力

1. 故障原因

（1）中继阀的总风缸管塞门 114 关闭。

（2）中继阀制动管塞门 115 关闭。

（3）中继阀的总风遮断阀卡死打不开。

（4）中立电空阀 253YV 卡住不释放。

（5）中继阀的均衡风缸管堵。

2. 判断方法

（1）电空制动控制器由运转位置到中立位时未看到总风缸表针抖动，或电空制动控制器由中立位回运转位时未听到中立电空阀 253YV 的排风声为故障原因（4）。

（2）将电空制动控制器置过充位，制动管压力只能上升 30～40 kPa 为原因（5）。

（3）卸松中继阀的供风阀盖，无排风声为故障原因（3）。

（4）根据塞门 114、塞门 115 状态区别为原因（1）或原因（2）。

3. 处理方法

（1）开放塞门 114 或塞门 115。

（2）转动中立电空阀 253YV 阀杆，使其释放（有电时将其电源线拆除并用绝缘物包扎好），若无效时可将气阀柜后面的中立电空阀 253YV 与总风遮断阀相连接的管子卸开后再堵上。

（3）轻轻振动中继阀的总风遮断阀使其打开，若无效，则可卸去端盖抽出弹簧和阀维持运行回段。

（4）若为中继阀均衡风缸管堵时，必须将其疏通才能向制动管充风维持运行回段。

15.1.3　故障现象：电空制动控制器和空气制动阀均在运转位，机车制动缸压力不缓解

1. 故障原因

（1）操纵端电空制动控制器上的 801（802）线至 809 线的接点不良或微动开关 3SA2 接点不良。

（2）排风 1 电空阀 254YV 回路中的中间继电器 451KA 常闭接点或中间继电器 452KA 常闭接点不良。

（3）排风 1 电空阀 254YV 接线松脱或故障。

（4）排风 1 电空阀 254YV 与作用管相连通路堵。

2. 判断方法

（1）换端操纵正常为故障原因（1）。

（2）先用空气制动阀将机车制动缸压力缓解至零，然后再将换向手柄置制动位，启动牵引通风机和制动通风机后，再将调速手柄置预备位产生初制动作用。待电子时间继电器 454KT 的延时时间后，看机车制动缸压力缓解为故障原因（2），反之为故障原因（3）或故障原因（4）。

（3）手捅排风 1 电空阀 254YV 仍不能缓解时为故障原因（4），反之为原因（3）。

15.1.4　故障现象：电空制动控制器在运转位，均衡风缸压力上升正常，制动管上升缓慢

1. 故障原因

（1）106 空气滤尘网的滤网太脏，风阻太大；

（2）中继阀总风塞门 114 未开到位；

（3）中继阀制动管塞门 115 未开到位。

2. 判断方法

（1）可首先检查确认中继阀总风塞门 114 和制动管塞门 115 的状态。

（2）如塞门 114、塞门 115 均开到位，则为原因（1）。

3. 处理方法

（1）将上述两塞门开放到位。

（2）若为故障原因（1）时，在运行途中应将 106 空气滤尘器的滤网取出维持运行回段处理。

15.1.5　故障现象：电空制动控制器在运转位，均衡风缸定压。制动管表针来回摆动，气阀柜处有大的排风声

1. 故障原因

（1）紧急阀 95 放风阀口未关闭；

（2）电动放风阀 94 放风阀口未关闭或紧急电空阀 94YV 卡住不释放；

（3）中继阀排气阀口未关严。

2. 判断方法

（1）关塞门 116 后正常为故障原因（1）。

（2）关塞门 117 后正常为故障原因（2）。属紧急电空阀 94YV 卡位时可转动其阀杆。

（3）当塞门 116、塞门 117 均关闭后仍不正常时，属故障原因（3）。

3. 处理方法

（1）关塞门 116 后，在运行中应注意制动管压力表的指示，若有大的摆动时应立即断电，

迅速将电空制动器移至中立位或紧急制动位以切断制动管的补风源。

（2）关塞门 117 后，电空制动控制器紧急制动位无效，紧急制动时需开放副司机侧的塞门 121，施行紧急制动。

15.1.6 故障现象：电空制动控制器在运转位，均衡风缸和制动管压力上升缓慢，致使牵引列车时充不起风

1. 故障原因

（1）重联电空阀 259YV 下阀口不严窜风或阀杆卡住不释放。

（2）操纵端消除按钮卡住不释放。

（3）中继阀膜板破损。

2. 判断方法

（1）电空制动控制器置过充位后，均衡风缸和制动管压力上升较快且达到总风缸的压力时为故障原因（1）或故障原因（3），反之为故障原因（2）。断开操纵端的钥匙开关后，能恢复正常也可证明为故障原因（2）。

（2）为故障原因（1）或故障原因（3）时，转空气位操纵，转换阀 153 置空气位，能正常操纵为故障原因（1），不能正常的充风或排风为故障原因（3）。

3. 处理方法

（1）当出现故障原因（3）所造成的故障时，在运行中可暂不处理，将电空制动控制器置过充位，然后人为控制总风缸压力与制动管定压相等的方法向制动管充风维持运行，列车需要制动时，先将电空制动器由过充位移到中立位使中立电空阀 253YV 得电吸合，让总风遮断阀切断制动管补风源，然后开放司机侧的放风塞门直接排制动管内的压力空气使列车产生制动作用，使用此方法时应特别注意列车速度，防止两冒事故的发生，维持运行回段处理。

（2）当重联电空阀 259YV 阀杆及消除按钮卡住时，可对症处理，仍用电空位维持运行，若是重联电空阀 259YV 下阀口不严窜风时，转换到空气位操纵，此时，应将转换阀 153 转换到空气位，否则仍不能充风。

15.1.7 故障现象：电空制动控制器在运转位，均衡风缸和制动管过充至总风缸压力

1. 故障原因

（1）检查电空阀 255YV 下阀口不严窜风或阀杆卡住不释放；

（2）操纵端检查按钮卡住不释放；

（3）气阀柜上的调压阀 55 输出压力高、故障或反装。

2. 判断方法

（1）拔出钥匙开关 570QS 后正常的为故障原因（2），反之为故障原因（1）或故障原因（3）。

（2）将电空制动控制器置重联位，均衡风缸和制动管压力停止上升为故障原因（3），反之为故障原因（1）。

3. 处理方法

（1）将气阀柜上的调压阀 55 调为定压，若为检查电空阀 255YV 杆卡劲，可转动其阀杆使之释放，检查处理卡劲的检查按钮。

（2）若为检查电空阀 255YV 下阀口不严窜风，调压阀 55 故障或反装，先将气阀柜上的转换阀 153 转换到空气位，然后转空气位操纵维持运行回段处理。

15.1.8 故障现象：使用电阻制动时，均衡风缸和制动管减压超过初制动减压量并一直减压至零

1. 故障原因

（1）操纵端电空制动控制器上 405 线至 836 线接点不良。

（2）836 线至制动电空阀 257YV 间的中间继电器 452KA 常开接点不良或 209SA 的下接点不良。

2. 判断方法

换另一端试验正常为故障原因（1），反之为故障原因（2）。

3. 处理方法

处理不良的电接点，若条件不允许时，不使用电阻制动。

15.1.9 故障现象：电空制动控制器在制动后的中立位，插紧急停车按钮或列车安全运行监控记录装置自动停车功能动作后，只跳主断路器而不产生紧急制动作用

1. 故障原因

二极管 261V 开路或断线。

2. 处理方法

当电空制动控制器手柄在“过充位”和运转位时、列车安全运行监控记录装置自动停车功能动作也能使电动放风阀动作，全列车产生紧急作用。若电空制动控制器手柄此时处于制动后的“中立位”时，列车安全运行监控记录装置自动停车功能动作后将只产生跳主断路器 4QF，而不能使电动放风阀动作产生紧急制动，司机在此情况下应迅速地将手柄推向“紧急位”。

15.1.10 故障现象：电空制动控制器置于制动位常用减压时产生紧急制动作用

1. 故障原因

（1）紧急阀 95 故障。

（2）均衡风缸容积减少或均衡风缸处的均衡风缸管堵。

（3）均衡风缸处的均衡风缸管半堵。

2. 判断方法

（1）将气阀柜处的塞门 116 关闭后恢复正常为故障原因（1），塞门 116 关闭后常用制动减压起全制动作用为后两项故障原因。

（2）电空制动控制器置紧急位时，注意观察均衡风缸压力表针的下降速度，比正常速度快为故障原因（3），也可注意观察塞门 116 关闭后常用作用时的现象，均衡风缸和制动管减压至某一定值时为故障原因（2），均衡风缸和制动管减压时先下降后又回升到某一定值时为故障原因（3）。

3. 处理方法

（1）为故障原因（1）时，可将气阀柜处的塞门 116 关闭，切除紧急阀 95 维持运行，运行中应注意：由于列车分离断钩保护功能随塞门 116 的关闭而被切除，司机应随时注意制动管表针的显示状态，发现制动管表针有较大的波动同时总风缸表针急剧下降时，应迅速切断机车的动力源并将电空制动控制器手柄置“中立位”。

（2）为后两项故障原因时，必须对症处理好后方可继续运行。

15.1.11 故障现象：电空制动控制器由制动位回到中立位，均衡风缸继续减压

1. 故障原因

（1）隔离二极管 262V 开路或接线松脱。

（2）制动电空阀 257YV 接线松脱或故障。

（3）均衡风缸或均衡风缸管泄漏。

2. 判断方法

（1）将电空制动控制器回制动位，均衡风缸和制动管减压至压力开关 208 的动作值 190 kPa～230 kPa 后停止（或电空制动控制器移至重联位后，均衡风缸和制动管停止减压）为故障原因（1），反之为其他故障原因。

（2）为故障原因（2）或故障原因（3）时，将气阀柜上的转换阀 153 转换至空气位后均衡风缸压力停止下降为故障原因（2），反之为故障原因（3）。

3. 处理方法

（1）为前两项故障原因时，应接好松脱的接线，仍不好时转“空气位”操纵维持运行。若机车作为重联附挂，而制动电空阀 257YV 故障又未修好时，应将气阀柜上的中继阀制动管塞门 115 关闭。

（2）为第三项故障原因时，应根据泄漏大小分别处理：泄漏量小时，可暂不处理，维持运行回段；泄漏量大时，必须找出泄漏处所并处理好后方可继续运行。

15.1.12 二极管故障

1. 二极管 260 V 故障

（1）击穿短路。

① 使用紧急制动立即回运转位或过充位，或电空制动控制器在运转、过充位，列车分离保护动作后，再将电空制动控制器置中立位回运转位或过充位，均衡风缸和制动管均不充风。

② 常用制动不减压。

判断：现象①时，可将转换开关 463QS 开关断开后闭合，或将操纵端空气制动阀上的电空转换扳钮一次复位，均衡风缸和制动管恢复充风。现象②时，将转换开关 463QS 开关断开后减压正常为 260 V 击穿。

处理：运行中可将转换开关 463QS 开关置断开位，维持运行回段处理。

（2）开路断线。

① 若电空制动控制器在过充位，使用消除按钮，会造成均衡风缸和制动管过量供给至总风缸压力。

② 电空制动控制器重联位时，中立电空阀 253YV 不得电。

判断处理：电空制动控制器中立位，中立电空阀 253YV 得电吸合，重联位时中立电空阀 253YV 不吸合为 260 V 开路断线。可暂不处理，回段更换。

2. 二极管 261 V 故障

（1）击穿短路。机车未加负荷运行，列车分离保护动作或使用紧急制动时，主断路器跳闸。

处理：将二极管 261 V 接线切除，维持运行回段更换。

（2）开路断线。正常操纵无现象，当电空制动控制器离开运转位或过充位后，若此时自停动作或捅紧急停车按钮只跳主断路器而列车不起紧急制动作用。

处理：可暂不处理，回段更换。

3. 二极管 262 V 故障

（1）击穿短路。电空位操作无现象，转空气位操纵时，制动位有排风声，均衡风缸不减压。

判断处理：转换阀 153 转空气位后减压正常为该原因。必须转空气位操纵时，转换阀 153 转空气位即可维持运行回段更换。

（2）开路断线。常用制动后的中立位，均衡风缸不保压，压力仍以正常速度继续下降。

判断处理：转空气位维持运行回段更换。

4. 二极管 263 V 故障

（1）击穿短路。无初制动或初制动减压量很小，常用制动正常。

判断处理：电空制动控制器运转位或过充位，制动电空阀 257YV 不失电为 263 V 击穿短路。可暂不处理维持运行回段更换。

（2）开路断线。常用制动前的中立位，均衡风缸不保压，产生初制动作用。无须立即处理，回段更换。

5. 二极管 264 V 故障

（1）击穿短路。

① 使用紧急制动立即回运转位或过充位，或电空制动控制器在运转、过充位，列车分离保护动作后，再将电空制动控制器置中立位回运转位或过充位，均衡风缸和制动管均不充风。

② 电空位操纵时，常用制动回风特别严重。

③ 空气位操纵时，对不挂车的单机，均衡风缸和制动管压力同时上升或下降缓慢，减压时中继阀排风口无排风声，当操纵全列车时，不能向制动管充风，也不能排风，因为此时制动管的容积很大。

判断处理：现象①时，断开 615QA 后能恢复充风为二极管 264 V 击穿。当 264 V 击穿时，必须转空气位操纵，并断开 615QA，将转换阀 153 转空气位维持运行回段更换。

（2）开路断线。机车重联附挂时，电空制动控制器置重联位，制动电空阀 257YV 排风不止，造成制动管漏风严重。

判断处理：单机牵引列车时无现象，可以正常操纵运行回段处理，若需重联附挂时，将中继阀制动管塞门 115 关闭即可。

15.1.13　电空阀故障

电空阀故障主要包括有电时不吸合，有电时排风口有排风声，无电时排风口有排风声和无电时手压铁芯不动或下压后不回弹。有电不吸合时，手压铁芯后性能正常，系线圈断线、烧损等，应更换；排风口有排风声时，系上阀口漏，应清理异物或更换；手压铁芯压不动或下压后不回弹系组装不当或卡滞，可断电松动重新组装。

1. 过充电空阀（252YV）故障

（1）过充位不得电吸合，过充位失去过充性能。可不处理，适当掌握制动缓解时机。

（2）运转位不失电断开或下阀口漏风，制动管一直保持过充压力。可不处理，适当掌握制动缓解时机。

2. 中立电空阀（253YV）故障

（1）离开运转位不失电或卡滞漏风，电空位或空气位，制动管均不充风。关塞门 157，用过充位按压排风 2 电空阀 256YV 排除余风，轻振电空阀再开塞门 157 试验，无效时可用断线或堵塞风路处理。

（2）中立位后各位置不得电吸合，制动管有补风性能。不必处理，运行中应掌握好制动时机。

3. 排风 1 电空阀（254YV）故障

（1）运转位不吸合，机车不缓解。下压空气制动阀手柄进行。

（2）离开运转位不失电或卡滞泄漏，机车不能制动保压。牵引运行可暂不处理。单机运行可用胶皮堵电空阀排风口，缓解时下压空气制动阀手柄进行。

4. 排风 2 电空阀（256YV）故障

（1）不得电吸合，重联机车有此故障时，由过充位移重联位，使本务机车中继阀排风不止。关故障机车塞门 115。

（2）不失电断开或卡滞，过充位无过充压力。可不处理，回段后检修。

5. 制动电空阀（257YV）故障

（1）制动位不失电断开，制动时只有初制动。转空气位操作。

（2）中立位不吸合或上阀口泄漏，使制动管压力继续下降。转空气位操作。

6. 缓解电空阀（258YV）故障

（1）过充位、运转位不得电吸合，均衡风缸不充风。转空气位操作（如有时间，可用排风 2 电空阀 256YV 或操纵端撒砂电空阀更换）。

（2）上阀口关不严，过充位、运转位，均衡风缸排风。转空气位操作。

（3）下阀口关不严，制动后中立位，均衡风缸压力回升。未关转换阀 153 空气位操作制动时，均衡风缸压力不下降。不严重时不处理。制动管压力回升时，转空气位操作。

7. 重联电空阀（259YV）故障

（1）不失电断开或下阀口漏风，均衡风缸和制动管连通，制动减压和缓解充气都困难。转空气位操作。

（2）重联位不得电吸合，重联时补机有此故障，当遮断阀不能遮断时，会造成本务机车减压，补机充风。单机牵引可不处理；重联牵引时，补机必须关闭塞门 115。

15.1.14 中继阀故障

1. 故障现象

均衡风缸充风正常，制动管不充风。

（1）故障原因：遮断阀卡死或中继阀橡胶膜板严重破损。

（2）处理方法：拆检遮断阀，取出遮断阀或者把遮断阀固定在充气位；更换橡胶膜板。

2. 故障现象

排风口一直有排风声。

（1）故障原因：排气阀关闭不严。

（2）处理方法：反复“制动—缓解”操作，有异物时可吹出；若故障现象不严重可暂且维持，否则应拆检更换故障部件。

3. 故障现象

过充位，制动管追踪总风压力。

（1）故障原因：过充柱塞密封圈泄漏。

（2）处理方法：暂不处理，停用过充位，回段后更换过充柱塞密封圈。

15.1.15 分配阀故障

1. 故障现象

保不住压，制动缸压力上升。

（1）故障原因：节制阀漏。

（2）处理方法：经常用空气制动阀缓解，回段后拆检节制阀 2.故障现象：保不住压，制动缸压力下降。

2. 故障现象

均衡部排风不止。

（1）故障原因：均衡部空心阀杆端部漏风。

（2）处理方法：途中可用轻敲，反复遮挡—打开排风口，故障轻微时暂且维持，否则应拆检修磨不良接触面。

3. 故障现象

制动位，制动缸无压力。

（1）故障原因：均衡膜板严重破损。

（2）处理方法：应拆检更换，途中可取出均衡活塞改为直接由作用管去风进行制动。

4. 故障现象

制动位，制动缸追踪总风压力。

（1）故障原因：增压阀不复位或密封圈漏。

（2）处理方法：不严重时，可手压空气制动阀缓解，维持运行，严重时应拆检增压阀。

课后讨论与复习题

1. 简述均衡风缸无压力的可能原因。
2. 简述制动管无压力原因的判断方法。
3. 简述中继阀故障处理方法。

任务 15.2 运行途中故障处理

任务说明

在运行途中发生故障时，故障处理尽可能简单、快捷，在最短时间内，在确保行车安全的前提下，恢复或维持列车运行。由于 DK-1 型电空制动机具有双重制动性能，所以当电控系统发生故障时，最基本的处理方法是转空气位操作。转空气位操作时，为杜绝电空系统内潜在的故障隐患干扰“空气位”操纵，应在正常的空气位操作的转换程序基础上，必须将转换阀 153 置空气位，并将 615QA 也关断，使之建立一个纯空气制动方式。

任务目标

1. 掌握运行途中故障的处理方法；
2. 掌握空气位操作方法。

内容讲解

15.2.1 运行途中故障处理方法

1. 故障现象：均衡风缸及制动管均不充风

途中应急处理方法：

（1）检查中间继电器 451KA，若在吸合位，应将制动柜上转换开关 464QS 置切除位。

（2）如果 451KA 没有吸合，或者 1 项处理后故障现象依旧时，可转空气位操作。

2. 故障现象：均衡风缸及制动管均充风慢

途中应急处理方法：

（1）转空气位操作。

（2）如果转空气位操作仍充风慢时，应将滤尘器 106 滤芯取出，恢复电空位操作。

3. 故障现象：空气位操作，均衡风缸充风正常，制动管不充风

途中应急处理方法：

（1）检查中立电空阀是否得电，如果已经得电，应将 615QA 断开。

（2）如果处理无效，为中继阀故障，应用锤柄轻击中继阀遮断阀体，若卡滞消除可继续运行；如果故障不消除，可卸盖检查；如果遮断阀固死在关闭位，可将遮断阀取出或推于开放位。

4. 故障现象：均衡风缸及制动管的压力追踪总风压力

途中应急处理方法：

（1）立即恢复过量供给，转空气位操作。

（2）然后检查充气按钮是否卡在按合位置，排除故障后再恢复电空位操作。

5. 故障现象：制动管充风或常用减压时，产生紧急制动

途中应急处理方法：关闭塞门 116，仍以电空位运行。

6. 故障现象：列车运行中自动发生常用制动减压

途中应急处理方法：转空气位操作。

7. 故障现象：常用制动，均衡风缸不减压

途中应急处理方法：转空气位操作。

8. 故障现象：常用制动追加减压，均衡风缸只有初制动减压量

途中应急处理方法：转空气位操作。

9. 故障现象：制动后中立位，均衡风缸减压不止

途中应急处理方法：转空气位操作。

10. 故障现象：制动后中立位，均衡风缸压力明显回升

途中应急处理方法：转空气位操作。

11. 故障现象：自停动作或因使用放风阀使系统进入紧急状态后再恢复充风时，系统仍锁闭在紧急状态

途中应急处理方法：将制动柜转换开关 464QS 置切除位，关塞门 158，仍以电空位运行。

12. 故障现象：电阻制动时，系统不能自动形成初制动

途中应急处理方法：人为操作电空制动控制器施以初制动。

13. 故障现象：电阻制动自动形成初制动后而不能自动消除

途中应急处理方法：

（1）将制动柜上转换开关 465QS 置切换位，仍以电空位运行。

（2）如果无效，可手按充气按钮直接充风（注意均衡风缸风压不要超过定压）。

14. 故障现象：运行途中发现列车制动力弱

途中应急处理方法：

（1）为保证安全，可适当调高制动管压力，增大减压量，并用无线电话通知车长，维持运行。

（2）通知调度，降速运行。

15. 故障现象：运行途中发现折角塞门关闭

途中应急处理方法：立即紧急制动，停车后开放关闭的折角塞门，试风后再恢复运行。

15.2.2　空气位操作

DK-1 型制动系统包括两种工况，一是“电空位”工况，二是“空气位”工况。“空气位”工况的操作，也称为空气位操纵，电空转换扳钮扳于“空气位”，电空制动控制器失去作用，空气制动阀用来控制全列车的制动与缓解。

1. 空气位操纵前的准备工作

（1）将操纵节机车空气制动阀上的电空转换扳钮移至“空气位”，并将手柄移至缓解位。将空气制动阀下方调压阀 53 的输出压力值调整为定压。无论是电空位下操纵，还是空气位下操纵，作用管或均衡风缸都是由调压阀管充风的，但两者的充风压力不同，电空位时，调压阀的调整值为 300 kPa，空气位时，调压阀的调整值为 500 kPa 或 600 kPa。

（2）将电空制动屏柜上的转换阀 153 由“正常位”转换至“空气位”。在一般的机能检查时可以不转换转换阀 153，但在运行途中，需要转为空气位操作时，必须将转换阀 153 由“正常位”转换至“空气位”，以确保空气位的顺利操纵。

（3）电空制动控制器手柄应放运转位，也可从重联位取出。

（4）若非操纵节机车处于空气位，或处于电空位但无电空制动电源，应将非操纵节机车中继阀的制动管塞门 115 关断。

（5）空气位操纵，只允许短时间低速维持故障运行，到达安全地方后，应及时恢复电空制动，以确保运行安全。

2. 空气位操纵

作为 DK-1 型电空制动机电气线路部分故障后的一种应急补救操纵措施，不具备“电空位”操纵时那样齐全的性能。

（1）缓解位。该操纵可实现车辆缓解、机车保压。通过下压手柄，缓解机车制动。

（2）中立位或运转位。该操纵可实现全列车保压。

（3）制动位。该操纵可实现全列车的常用制动，用于列车减速或停车。

空气制动阀手柄如果一直保持在制动位，可使均衡风缸和制动管减压到零，但在实际操纵中，不允许将空气制动阀手柄长时间停放制动位，以免引起制动管过量减压而延误缓解时机。

（4）下压手柄。该操纵可实现机车的单独缓解。

3. 空气位操纵的注意事项

（1）操作空气制动阀可对全列车进行制动与缓解，单缓机车则要下压其手柄。

（2）需紧急制动时，应按压紧急按钮或开放手动放风塞门 121，并将空气制动阀手柄置于制动位。

（3）此时因制动管有补风作用，在中立位停留一段时间后，要监视速度的变化，以免因车辆的陆续自然缓解而丧失制动时机。

课后讨论与复习题

1. 简述运行途中故障处理原则。
2. 简述空气位操作。
3. 简述无动力回送操作。

参考文献

[1] 张有松，朱龙驹．韶山$_4$型电力机车［M］．北京：中国铁道出版社，1998.

[2] 刘豫湘，陆缙华，潘传熙．DK-1 型电空制动机与电力机车空气管路系统［M］．北京：中国铁道出版社，1999.

[3] 那利和．电力机车制动机［M］．北京：中国铁道出版社，2002.

[4] 刘志强．铁道机车车辆［M］．北京：中国铁道出版社，2007.

[5] 王奇钟．韶山$_4$型电力机车操纵与保养［M］．北京：中国铁道出版社，2009.

[6] 李益民，阳东．电力机车制动机［M］．北京：中国铁道出版社，2013.

[7] 甘雄华．HXD_{IB} HXD_{1C}型电力机车常见故障及处理［M］．北京：中国铁道出版，2013.

[8] 武学工．电力机车制动机检查与运用［M］．北京：北京交通大学出版社，2014.

[9] 张中央，李益民，江利国．机车新技术［M］．成都：西南交通大学出版社，2017.

[10] 李书营，马金法．交流传动机车制动系统［M］．成都：西南交通大学出版社，2019.

[11] 左继红，李云召．电力机车制动机［M］．成都：西南交通大学出版社，2019.

[12] 李作奇，孙由啸．电力机车制动系统检查与维护［M］．成都：西南交通大学出版社，2022.